神と仏の道を歩く

発刊によせて

森本公誠　東大寺長老

むかし、インドに善財《ぜんざい》童子という、心の浄《きよ》らかな若者がいた。貪欲《どんよく》と憎悪に苛《さいな》まれ、策略と欺瞞《ぎまん》で心がすさび、あげくは邪悪な道をとぼとぼと歩く、そのような世の人々を苦しみから救い出すにはどうすればよいか、と若者は心を痛めていた。そこに文殊菩薩《もんじゅぼさつ》が通りかかったので、その手立てを尋ねた。文殊は若者の志をけなげと褒め、南の方、徳雲比丘《とくうんびく》に尋ねなさいと指示した。徳雲は一つの教えを諭すと、南の方、海雲《かいうん》比丘に尋ねなさいと告げた。海雲は南の方、善住《ぜんじゅう》比丘に尋ねなさいと告げた。善住は弥伽《みが》長者に、弥伽は解脱《げだつ》長者にと、若者善財は指示されるまま、次々に指南の旅を重ね、仙人、婆羅門《ばらもん》、童女、優婆夷《うばい》、王様、船師、比丘尼、女性、インドの神々と女神、観音ら菩薩と、五十三人の善知識にめぐり合い、その都度心を深め、遂《つい》には確かな境地を得た。善財童子が出会った五十三人の善知識は、日本風に言えば神さま仏さまたちなのである。

いま世界中にグローバル化の波が押し寄せ、世界を隔てる壁は取り除かれて一つの経済圏へと大きなうねりが逆巻いている。人々は経済の激流に溺《おぼ》れまいと、日々目先の利益を求めて苦闘し、競争から脱落するのではと恐怖をおぼえている。それもこれもお金がすべてと考えることから生じる恐怖心なのであろう。日本でも例外ではない。かつて幕末から明治にかけて日本にやってきた欧米人たちが一様に感嘆した日本人の正直さは、金銭的利益のまえに霧散し、「偽装」がはびこってしまった。

幸い人間には、日常の生活とは異次元の精神の働きに感動する心性《しんしょう》がある。そのような心を取り戻すのにはどうすればよいか。神仏の世界に身を置く者が何かお手伝いできることはないか。このたびの神仏霊場会はそのような趣旨で発足した。時には非日常の日時をつくり、この案内書を片手に、神々の鳥居・仏たちの山門をくぐり、手を合わせて神の声を聞き、仏の眼を感じてみませんか。

目次

神の道と茶の道
――日本人であること

千　玄室　裏千家前家元・大宗匠

ブルーノ・タウト（一八八〇～一九三八）は伊勢神宮へお参りして、大きな感銘を受けたという。西行《さいぎょう》法師の歌った「何事がおはしますかは知らねども　かたじけなさに涙こぼるる」という思いを感じとられたのか、著書の中で「この国の最も高貴な国民的聖所である伊勢神宮は、（中略）一切は清純であり、それ故にまた限りなく美しい」とし、また「この荘厳な建築こそ、現代における最大の世界的奇蹟《きせき》である」と述べている。日本人の信仰の中心である伊勢神宮の厳かさ、神秘性に自らも心を奪われたのだろう。

私ども裏千家では先祖代々、毎年五月に伊勢神宮でお献茶奉仕をさせていただいているが、歴代の宗匠方は、多くの神社仏閣でお献茶をご奉仕する中でも、伊勢神宮でのご奉仕ほどもったいないことは無いと書き残している。私達は、伊勢神宮を中心として、生かさせていただいている日本人なのだ。

約二十年前、故松下幸之助氏が伊勢神宮に迎賓館を寄贈されるにあたり、お茶室設計の依頼を受けたご縁で、平成十八年、当時の北白川道久大宮司と雑誌での対談が実現した。そのお茶室で、北白川大宮司ご所持のお道具でお茶を一服いただきながら、五十鈴《いすず》川の清流を眺め、緑深き神の山の佇《たたず》まいの中で伝統の心について語り合えたことは、誠に有難いひと時として記憶している。

また、平成二十年一月には、神宮皇學館大學上杉千郷理事長並びに新任の鷹司尚武大宮司の肝煎《きもい》りで大学にお茶室が設けられた。扁額《へんがく》「日月庵」を寄贈し、茶室披《びら》きに伺えたことは、私にとって伊勢と茶道の一体化という意味で嬉《うれ》しさの極みであった。

日本人だけでなく、外国の方々も多く訪れる伊勢神宮は、日本の誇るべき場所であり、式年遷宮も近い伊勢にお参りすることは、日本人としての自覚を促すことではないかと思う。

この度の神仏霊場会の発足を良き契機として、従前にもまして多くの方々が神宮へと続く道を巡られることを願っている。

ひとりで歩いていても…

山折哲雄　宗教学者

ある神仏霊場の山に登ったときだった。

早朝に起き、まだ暗いうちに先達のあとについて足を運んでいた。先達はご老体だった。けれども足腰の動きはしなやかに安定し、静かに歩いていた。私はただ、そのあとをついていけばよかった。

めざす頂上が視界に入ったとき、ここで一息いれよう、と先達がいった。私の気持ははやっていたが、それではと腰を下ろして水筒に口をつけようとした。するとと先達が手で制していった。

「けさ、畑からもいできたキュウリがある。それを食べなさい」

リュックからとりだされたキュウリをもらい、口に含んで嚙《か》みくだくと、暖かい液汁が喉元《のどもと》を通り腹の底にしみとおっていった。

霊場の頂きにやっとの思いでたどりついたとき、さわやかな風が吹き抜けていた。ふと、同行二人《どうぎょうににん》という言葉がよみがえった。ひとりで歩いていても弘法《こうぼう》大師と二人、という意味であるが、そのときは先達のあとについて同行二人、といった爽快《そうかい》な気分だった。

私はいつごろからか、各地の霊場のつまみ食いをしながら心の憂さを晴らす癖がつくようになった。そんなときはいつも、先達の姿を探し求めている自分がそこにいた。けれども、さきのご老体のような先達に出会うことは、もうなかった。あるとき、樹々のあいだをわたる小鳥の鳴き声をききながら歩いていた。するとその鳴き声に重なるように、死んだ母の声がきこえてきた。平坦な道を疲れ切って歩いていたとき、山のかなたに沈む夕日に父親のイメージが浮かび上がってくるような錯覚に見舞われたこともある。

ひとりで歩いていてもふたり、というのはそういうことかもしれないと思うようになった。ひとりで歩いていても、誰《だれ》かが背中を押してくれている。ひとりで歩いていても、目には見えないカミやホトケが小鳥のように肩のあたりに舞い降りて囁《ささや》いてくれる、そう思うようになったのである。

本書について

本書は、神仏霊場会の発足に合わせ、「神仏霊場 巡拝の道」の公式ガイドブックとして編集されたものです。読者の方の巡拝の参考となるよう、特別参拝の伊勢の神宮および、◆和歌山・◆奈良・◆大阪・◆兵庫・◆京都・◆滋賀の一五〇社寺を紹介しています。また、地図中には近隣の社寺名も表記してありますので、複数の社寺をまわられる際には、巻末の折込地図とあわせて確認してください。

なお、記事中では祭神・本尊の名称など、同じ名前で表記の異なるものがありますが、これは各社寺の由緒来歴等に従っています。

霊場番号

通し番号および府県ごとに記されている番号は、神仏霊場会で定めた霊場番号です。番号順に巡拝しなくてもかまいません。ご自由に参拝してください。

交通アクセス

最寄りの公共交通機関と、おおよその到達時間を示しています。曜日や季節により、運行時間が変更となる場合もありますので、なるべく直接問い合わせていただくか、観光案内所等で最新の情報を入手されることをおすすめします。

時　間

主に参拝可能な時間を示しています。季節や祭事により変更となる場合もあります。社寺内の施設によっては、個別に拝観時間を設定している場合もあります。また、祈禱を希望される場合などは、受付時間等を直接問い合わせてください。

※交通アクセスと時間に関しては、いずれも、二〇〇八年七月現在のデータに準じています。

◆特別参拝◆

伊勢

神宮

神仏同座の道

伊勢は「常世《とこよ》の国」。緑豊かな島路山《しまじやま》、神路山《かみじやま》の麓《ふもと》に広がる神域。人は宇治橋をわたり神々の聖なる地に入る。遥《はる》かなる太古より流れ続ける清らかな五十鈴《いすず》川で心身を浄《きよ》め、鬱蒼《うっそう》と茂った杉木立の並ぶ参道を玉砂利を踏みしめて進む。伊勢の神宮は、二〇年ごとに式年遷宮が執《と》り行なわれ、森厳な社殿の庭前では古儀による数々の祭祀《さいし》が厳《おごそ》かに営まれる。ここでは、瑞穂《みずほ》の国の祭りと祈りが千古のときを経て受け継がれている。そこに、天地自然のうちに鎮《しず》まる神々に祈り願うこころの原点がある。江戸時代、広く崇敬を集めた「お伊勢参り」は、神仏同座の霊場巡拝のモデルである。

皇《こう》大《たい》神《じん》宮《ぐう》(神《じん》宮《ぐう》内《ない》宮《くう》)

Kotaijingu (Jingu Naiku)

主祭神　天照大御神（あまてらすおおみかみ）
所在地　伊勢市宇治館町1
電　話　0596-24-1111

「日本人の魂のふるさと」といわれる神宮は、皇大神宮（内宮）と豊受大神宮《とようけだいじんぐう》（外宮《げくう》）からなり、内宮は、五十鈴《いすず》川の清流のほとり、緑濃い森のなかの清浄と静寂の聖地に鎮まる。

参道の奥にある御正殿《ごしょうでん》は、唯一神明《ゆいいつしんめい》造り。柱は檜《ひのき》の素木《しらき》。地中に直接埋め込まれた掘立柱《ほったてばしら》式で、床は高く、板壁の外周に高欄が施された簀子縁《すのこえん》がめぐらされている。萱葺《かやぶ》きの屋根には千木《ちぎ》、鰹木《かつおぎ》。素朴で簡素そのものだ。

祭神天照大御神《あまてらすおおみかみ》は、代々、天皇の宮殿の内に奉安されていた。神威を畏《おそ》れた崇神《すじん》天皇は、初めて皇女豊鍬入媛命《とよすきいりひめ》に命じて、大和《やまと》笠縫村に遷させた。さらに垂仁《すいにん》天皇が皇女倭姫《やまとひめ》命に鎮座の地を求めさせ、伊勢《いせ》国度会《わたらい》の宇治五十鈴の川上に、神宮を創建した。

歴代の天皇は、践祚《せんそ》、即位、大嘗などにあたり、幣使《へいし》を発遣《はっけん》した。また、天武《てんむ》天皇は大来皇女《おおくのひめみこ》を斎宮として祭祀《さいし》に奉仕させた。平安時代には、斎王は京の都から伊勢の斎宮まで群行した。その制は後醍醐《ごだいご》天皇の時代まで続く。明治以降は、皇族を神宮祭主にあてられ、今日に至っている。

交通アクセス:JR・近鉄伊勢市駅または近鉄宇治山田駅よりバス、内宮前下車すぐ。
時間:8時30分～16時

・宇治橋

神宮の造営は、国家によって営まれ、二〇年ごとの造替は式年遷宮といわれ、第六二回遷宮が平成二五年に斎行される。

神宮の神威は、六七二年（天武一）、壬申《じんしん》の乱の際に大海人《おおあまの》皇子（のちの天武《てんむ》天皇）が戦勝祈願をしたことにより高まり、次の持統天皇も篤《あつ》く尊崇し、御遷宮がはじまった。

神宮は、皇室だけでなく、その後、貴族や武士たちにも信仰された。とくに朝廷から御幣を奉る二十二社の第一位である。

本来皇室の神であるため、幣帛《へいはく》を奉るのは天皇に限られた。そのため、御師《おんし》とよばれる祈禱《きとう》師が、信者の無病息災などの祈禱を代行し、守札《まもりふだ》や暦などを配布した。この御師が中世、各地を巡って伊勢信仰を広め、庶民の間にも伊勢詣《もうで》が広まった。

豊《とよ》受《うけ》大《だい》神《じん》宮《ぐう》（神《じん》宮《ぐう》外《げ》宮《くう》）

Toyoukedaijingu (Jingu Geku)

主祭神 豊受大御神（とようけのおおみかみ）
所在地 伊勢市豊川町279
電　話 0596-24-1111

外宮《げくう》の神、豊受大御神《とようけのおおみかみ》は、内宮《ないくう》の鎮座から五〇〇年ほど遅れ、五世紀後半、雄略《ゆうりゃく》天皇の代に、天照大御神《あまてらすおおみかみ》のお告げにより、丹波《たんば》国から伊勢の度会《わたらい》の山田の原に迎えられたという。豊受大御神は、稲霊《いなだま》とされ、御饌都神《みけつかみ》、つまり天照大御神の食事を司《つかさど》る神である。この神は養蚕をはじめたことから、五穀豊穣《ほうじょう》はもちろん、漁業、畜産などすべての産業を守護する神として信仰されている。

外宮では、忌火屋殿《いみびやでん》で調理した御神饌《しんせん》を御饌殿《みけでん》に運び、天照大御神をはじめ、内宮、外宮、別宮《べつぐう》のすべての神々に供進する。御饌殿では、毎日、朝と夕の二度、御饌を奉る神事「日別朝夕大御饌《ひごとあさゆうおおみけ》祭《さい》」が、鎮座以来、一日も絶えることなく行なわれている。

外宮は、内宮の北西、高倉山《たかくら》の麓《ふもと》にあり、参拝者は外宮から内宮に向かうのが通常の巡路だ。広大な神域は、市街地に近いとはいえ、さすがに静寂で、俗世間から神の世界へ入る入口として気持ちを整えるのにふさわしい場所である。

外宮の御正殿《ごしょうでん》は、第一鳥居からの表参道と、北御門口からの裏参道がある。いずれも、神苑を包

交通アクセス：JR・近鉄伊勢市駅から徒歩5分。
時間：8時30分～16時

む緑の森と白い玉砂利が美しく清浄な神域へと誘ってくれる。

　表参道から入ると、すぐ左手に勾玉池《まがたま》があり、花菖蒲《はなしょうぶ》や観月の名所。神楽殿を過ぎ、御正殿へ。唯一神明《ゆいいつしんめい》造りの建築様式は、内宮の御正殿と規模や造りは変わらないが、棟上に並ぶ鰹木《かつおぎ》が、内宮より一本少ない九本である。千木《ちぎ》の先端も、内宮では水平（内削《うちそ》ぎ）なのに対し、外宮では垂直（外《そと》削ぎ）である。御正殿の向かい側には、四つの別宮（多賀《たかの》宮《みや》・土《つちの》宮・風《かぜの》宮・月夜《つきよみの》宮）がある。

　外宮は、内宮とともに伊勢信仰の中心となり、鎌倉時代以降、武士から庶民まで多くの信者の参詣《さんけい》で活況を呈した。

　江戸時代には「御《お》蔭参《かげまい》り」と称して、全国各地から多数が参宮した。

・御正宮前

紀伊山地の霊場と参詣道

松長有慶　金剛峯寺座主

平成十六年七月、高野山《こうやさん》、吉野《よしの》、熊野《くまの》の三霊場とそれらを結ぶ参詣《さんけい》道が、ユネスコの世界遺産に登録された。

従来の世界遺産に対する一般的な考えとは異なり、宗教的な建造物とともに、神仏の霊場としての歴史を持つ三つの霊場を結ぶ参詣道が指定されている点が特異である。それらの宗教施設を巡って祈り続けてきた人たちの過去の信仰の形が、現代社会にも意義あることと評価されたと見てよいであろう。

高野、吉野、熊野、それぞれの地名は、「野」で結ばれている。〝野〟とは、単なる野原という意味だけではない。それは日本の古代社会において、死者の霊の集合する場所を意味した。

現世と一線を画する聖地に対する信仰は、今昔を問わず、人間の意識の根底において、異界に対する恐怖とともに、反面、大自然のなかに身も心も包み込まれるような、安らぎの心情を呼び起こしてきた。

高度に発達した科学技術文明の功罪両面を享受している現代人にとって、人間存在の原初に触れることの可能な場所として、紀伊《きい》山地の霊場が現実に存在することが貴重なのである。熊野は自然信仰に立脚する古代神道、高野は原初的な密呪《みつじゅ》の世界を、大乗仏教の思想によって純化し、理論化した真言密教、吉野は在家の修験者を含む修験道、それぞれの拠点となり、現代にまでその信仰を人々が持ち続けてきている。

そしてそれらの拠点同士が、平安時代から千数百年の歴史のなかで、互いに信仰をともにして結ばれた参詣道を共有してきたことは、特筆すべきことであろう。神と仏の霊場を少しの違和感もなく巡礼し、現世と来世の幸運を祈願する、それが伝統的な日本人の信仰のひとつの型であった。

今、近畿《きんき》地方に百有余の神仏の霊場が指定され、これら霊場を巡る巡礼道が新たに形を整えようとしている。病める現代人にとっての癒しの場となるに違いない。

古くて新しい心のネットワーク

田中恆清　石清水八幡宮宮司・京都府神社庁長

八幡様は、かつて八幡大菩薩《ぼさつ》とも称えられ、神と仏を結ぶ要《かなめ》の位置におられた。神仏和合の結晶として誕生し、一個の独立した存在として成長を遂げたのが、八幡信仰であったともいえる。

しかし、明治維新の「神仏分離」によって、千三百年にわたる神仏和合の歴史に終止符が打たれ、神仏は分かれた。結果、その間に生まれた子達の運命はどうなったか。子の命は失われてもよい、体を真っ二つに両断し、半身ずつを両親がそれぞれ引き取ることとすればよい、とされ、実際、明治初年にそうした処分を受けたのが八幡宮や修験道であった。

分離後の神道と仏教は、どのような道を歩んだか。たとえば明治五年、神仏は協同して国民教化の任に当たるべく「大教宣布」の理想を掲げ、神官と僧侶がともに教導職として布教活動に邁進することとなったが、諸般の条件が整わぬまま、この束の間の神仏協調路線も、わずか三年で瓦解してしまうのである。

神仏が再び歩み寄ろうとしている今日、我が国近代の神道史・宗教史を今いちど検証し、先人達の経験に学ぶことは多々あるであろう。何事も神仏の御心に添い奉るため、世のため人のためである。我々はより注意深く、より広い心をもって物事に対処していかなくてはなるまい。とりわけ八幡宮に代々奉仕してきた者としては、八幡信仰の復興に努め、「鎹《かすがい》」の役割を担うことを通じて、神仏の和合を揺るぎないものとしていくことが、何より重要な責務であろうと心得ている。

宗教・宗派の垣根を乗り越え、それぞれの主義主張はひとまずおのが懐に収めて、互いに尊重し合い、譲り合う。このたびの「神仏霊場 巡拝の道」こそは、そうした我が国ならではの生き方を、壮大なスケールで形に表わしたものだと言ってもよいであろう。この古くて新しい心のネットワークを、近畿圏から日本全国へ、そして世界へと広げていくことができれば、というのが今の私の願いである。

神社の境内

Column

鬱蒼《うっそう》とした深緑に覆われた森は鎮守の杜《もり》。『万葉集』では、「社」も「森」と同じく「モリ」とよむ。

社の境内林と、神の鎮座する神域の門口には、徴《しる》しである鳥居がそびえる。ここをくぐると、参道が奥へと向かって延びる。建物の名称や位置、建築様式などはそれぞれの神社によって異なるが、多くの場合、人々が参拝するための拝殿、幣《へい》帛《はく》（神官がもつ、断ち折りした紙を竹や木の幣串にはさんだもの。広くは神に奉幣するものの総称）を奉る幣殿、舞楽や神楽《かぐら》を奏する舞殿や神楽殿、回廊などからなる。なかでも、ご神体を祀《まつ》るいちばん奥の本殿が、最も重要な建物であることはいうまでもない。ご神体は鍵のかかった扉の奥深く、厳重に秘せられていて、人の目にふれるようなことは決してない。

社殿近くには御札やお守り、絵馬などを並べた授与所があり、御朱印もそこで受付してくれる場合が多い。　（西　中道）

和歌山

紀伊・熊野・那智・高野

清浄《しょうじょう》の道

紀伊は「木の国」。海には近いが山国である。三六〇〇峯の山々と谿《けい》谷《こく》の間を縫って神と仏の聖地へと道はつづく。伊勢路と紀路、大峯道である。紀路は「大辺路《おおへち》・小辺路《こへち》」とよばれた。辺路は辺土《へど》と同じく人里離れた辺鄙《へんぴ》な地をいう。紀伊の辺路は、峯高く道険しい難路である。大辺路は、田辺から熊野まで、おおむね海岸線に沿って紀伊半島をまわる道。小辺路は、熊野と高野をほぼ直線に結ぶ峠を三つ越える山間の道。大峯道は、熊野三山と吉野を結ぶ修験根本道場である。大峯奥駈《おおみねおくがけ》の厳しい修行によって、六根を清浄する。それは、見えざる神仏との邂逅《かいこう》の道である。

◆1◆
和歌山1番

熊《くま》野《の》速《はや》玉《たま》大《たい》社《しゃ》

Kumanohayatamataisha

主祭神 熊野速玉大神（くまのはやたまのおおかみ）
熊野夫須美大神（くまのふすみのおおかみ）
所在地 新宮市新宮1
電話 0735-22-2533

太平洋に注ぐ熊野川の河口付近に位置する熊野速玉大社は、不思議な明るさをみせる。参道を進み、樹齢八百余年といわれる神木の梛《なぎ》の大木を仰ぎながら、神門をくぐると、広い境内に一九五三年（昭和二八）に再建された鮮やかな朱塗りの社殿が建ち並び、清浄ななかに、その輝きを放つ。どこか命の甦《よみがえ》りを感じさせるのだ。全国に祀《まつ》る熊野神社総本宮として皇室の尊崇も篤《あつ》く、二〇〇四年（平成一六）七月、世界文化遺産に登録された。

速玉大社の南には、大社の元宮《もとみや》、神倉《かみくら》神社がある。その神体山の中腹に屹立《きつりつ》する巨岩はゴトビキ岩とよばれ、ここに熊野三所大神《おおかみ》が降臨したという。また、この岩は神話の舞台ともされた。九州から東征の旅に出た神武《じんむ》天皇が熊野に上陸し、最初に登った天盤盾《あめのいわたて》にあたるとされる。天皇はそこで高倉《たかくら》下命《じのみこと》から神剣を受け、八咫烏《やたがらす》の導きにより勇躍して大和《やまと》を目指して進軍した。

速玉大神《はやたまのおおかみ》とは、伊弉諾尊《いざなぎのみこと》が、黄泉国《よみのくに》で伊弉冉尊《いざなみのみこと》と永遠の別離を誓ったときに、唾《つば》のなかから現われ出たとされる神で、映え輝く御霊、速く勢いの盛んな神、また、誓約《ちかい》の神でもある。

交通アクセス：JR新宮駅から徒歩15分。または熊野交通バス、権現前下車徒歩5分。
時間：6時～18時

この大社は、神像や神宝など、とくに文化財が豊富なことでも知られる。平安初期の熊野三所大神坐像《ざぞう》（国宝）や、南北朝期の古神宝類（国宝）など、重要な宝物が蔵されている。

例大祭は毎年一〇月一五・一六日。一五日の神馬《しんめ》渡御《とぎょ》式は、速玉大神が神馬で御旅所《おたびしょ》へ渡御され、「杉のお仮宮」で古儀な神事が斎行される。翌一六日は御《み》船祭《ふねまつり》で、結《むすび》大神が神輿《しんよ》神幸船で熊野川を遡《さかのぼ》りながら、お伴の早船九隻が御船島をまわって競漕《きょうそう》を行なう。紀南随一の秋祭りとして多くの参観者で賑《にぎ》わう。

また、「熊野観心十界曼《じっかいまん》荼羅《だら》」の絵解きは、熊野信仰の本質に迫り、とくに参拝者から篤《あつ》く尊ばれ、ぜひ体験したいものである。

・大鳥居

青岸渡寺《せいがんとじ》

Seigantoji

宗派　天台宗
本尊　如意輪観音（にょいりんかんのん）
所在地　東牟婁郡那智勝浦町那智山8
電話　0735-55-0001

那智《なち》の大滝を望み、熊野《くまの》那智大社と並んで建っている青岸渡寺は、もとは那智大社と一体であった如意輪《にょいりん》堂であるが、明治時代に分離される。その後、寺として復興された。

那智滝は、三国（日本・震旦《しんたん》＝中国・天竺《てんじく》＝インド）無双の名瀑《めいばく》であり、荘厳さにおいてはわが国でも随一とされる。高さ三十余丈（一三三メートル）、幅四丈二尺、天の川が注ぎ下るごとくである。古くより滝本《たきもと》修行の聖地であり、大滝の絶頂には花山院《かざんいん》の一千日滝籠《ごも》りの跡がある。神体は大己貴命《おおなむちのみこと》にして、飛瀧権現《ひろうごんげん》と称される。その本地仏（本来の姿）が、本尊の如意輪観音《にょいりんかんのん》である。寺伝では、裸形《らぎょう》上人が、那智の大滝から出現した観音の霊仏を感得し、草庵に安置したといわれる。この草庵がかつては「如意輪堂」といわれ、滝籠りの行者が訪れるなど、那智修験の拠点ともなっていた。

そののち、如意輪堂を、青岸渡寺と号した。現在の本堂は、織田信長の兵火による焼失後、豊臣秀長《ひでなが》が、兄秀吉の命によって一五九〇年（天正一八）に再建。柿葺《こけらぶ》きで、桃山時代の様式を残し、紀

交通アクセス：JR紀伊勝浦駅よりバス、お滝前下車徒歩20分。または神社お寺前駐車場下車徒歩15分。
時間：5時～16時30分

南で最も古い国指定の重文建造物である。

この地は観音信仰との縁も深く、大滝の近くに営まれた経塚《きょうづか》からは、白鳳《はくほう》～天平《てんぴょう》期の観音菩薩《ぼさつ》などの金銅仏も発掘されている。

・本堂

熊野に詣でれば、神々の加護が得られるのみならず、観音菩薩の救済にもあずかれるとあり、鎌倉時代以降は、貴族や武士だけでなく庶民も競って観音巡礼の旅に出た。

青岸渡寺は、その出発点となる重要な位置にあった。本堂の如意輪堂は西国観音霊場の第一番札所《ふだしょ》として、観音信仰の拠点となったのである。

◆3◆
和歌山3番

熊《くま》野《の》那《な》智《ち》大《たい》社《しゃ》

Kumanonachitaisha

主祭神 熊野夫須美大神（くまのふすみのおおかみ）
所在地 東牟婁郡那智勝浦町那智山1
電話 0735-55-0321

一三三メートルという落差を誇る那智《なち》の大滝。緑深い原生林のなか、切り立つ岸壁にしぶきをあげ、轟音《ごうおん》を響かせて一気に流れ落ちる、雄大で厳粛なその姿に、人々は聖なるもの、無限の力をもつ神を感じていたのだろう。これが熊野《くまの》信仰の根源であるといっても過言ではない。三一七年(仁徳天皇五)、それまで御瀧本《たきもと》に祀《まつ》られていた神々を、那智山中腹の現在の社地に遷《うつ》したのが那智大社のはじまりである。

熊野那智大社の信仰は、大滝そのものを神として崇《あが》めたことにはじまる。那智大社は、この大滝をご神体とする別宮《べつぐう》の飛瀧《ひろう》神社から山に登った中腹にある。

鳥居をくぐると、清々《すがすが》しい境内が広がる。右手に鮮やかな朱塗りの拝殿。その後ろに、同じく朱塗りの柱が映える熊野造りの社殿（重文）が並ぶ。境内には、後白河《ごしらかわ》上皇お手植えといわれる枝垂れ桜や、平重盛《しげもり》が植えたとされる推定樹齢八五〇年の巨大な楠《くすのき》がある。

そもそも熊野は、神仏の寄り集う場でもある。古来の神々は、やがて仏の貌《かお》も併せもつようになった。熊野の本宮《ほんぐう》、速玉《はやたま》、那智の神は、それぞれ阿弥陀《あみだ》如来、薬師如来、千手《せんじゅ》観音菩薩《ぼさつ》が仮の姿を現

交通アクセス：JR紀伊勝浦駅よりバス、お寺前駐車場下車すぐ。またはお滝前下車徒歩5分。
時間：8時30分～16時

わしたもので、権現《ごんげん》といわれた。主神の夫須美大神《ふすみのおおかみ》（伊弉冉尊《いざなみのみこと》）とご神体である那智の大滝（大《おお》己貴命《なむちのみこと》）は、ともにその本地仏《ほんじぶつ》は千手観音である。

平安時代末、那智山は観音菩薩の浄土（補陀落《ふだらく》浄土）の東門とみなされ、その海の彼方に補陀落浄土があると信じられた。

・那智の大滝

熊野那智大社には、「熊野那智参詣曼陀羅《さんけいまんだら》」がある。那智の海岸、補陀洛山寺《ふだらくさんじ》の辺りから補陀落渡海する上人と供を乗せた船が描かれている。観音浄土を目指す船旅に出るのである。

有名な神事「那智の火祭」では、七月一四日、一二本の大松明《おおたいまつ》が豪快に燃え盛るなか、一二基の扇神輿《おおぎみこし》が大社から飛瀧神社に進む。

熊《くま》野《の》本《ほん》宮《ぐう》大《たい》社《しゃ》

Kumanohongutaisha

主祭神　家津御子大神（けつみこのおおかみ）
所在地　田辺市本宮町本宮1110
電話　0735-42-0009

熊野には、隅《くま》（すみ）、すなわち辺境の地のイメージがある。平安時代初期に修験道場が開かれ、その後、はるか遠い京の都から、往復約一ヶ月をかけ、険しい山道の続く苦難の長旅をものともせず、上皇や貴族たちが、この地に参詣《さんけい》した。後鳥羽《ごとば》上皇の熊野御幸はじつに二八回を数えた。

熊野三山とよばれる本宮《ほんぐう》、速玉《はやたま》、那智《なち》の各大社それぞれに固有の神威があり、三山を巡拝することで、病んだ心、弱った魂に新たな命と活力を得た。熊野三山のなかでも、その要《かなめ》となるのが本宮大社である。そこに、熊野に通じる道のほとんどが集結する。

紀伊《きい》半島の西側を南下し、紀伊田辺《たなべ》から山に入る中辺路《なかへち》、高野山《こうやさん》からの小辺路《こへち》、吉野《よしの》から険しい峰伝いの修験道の行者道、そして伊勢《いせ》からの伊勢路など。そこから人々は熊野川を下って速玉大社、那智大社を巡拝した。

本宮大社の主神家津御子大神《けつみこのおおかみ》の本地仏《ほんじぶつ》は、阿弥陀《あみだ》如来。平安中期、ここは阿弥陀浄土とされ、極楽往生を願って天皇・貴族らが相次いで参詣した。鎌倉時代には、時宗《じしゅう》の開祖一遍《いっぺん》上人が参籠《さんろう》し、阿

交通アクセス：JR新宮駅よりバス、本宮大社前下車すぐ。
時間：8時～17時

・社殿

弥陀如来を感得したという。のち、時宗の発展とともに、熊野信仰の全国的な流布につながる。

本宮大社は、一八八九年(明治二二)の熊野川大洪水で被災し、現在地に移建されたが、もとは熊野川と支流の合流点にできた中州《なかす》にあった。この中州こそ、穀霊が流れ寄るにふさわしい場所なのである。今は大斎原《おおゆのはら》として大切に守られている。

広い境内には、うっそうとした森を背に、三棟の檜皮葺《ひわだぶ》きの荘厳な社殿（重文）が並ぶ。明治中期の大洪水の被害をまぬがれたもので、一八九一年（明治二四）に現在地に移された。速玉大社、那智大社の鮮やかな朱塗りの社殿とは異なり、古色蒼然《そうぜん》として、神さびた霊気が漂う。

闘《とう》鶏《けい》神《じん》社《じゃ》

Tokeijinja

主祭神 伊邪那美命（いざなみのみこと）
所在地 田辺市湊655
電　話 0739-22-0155

闘鶏神社は、田辺《たなべ》市街の東部、仮庵山《かりほやま》の北麓《ほくろく》にある。大きな鳥居をくぐると、本殿・上殿・中殿など熊野造りの古い様式を残した堂々たる社殿が並ぶ。現在の社殿は貞享《じょうきょう》年間（一六八四～八八）の再建。

神社の創祀《そうし》は、社伝によれば、允恭《いんぎょう》天皇八年（五世紀なかごろ）、熊野権現《くまのごんげん》を勧請《かんじょう》し、田辺の宮と称したのが起源と伝わる。一一四七年（久安三）、第一八代の熊野別当《べっとう》湛快《たんかい》が熊野三所権現を勧請し、新熊野十二所権現と称した。

このように、当社は三度にわたり熊野三山（本宮・新宮・那智）各社の御祭神を勧請し、熊野権現の三山参詣《さんけい》に替えるという三山の別宮《べつぐう》的存在で、熊野信仰の一翼を担う。また、熊野街道（大辺路《おおへち》・中辺路《なかへち》）の分岐点要衝地としての田辺に鎮座し、歴代上皇、法皇、公達の熊野参詣時は当社に参籠《さんろう》宿泊し、心願成就を祈願したのである。一四七一年（文明三）より、杉若・浅野・安藤各領主の厚い庇護を受け、明治維新におよんで闘鶏神社と改称し、現在に至っている。

交通アクセス：JR紀伊田辺駅から徒歩5分。
時間：8時30分～ 17時

『平家物語』巻一一の「鶏合《とりあわせ》壇浦《だんのうら》合戦」には、湛快の子・湛増《たんぞう》のことが描かれている。熊野水軍を率いる湛増は、源氏と平家のどちらにつくべきか思い悩み、熊野権現の神意を聞く。それは「白旗＝源氏につくべし」、との神託であった。が、なおも迷った。そこで、神社の境内で白と赤、各七羽の鶏を闘わせ、占うことに。結果は赤い鶏が一羽も勝つことなく、そこでようやく源氏につくことを決めたという。この故事により、闘雞権現の称が生まれ、明治時代に今の社名となった。

社宝に、源義経遺愛の横笛、弁慶の産湯《うぶゆ》釜《がま》がある。一説に、弁慶は湛増の子と伝えられる。

八基の笠鉾《かさほこ》が出るにぎやかな「田辺祭」は七月二四、二五日。

・本殿

道《どう》成《じょう》寺《じ》

Dojoji

　道成寺は、慈悲の仏である本尊千手観音菩薩《せんじゅかんのんぼさつ》の救済にあずかろうと、古来多くの人々が参詣《さんけい》した。そして、寺に伝わる「安珍《あんちん》・清姫《きよひめ》の説話」は、人々に、人間の業《ごう》の恐ろしさ、煩悩の罪深さを説き、この寺をさらに名高いものにした。

　寺は、七〇一年（大宝一）に文武《もんむ》天皇の勅願寺として紀大臣道成《きのおとどみちなり》が創建したといい、発掘調査により、境内から八世紀ごろの講堂・中門・回廊・塔・金堂などを備えた一大伽藍《がらん》の跡が見つかっている。現在の建物は、本堂が南北朝時代、三重塔が江戸時代の再建。だが仏像は古く、本尊（国宝）は平安前期の堂々たる作風を示す。また、近年、もう一体の千手観音像が発見され、注目された。奈良時代の様式を示す古像で、寺の歴史の古さを物語っている。

　六二段の石段を上り、朱塗りの仁王門をくぐると、広々とした境内に出る。正面に堂々たる入母屋《いりもや》造りの本堂、右に三重塔、左に大宝殿。枝垂れ桜の古木が枝を広げ、あたりはおおらかで、ゆったりとした雰囲気だ。

宗派　天台宗
本尊　千手観音菩薩（せんじゅかんのんぼさつ）
所在地　日高郡日高川町鐘巻1738
電話　0738-22-0543

交通アクセス：JR道成寺駅から徒歩7分。
時間：9時～17時

かつて道成寺は、熊野《くまの》参詣道の順路にあたり、多くの参詣者に、絵巻を使って「安珍・清姫」の説法が行なわれた。

一夜の宿を求めた熊野詣《もうで》の僧・安珍に恋情を抱いた清姫が、約束した再会を裏切られ、蛇体と化して安珍を追う。安珍は道成寺の鐘のなかに身を隠した。大蛇は鐘に巻きついて安珍を焼き殺し、自らも死ぬ。二人は来世で結ばれるのだが、説話は、人々に煩悩が人生を狂わせることを訴え、人の道と、仏法による来世の救済を説いた。

この説話はのち、能や歌舞伎《かぶき》、人形浄瑠璃《じょうるり》など「道成寺物《もの》」として時代を超えて親しまれてきた。今も「絵とき説法」は、大いに参詣者を楽しませてくれる。四月二七日・二八日には、大会式鐘供養が行なわれる。

・本堂

藤《ふじ》白《しろ》神《じん》社《じゃ》

Fujishirojinja

主祭神　熊野坐大神（くまのにますおおかみ）
速玉男命（はやたまおのみこと）
饒速日命（にぎはやひのみこと）
所在地　海南市藤白466
電　話　073-482-1123

藤白神社は、かつての藤代《ふじしろ》王子。金剛童子の宮で、本地仏は毘沙門天《びしゃもんてん》。平安時代から江戸時代に盛んであった熊野詣《くまのもうで》の街道が山中に入る入口、熊野三山の聖域のはじまる所とされた。熊野九十九王子社のひとつであり、なかでも格式が高く重要な王子とされる「五躰《たい》王子」のひとつとして信仰を集め、中世には参詣者《さんけいしゃ》の宿所としての要所でもあった。

藤白王子権現《ごんげん》本堂には、熊野参詣道筋に唯一残る貴重な熊野三山の本地仏三躰と、藤白王子の本地仏一躰（いずれも県指定文化財）を祀《まつ》る。

ただ、創建についてはさらに古く、社伝によると、七世紀、斉明《さいめい》天皇の牟婁《むろ》行幸の際に社殿が営まれたという。境内には楠《くすのき》の大樹が多く、ひときわ緑が濃い。

藤白王子には、巫女《みこ》が置かれ、経《きょう》供養、また歌会、相撲などが行なわれた。『後鳥羽院《ごとばいん》熊野御幸記』では、一二〇一年（建仁一）、後鳥羽上皇の熊野御幸に従った歌人の藤原定家も、ここで宿泊した。上皇の一行は、次の宿泊地の湯浅《ゆあさ》で歌会を催し、その詠草を藤白王子に献納している。「熊野懐紙」の

交通アクセス：JR海南駅から徒歩15分。または車で阪和高速・海南ICからすぐ。
時間：9時～17時

ひとつで、鎌倉時代初期の仮名文字の名筆として知られる。

藤白王子から藤白峠を越える藤白坂は、難所であるが、眼下に海が広がり、眺望もよく、『万葉集』をはじめ和歌にも詠まれ「藤白の御坂《みさか》」として歌枕にもなっている。その地で、若き有間皇子《ありまのみこ》は非業の死を遂げた。

有間皇子は、孝徳天皇のただひとりの皇子。父の死後の六五八年（斉明四）、謀反の疑いがあるとして捕えられ、斉明天皇が行幸中の牟婁温湯（和歌山県白浜町湯崎《ゆざき》温泉）に護送される。裁きを受けたその帰路、藤白坂で絞首された。わずか一九歳であった。

藤白坂には、『万葉集』にある有間皇子の「家にあれば笥《け》に盛《も》る飯《いい》を草枕旅にしあれば椎《しい》の葉に盛る」の歌碑が立つ。

・鳥居

竈《かま》山《やま》神《じん》社《じゃ》

Kamayamajinja

主祭神　彦五瀬命（ひこいつせのみこと）
所在地　和歌山市和田438
電　話　073-471-1457

竈山神社は、神武《じんむ》天皇の皇兄、彦五瀬命《ひこいつせのみこと》を祀《まつ》る。本殿の北には命《みこと》を葬った竈山御陵《ごりょう》がある。広い参道の先、神門をくぐると、広い境内へ。拝殿の後方に本殿がある。樹々の緑も豊かで、風格を漂わせた静かな佇《たたず》まいである。

神武天皇、すなわち神日本磐余彦命《かむやまといわれびこのみこと》は、長兄五瀬命と、天下を泰平にするため東へ向かおうと相談、いわゆる東征を開始した。九州の日向《ひゅうが》国を出、瀬戸内をたどり、難波《なにわ》から大和《やまと》へ向かうが、生駒《いこま》山《やま》を越えようとしたとき、登美《とみ》の長髄彦《ながすねびこ》の抵抗に遭う。このとき、五瀬命は流れ矢を受け、負傷した。一行は、傷ついた五瀬命を守りながら、紀国《きのくに》沿いに南下するが、紀国の男之水門《おのみなと》から竈山に到着した。ここで五瀬命は薨去《こうきょ》する。その五瀬命を葬った墓が竈山御陵だといわれる。

熊野は、紀伊半島の南部の東寄りにあり、一行はそこから北上して宇陀《うだ》から西の大和へ入った。それは五瀬命の示した方向で、この行程を経たことにより、大和平定を成功に導いたとされる。五瀬命の存在は重要であった。

交通アクセス：和歌山電鐵貴志川線竈山駅から徒歩10分。
時間：6時～18時（季節により変更あり）。祈禱受付は9時～15時30分

竈山神社の創建年代は明らかでないが、延喜の制では国幣小社に列し、また紀伊国神《じん》名《みょうちょう》帳には従四位上竈山神とある。
古くは現在地の南東山麓《さんろく》にあり、天正年間までの神領は八町八段もあって、社殿も広大であったという。その後、戦乱を経てわずかに一小祠を祀るほどにまで衰微したが、一六六九年（寛文九）、徳川頼宣《よりのぶ》によって再建された。
明治一八年官幣中社に列し、次いで大正四年、官幣大社に昇格。境内は古樹・老木が茂って風致に富み、古社にふさわしい荘厳さと佇まいを見せている。
現在の社殿は一九三八年（昭和一三）に造営されたものである。神社の後方にある陵墓は、樹々の緑と静寂のなかに鎮まる。

・拝殿

根《ね》来《ごろ》寺《でら》

Negorodera

　正式には一乗山大伝法院《いちじょうさんだいでんぽういん》根来寺といい、平安時代後期に覚鑁《かくばん》上人（興教《こうぎょう》大師）によって開かれた。根来寺は伝説に満ちた寺院であったが、近年新しい資料の発見によって、中世には学山すなわち教学を学ぶ大学のような機能をもつ寺院であったことが明らかになった。

　覚鑁は『五輪九字《くじ》秘密釈』を著わして末法の世を導いた高僧で、一一三四年（長承一）高野山に根来寺の草創寺院である大伝法院を開き、真言教学を修学する伝法会《でんぽうえ》を復興して真言宗を中興した。しかし壇上《だんじょう》の旧勢力との軋轢《あつれき》も生じたため、晩年には大伝法院の支援者であった鳥羽《とば》上皇から下賜された荘園（現在の根来寺）へ下山し、その地で一一四三年（康治二）亡くなった。

　大伝法院は覚鑁の死後も約百年間、高野山《こうやさん》上に存続したが、鎌倉時代に中興の頼瑜《らいゆ》が寺籍を現在地に移し、このころから根来寺とよばれるようになった。高野山と根来寺の学侶《がくりょ》は、巷間《こうかん》の伝聞とは異なり、その後も永続的交流を保った。

　鎌倉時代末期から室町時代にかけての根来寺は、頼瑜の法流を相承する学侶が全国から集まり、

宗派	新義真言宗
本尊	大日如来（だいにちにょらい） 金剛薩埵（こんごうさった） 尊勝仏頂（そんしょうぶっちょう）
所在地	岩出市根来2286
電話	0736-62-1144

交通アクセス：JR阪和線紀伊駅よりバス、根来下車徒歩15分。またはJR阪和線泉砂川駅よりバス、根来寺下車すぐ。
時間：9時30分～16時

・大塔

巨大寺院となった。根来寺蔵「根来寺伽藍《がらん》古絵図」にはこの当時の根来寺境内が描かれており、約三五〇ヘクタールあったといわれる境内には三〇〇〜四〇〇の院家《いんげ》が存在し、数千の僧侶が活動していた。近世にはこれらの院家から小池坊《こいけぼう》・智積院《ちしゃくいん》が独立し、現在は真言宗の豊山《ぶざん》派・智山《ちさん》派を形成している。

根来寺本尊丈六大日如《だいにちにょ》来《らい》・金剛薩埵《こんごうさった》・尊勝仏頂《そんしょうぶっちょう》三尊像（いずれも重文）は、覚鑁が高野山上に奉安した大伝法院本尊像で、一四〇五年（応永一二）に再興。宗祖の法灯を伝える新義真言宗の根本像である。大《だい》塔《とう》（国宝）は、真言宗の教義を象徴する建造物で、現存する全国最大の木造大塔である。

慈《じ》尊《そん》院《いん》

Jisonin

慈尊院は、空海《くうかい》が、母阿刀《あと》氏のために建てた草庵《そうあん》にはじまるという。阿刀氏は、晩年、空海を訪ねて讃岐《さぬき》国（香川県）から高野山《こうやさん》に来たが、女人《にょにん》禁制のため入山が許されず、ここに草庵を結んだ。空海は、母に会うために月に九度、ここに通ったことから、この地は九度山《くどやま》とよばれたという。

阿刀氏の没後、空海は供養のため母が信仰していた弥勒菩薩《みろくぼさつ》を本尊とする寺を建立した。弥勒菩薩は別名を慈尊といい、寺は慈尊院と称した。本尊の弥勒菩薩像には寛平四年（八九二）の銘があり、秘仏。開扉は二一年に一度とされ、次回は二〇一五年（平成二七）。

慈尊院の地は、本来は高野山の政所《まんどころ》（庶務を司《つかさど》る事務所）であった。高野山は雨が多く湿気もあって、経典や諸道具の保管に適さないため、空海はここに倉庫を建てて経典・仏具などを収蔵するとともに、高野山の諸事務を執らせたのである。「高野政所」ともよばれた。

高野政所には、本堂のほか食堂《じきどう》・僧房・東庁などの建物があり、藤原道長《みちなが》、白河《しらかわ》上皇、鳥羽《とば》上皇らも御所を設けて宿所としている。政所は、高野山の表玄関としての機能ももっていた。現在も、山

宗派	高野山真言宗
本尊	弥勒菩薩（みろくぼさつ）
所在地	伊都郡九度山町慈尊院832
電話	0736-54-2214

交通アクセス：南海高野線九度山駅から徒歩25～30分。
時間：8時～17時

上へと一町ごとに立てられた一八〇の町石《ちょういし》の第一番目が、ここにある。

慈尊院は、もとは政所の敷地の一角にあった小堂だが、ときに政所全体の名称ともなった。政所の建物は一一七一年（承安二）の火災ですべて焼失し、一度は再建されたものの、一五四〇年（天文九）の洪水で諸堂が流された。秘仏を安置する弥勒堂だけは流失をまぬがれたらしい。今の弥勒堂は、外観は室町期に改修されたが、内部は鎌倉期の様式という。今も残る鎌倉時代の土塀は、当時の倉庫群の遺構とされる。

慈尊院は、女人結縁《けちえん》の寺として「女人高野」といわれ、今も子授け、安産、育児にご利益《りやく》のある寺として女性の信仰が篤《あつ》い。

・多宝塔

丹《に》生《う》官《かん》省《しょう》符《ぶ》神《じん》社《じゃ》

Niukanshobujinja

主祭神 丹生都比売大神（にうつひめのおおかみ）
高野御子大神（こうやみこのおおかみ）
天照大御神（あまてらすおおみかみ）

所在地 伊都郡九度山町慈尊院835

電　話 0736-54-2754

丹生官省符《にうかんしょうぶ》神社は、慈尊院《じそんいん》の南の高台にある。石の大鳥居をくぐり、一一九段の石段を上りきると、大きな丹塗《にぬ》りの鳥居が建つ。その向こうが広庭。拝殿を経《へ》て、その奥に丹塗りも鮮やかな本殿が建つ。境内から紀ノ川、和泉《いずみ》山脈が一望でき、桜、紅葉の季節はことに参詣者《さんけいしゃ》が多い。

社名は新しいもので、古くは丹生高野明神《こうやみょうじん》社、丹生七社大明神などとよばれた。官省符の名は、このあたりに高野山の官省符荘《しょう》（庄）があったことによる。官省符とは、太政官《だいじょうかん》と民部省《みんぶしょう》が発行する公文書で、これによって設立を認められた荘園《しょうえん》は、不輸不入、つまり租税を免除され、国司らの干渉を受けることのない特権を与えられた。この荘園を管理するために政所《まんどころ》が置かれ、その鎮守が七社明神社であった。七社明神のなかでも、丹生都比売大神《にうつひめのおおかみ》と高野御子大神《こうやみこのおおかみ》の二神は、空海《くうかい》が弘仁《こうにん》年中（八一〇〜二四）にこの地に奉祀《ほうし》したという。

丹生都比売大神は、農耕神とされ、空海に、その神領である高野山一帯の地を譲った神である。その神の命を受け、空海を高野山に導いたのが高野御子大神、別名狩場《かりば》明神で、修行の聖地を探し求

交通アクセス：JR高野口駅よりタクシー約10分、徒歩30分。または南海高野線九度山駅から徒歩30分。

時間：9時～ 17時

めていた空海の前に、黒白二頭の犬を連れた狩人の姿で現われたという。この二神に、室町時代の文明年間、気比《けひ》神、厳島《いつくしま》神の二神が加えられ、それら四社が紀ノ川近くにあった。しかし、天文年間に荘園を襲った洪水のあと、慈尊院とともに移転を余儀なくされ、別の所に祀《まつ》られていた三社を併せて七社明神となる。

盛時は、七社のほかに十二王子社、百二十番神社、瑞籬《みずがき》、拝殿、舞台等があった。現在の社殿のうち三棟は、一五四一年（天文一〇）の棟札《むなふだ》をもち、移転時の建物とみられる。毎年一〇月に行なわれる祭礼「官省符祭」では、神輿《みこし》を担いだ行列が、旧社地への道を練り歩く。世界遺産に登録されている。

・権現鳥居

丹《に》生《う》都《つ》比《ひ》売《め》神《じん》社《じゃ》

Niutsuhimejinja

主祭神 丹生都比売大神（にうつひめのおおかみ）
所在地 伊都郡かつらぎ町上天野230
電　話 0736-26-0102

丹生都比売神社は、紀ノ川より紀伊《きい》山地の山々に分け入った天野《あまの》の里に鎮まり、緑深い森に囲まれて朱塗りの堂々たる楼門が目を引く。神社の創建は、『丹生大明神告門《だいみょうじんのりと》』によると、今から一七〇〇年前に、応神《おうじん》天皇が社殿と紀伊山地の北西部一帯を社領として寄進したと伝えられる。

主祭神である丹生都比売大神《にうつひめのおおかみ》の「丹」は朱を意味し、古来、朱には魔除《まよ》けの力があるとされた。今も神社仏閣の建物に朱が塗られることが多いのはこのためである。一二八一年（弘安四）の蒙古《もうこ》襲来のとき、鎌倉幕府は当社に祈願している。神は神威を発揮し、暴風、いわゆる神風が起こって元《げん》の軍船を壊滅させた。このことから紀伊国一の宮となり、武家・公家《くげ》から多くの寄進を受けた。

この神は別名を稚日女命《わかひるめのみこと》といい、天照大神《あまてらすおおみかみ》の妹にあたる女神とされる。水田に水をもたらす神としても信奉され、その信仰は大和《やまと》・紀伊を中心に広まった。丹生都比売大神を祀《まつ》る全国一八〇余社の総本社である。弘法《こうぼう》大師はこの神から社地を借り受けて高野山《こうやさん》を開山したとも伝えられ、仏道の興隆と神祇《じんぎ》信仰の融合を願い、真言密教の守護神として山上の壇上伽藍《だんじょうがらん》に「御社《みやしろ》」を勧請《かんじょう》した。

交通アクセス：JR笠田駅よりバス、丹生都比売神社前下車すぐ。またはJR笠田駅・妙寺駅よりタクシー約15分。
時間：9時～15時

・太鼓橋

以来一二〇〇年、その信仰は受け継がれ、今も高野山壇上伽藍の御社に「明神さん」として当社の祭神が大切に祀《まつ》られている。さらには、当社にも僧侶《そうりょ》の参拝が絶えず、玉垣には、修行を修めた僧侶の「社頭安泰・威光自在」の奉納札が並ぶ。

古来、高野山への参詣者《さんけいしゃ》は、表参道である町石道《ちょういしみち》を登り、道筋にあるこの神社の二つ鳥居から、まず当社に参拝するのが慣《なら》わしであった。そのことから、四国八十八カ所遍路満願の参詣者も多い。

本殿は、室町時代の再建で、檜皮葺《ひわだぶ》き・春日《かすが》造りの壮麗な建物で、一間社《いっけんしゃ》春日造りとしては日本一の規模を誇る。鏡池に架かる朱塗りの太鼓橋は、標高四五〇メートルの天野盆地の風景に溶け込み、四季折々に美しい。

金剛峯寺《こんごうぶじ》

Kongobuji

宗派　高野山真言宗（こうやさんしんごんしゅう）
本尊　大日如来（だいにちにょらい）
所在地　伊都郡高野町高野山132
電話　0736-56-2011

金剛峯寺《こんごうぶじ》は、高野山《こうやさん》山上にある一一七の塔頭《たっちゅう》寺院の中核となる本坊のこと。と同時に、高野山全体を総本山金剛峯寺とよぶ。つまり、高野山全体がお寺であり、「一山《いっさん》境内地」ともよばれている。

高野山を開創した空海《くうかい》は、標高約八〇〇メートルの台地を八つの峰々が囲むこの地形を、密教の根本思想を表現した胎蔵界曼荼羅《たいぞうかいまんだら》の中心、中台八葉院《ちゅうたいはちよういん》の蓮華に見立てたといわれる。伽藍《がらん》の中心にある根本大塔には大日如来像《だいにちにょらい》が安置され、山上は、まさに立体曼荼羅の世界といえる。

八〇六年（大同一）、唐から帰朝した空海は、高野山に密教修行の道場を建てることを朝廷に願い出た。八一六年（弘仁七）に嵯峨《さが》天皇の勅許を得たが、空海は八三五年（承和二）に入定《にゅうじょう》され、伽藍の造営は弟子の真然《しんぜん》に引き継がれた。その後、高野山は真言密教の聖地として上皇や貴族の参詣《さんけい》も相次ぎ、彼らの援助で堂塔も建てられ、大いに発展した。

一五九三年（文禄二）、豊臣秀吉が大軍を率いて高野山攻撃を計画したが、客僧の木食応其《もくじきおうご》が直接交渉のすえ、寺領の多くを失ったものの、一山を兵火から守った。秀吉は、応其の人柄に打たれ、山

交通アクセス：南海高野線極楽橋駅より南海ケーブル、高野山駅下車。バスに乗り継ぎ金剛峯寺下車すぐ。
時間：8時30分～17時

上に秀吉の生母の菩提《ぼだい》を弔うための寺を建立させた。のち、これが応其の住房となり、青《せい》巌寺《がんじ》とよばれた。一八六九年（明治二）、金剛峯寺と改められ、今日に至っている。寺の建物は一八六三年（文久三）の再建。

正門をくぐると、檜皮葺《ひわだぶ》きの豪壮な屋根の大主殿が現われる。目を引くのが屋根の棟の上に置かれた天水桶《おけ》。左に経蔵《きょうぞう》、右に鐘楼が見える。

大主殿の内部は、重要な儀式や法要を行なう大広間、次に梅の間、柳の間が続く。座敷の襖絵《ふすまえ》は、狩野元信《かのうもとのぶ》、探幽《たんゆう》などの筆。

壇上伽藍の周辺や、空海の御廟《ごびょう》のある奥の院への道筋には多くの塔頭寺院が並ぶ。宿坊も五三ヶ所あり、多くの参詣者を受け入れている。

・大塔

自然のままに参拝を

鈴木寛治　大神神社宮司

私が仕えている、大和の国一宮・大神《おおみわ》神社には「朔日《ついたち》参り」といって、毎月の一日、月の始めに思いを新にして大勢の方々が参拝される。ところが近年、その「朔日参り」とは別に、二十四節気を意識して参拝する人が増えている。とくに、二月の立春は、朔日参りの人出に迫るお参りがある。

二十四節気というと、太陽の動きを基に、一年間の長さを二十四等分し、春夏秋冬の季節感をわかりやすくしたもの。古い歳時記を見ると「立春ハ正月ノ気ノ始メナリ　一年ノ天運是《これ》ヨリ始マル」とあり、立春は、一年で初めて春の気が立ちこめる時。それ故、立春の日に参拝をする人は「自然の法則に従う」との思いを抱いた人々と思われる。

中国で元の時代の漢方医・朱丹渓は「自然を大宇宙とみなすと、人間はそれを縮小した小宇宙」と言い、人間の身体と宇宙の形態を比較している。

「頭が丸いのは空を象徴し、足が平らなのは地を象徴している。天には四時があり、人体には四肢がある。天には五行があり、人間には五臓がある。天には六極があり、人間には六腑《ろっぷ》がある。天には八風があり、人間には八節がある。天には九星があり、人間には九穴がある。天には十二時があり、人間には十二経絡がある。天には二十四気があり、人間には二十四兪穴《ゆけつ》がある。天には三六五度があり、人間には三六五骨節がある」（『身体臓腑論』）等々、人間の体は自然の法則のままに創られており、人間と自然は不可分の関係にある。

それ故か、我が国の先人は、昇ってくる太陽に感動を覚え、いや、そこにある山に川に石に木に、何らかの霊気を感じ、力を感じ、感じたものを畏《おそ》れ敬い、また感じた場所を聖地として、大切にしてきた。

ところが、近代科学の発達とともに人間は、知能、技術、資金があれば、不可能はないとの錯覚と自信を持って、自然界の法則を無視し、秩序を乱し、自然を人為的に開発し、さまざまな問題を招いてしまった。しかし一方では、昔の人ならほとんど皆持っていた、自然を有難いと感じる感覚を忘れてしまっていることに気づき、自然保護・環境保護・公害防止等活動の必要を痛感し、その運動を盛り上げてきた。

また同時に、人間は豊かな自然の働きがなければ一日も生きていけないことに気づき、自然への感覚を取り戻し、日々の生活を自然の働きに合わせることがなにより、と悟り、それには自然を最も感じる事が出来る三輪《みわ》の里に出向き、お山の霊気を体いっぱいに受けたいとの懐《おも》いと願いが、この二十四節気を意識しての参拝になったと思われる。

日本の神様は、西洋の神様と違い、信ずるというより感ずるもの、と言われるが、このたび神仏霊場会が結成され、大勢の方々が、昔の人が自然の力を感じた聖地に足を運び、自然の息吹を感じ、心をリフレッシュし、生命力をアップして頂けると思うと、欣快《きんかい》の極み。大いにこの巡拝運動が、広がり盛んになりますこと、心より念願する次第である。

心優しい如来《にょらい》と菩薩《ぼさつ》

Column

寺院にお参りすると、本尊や脇侍《わきじ》など、様々な姿の仏様が出迎えてくれる。立っていたり座っていたり、また、顔や手足の数、印の結び方、手にもつ品々なども異なっているが、それぞれにきちんとした意味をもつ。たとえば、見る者を圧倒する千手観音の何十本もの腕は、無限の慈悲による救済、というイメージを具現化したものだ。

如来と菩薩は、どちらも「お釈迦さま」なのだが、如来は悟りに達した覚者であり、一般的に頭部の肉髻《にっけい》・羅髪《らほつ》と、納衣《のうえ》以外のものを身にまとっていないという特徴がある。

それに対し、菩薩は悟りを求めている存在で、釈迦の出家以前の貴人の姿を示している。髪は宝《ほう》髻《けい》に結い、宝冠をいただき、装身具を身に着けている。菩薩は、修行者の立場に立って、如来よりも親近感のもてる存在として多くの人を教化・救済してくれるというので、観音・地蔵の両菩薩が広く信じられるようになっている。　（田中正流）

◆14~41◆

奈良

大和・斑鳩・吉野

鎮護《ちんご》の道

「倭《やまと》は国のまほろば」。青垣山に隠る美《うま》し国。飛鳥《あすか》・藤原・平城の古代の都。緑深き山々に神々が鎮まり、森や林には仏が宿る。神社や寺院を結ぶ祈りの道が大和にめぐらされる。東には、三笠山《みかさやま》や三輪山《みわやま》などが連なり、国家鎮護の東大寺や春日大社、大神神社などが並び建つ。長谷寺参詣《さんけい》の「初瀬《はせ》街道」は天神山、初瀬山、巻向山《まきむくやま》などの裾野を初瀬川に沿っていく。大和《やまと》川の北、矢田丘陵東南麓に法隆寺の斑鳩《いかるが》の里がある。西の京の七堂伽藍《がらん》の地である。伊勢大和回りは、桜井・飛鳥を経て、多武峰《とうのみね》と吉野に至る。峯高く聳《そび》え草木が鬱蒼《うっそう》と繁る多武峰と、金剛蔵王を祀《まつ》る金峯山《きんぷせん》、満山桜樹の吉野山は修験の山である。

東《とう》大《だい》寺《じ》

Todaiji

七四三年（天平一五）、聖武《しょうむ》天皇は大仏造立の詔《みことのり》を出した。天皇はそこに、たとえ「一枝の草、一把の土」でも協力しようとする者があればこれを許す、と書いた。

鎮護国家のために、国をあげて大仏を造るという空前絶後の大事業の舞台となった東大寺は、聖武天皇が幼くして没した親王を弔うため、七二八年（神亀五）に建立した金鐘寺《きんしょうじ》を前身とする。近江《おうみ》国紫香楽宮《しがらきのみや》近くではじまった大仏造立が、大和《やまと》の国分寺（金光明寺《きんこうみょうじ》）にあてられていた金鐘寺の地に変更されたのちに、東の大寺《おおでら》、東大寺とよばれるようになった。

七五二年（天平勝宝四）、インド僧の菩提僊那《ぼだいせんな》を導師に迎えて、盧舎那《るしゃな》大仏の開眼供養が営まれた。盛大な供養は、国内のみならず、東アジアに仏教国家の誕生をアピールするイベントでもあった。

聖武天皇は七五四年（天平勝宝六）、大仏殿前の戒壇で自ら招聘《しょうへい》した鑑真《がんじん》から戒《かい》を授かり、その二年後に崩御。遺愛の品々は、光明《こうみょう》皇后より大仏に献上され、今、正倉院宝物として伝わる。東大寺には、仏教をもって国を治めるという聖武天皇の理想と実践の軌跡、遺産が詰まっている。

宗派 華厳宗（けごんしゅう）
本尊 盧舎那仏（るしゃなぶつ）
所在地 奈良市雑司町406—1
電話 0742-22-5511

交通アクセス： JR・近鉄奈良駅からバス、大仏殿・春日大社前下車すぐ。または近鉄奈良駅から徒歩15分。
時間： 7時30分～17時30分

・盧舎那仏坐像

一一八〇年（治承四）の南都焼き討ち、一五六七年（永禄一〇）の兵火で、東大寺は大きな被害を受けた。しかしそのつど、大仏も大仏殿も甦《よみがえ》った。鎌倉期の復興では、運慶《うんけい》や快慶《かいけい》らがかかわり、金剛力士像などの仏像や南大門《なんだいもん》などの建築という、新しい遺産が加えられた。

七五二年から続く「お水取り」（修二会《しゅにえ》）で知られる二月堂、その隣に建つ、不《ふ》空羂索観音《くうけんじゃくかんのん》を祀《まつ》る天平《てんぴょう》仏の宝庫・法華堂《ほっけどう》（三月堂）は、金鐘寺の仏堂のひとつであったと伝えられる。

『華厳経《けごんきょう》』が説く宇宙の中心的存在である盧舎那大仏を本尊とする大伽藍《だいがらん》と、そこに編入された前身寺院の歴史というふたつの顔を、東大寺はもっている。

春日大社《かすがたいしゃ》

Kasugataisha

主祭神　武甕槌命（たけみかづちのみこと）
経津主命（ふつぬしのみこと）
天児屋根命（あめのこやねのみこと）
比売神（ひめかみ）

所在地　奈良市春日野町160

電話　0742-22-7788

古代より信仰の対象となっていた御蓋山《みかさやま》の山麓《さんろく》、古くから春日野とよばれる地に、平城京鎮護の神として創建された。平城遷都後まもなく、藤原不比等《ふひと》が崇《あが》める鹿島神《かしまのかみ》を遷《うつ》したことにはじまるという。七六八年（神護景雲二）に、四棟の春日造りの本殿を創建。第一殿に武甕槌命《たけみかづちのみこと》、第二殿に経津主命《ふつぬしのみこと》、第三殿に天児屋根命《あめのこやねのみこと》、第四殿に比売神《ひめかみ》を祀《まつ》る。武甕槌命は鹿島神宮（茨城県）、経津主命は香取《かとり》神宮（千葉県）の祭神で、どちらも武勇の神。天児屋根命と比売神は、祭祀《さいし》を司《つかさど》る神である。

『春日権現験記《ごんげんけんき》』には、春日に社が建てられることになり、武甕槌命が鹿島神宮から白鹿《はくしか》に乗ってきて遷座したとあるため、奈良の鹿は神鹿《しんろく》として大切にされている。

春日大社は、藤原一門の発展とともに栄え、大和《やまと》国の総鎮守社として、また、平安時代からは天皇をはじめ皇族の崇敬も受けるようになった。一一三五年（保延一）には、摂社の若宮《わかみや》神社が創建された。

平安末期には、春日信仰に基づく春日曼荼羅《まんだら》が制作され、社地の景観や神鹿などをモチーフとする多数の絵画とともに、春日講を通じて全国に流布された。また、伊勢《いせ》神宮・石清水八幡宮《いわしみずはちまんぐう》・春日大

交通アクセス：JR・近鉄奈良駅より奈良交通バス、春日大社本殿行終点下車すぐ。
時間：7時～17時（季節により変更あり）

社を、それぞれ正直・清浄・慈悲の神として信仰する「三社託宣《さんじゃたくせん》」が広まると、春日信仰はしだいに庶民にも親しいものとなっていった。平安朝の氏神《うじがみ》信仰の高揚から、全国各地で奉斎されるまでに発展した存在が、春日大社である。一九四六年（昭和二一）、春日神社から春日大社と改称した。

深い森と自然の地形を生かして配された社殿、古神宝をはじめとする美術工芸品、雅楽や神楽など膨大な有形・無形の文化財は、境内あるいは宝物殿、そして祭りなどの行事で目にすることができる。三月一三日に斎行される春日祭は、三大勅祭のひとつ。氏神祭の遺風を伝える祭祀で、勅使が自ら神饌のお供えを行なう。一二月一五日からの四日間には「若宮おん祭」が行なわれる。

・中門

◆16◆
奈良3番

興福寺《こうふくじ》
Kohfukuji

宗派　法相宗（ほっそうしゅう）
本尊　不空羂索観音菩薩（ふくうけんさくかんのんぼさつ）
所在地　奈良市登大路町48
電話　0742-22-7755

六六九年（天智八）、病を得た藤原鎌足《かまたり》のために、夫人の鏡女王《かがみのおおきみ》が京都山科《やましな》の私邸に建てた山階《やましな》寺《でら》は、六七二年（天武一）ころには飛鳥《あすか》の廏坂《うまやさか》に移転し、廏坂寺と称した。その寺を七一〇年（和銅三）の遷都にともない、鎌足の子である藤原不比等《ふびと》が平城京東端の現在地に移し、新たに堂宇を造営。藤原氏の氏寺《うじでら》とし、興福寺と名乗った。

堂塔の建立には、不比等の孫にあたる聖武《しょうむ》天皇、その皇后で不比等の娘の光明《こうみょう》皇后も携わり、中・東・西と三つの金堂を備える豪華な伽藍《がらん》が、八世紀半ばに完成をみる。阿修羅《あしゅら》像で知られる八部衆像は、光明皇后が母 橘三千代《たちばなのみちよ》の冥福《めいふく》を祈るため、七三四年（天平六）に建立した西金堂に安置されていた像。今では八部衆像と十大弟子像だけが、興福寺に残る天平《てんぴょう》仏である。

七三五年（天平七）に玄昉《げんぼう》が唐から帰国すると、興福寺は元興寺《がんごうじ》とともに法相教学の中心となった。以来今日まで、法相宗寺院としての歴史を刻んでいる。

平安遷都後も、興福寺は奈良の多くの寺のように衰退することはなく、八一三年（弘仁四）には、

交通アクセス：近鉄奈良駅から徒歩10分。または近鉄・JR奈良駅よりバス、県庁前下車徒歩3分。
時間：境内参拝自由

北家《ほっけ》の藤原冬嗣《ふゆつぐ》が南円堂を建立。貴賤《きせん》を問わず信仰を集めた。

一一八〇年（治承四）の南都焼き討ちでは未曾有《みぞう》の被害を受けたが、摂関家の氏寺とあって、翌年からいち早く復興に着手。運慶《うんけい》による無著《むじゃく》・世親《せしん》像をはじめ、鎌倉期を代表する像が数多く生み出されている。

明治期には、上地令《あげちれい》で寺地は没収され奈良公園となってしまった。現在進められている境内整備事業のテーマ「天平の文化空間の再構成」は、そんな苦しい時代を乗り越えてきた興福寺の悲願である。

創建一三〇〇年を迎える二〇一〇年（平成二二）には、再建中の金堂の立柱が行なわれる。

・五重塔（国宝）

大《だい》安《あん》寺《じ》

Daianji

宗派　高野山真言宗
本尊　十一面観音（じゅういちめんかんのん）
所在地　奈良市大安寺2—18—1
電話　0742-61-6312

平城京の一五町の寺域に壮麗な伽藍《がらん》を構え、「南の大寺《おおでら》」ともよばれた官寺が、大安寺である。そのはじまりは、聖徳太子が平群額田部《へぐりぬかたべ》（現在の生駒《いこま》郡）に創建した、熊凝精舎《くまごりしょうじゃ》に遡《さかのぼ》る。

寺伝は、精舎は六三九年（舒明一一）に飛鳥《あすか》の百済《くだら》川畔に移されて百済大寺《くだらのおおでら》となり、六七三年（天武二）に高市《たけち》に移転して高市大寺《たけちのおおでら》と改称、六七七年（天武六）に大官大寺《だいかんだいじ》と改めたと記している。

百済大寺は、舒明《じょめい》天皇（五九三～六四一）によって、百済大宮とともに飛鳥に造営されたという、九重塔がそびえる大寺院だった。正確な所在地はわかっていないが、桜井市の吉備《きび》池から発掘された巨大な寺院跡（吉備池廃寺）が、有力視されている。寺は皇極《こうぎょく》天皇に引き継がれ、その子天武《てんむ》天皇が高市に移した。その後の改称も、さらに移転したことによる、という説がある。平城遷都後は平城京に移され、大安寺となった。

平城京での造営に尽力したのは、七一六年（霊亀二）に唐から帰朝した道慈《どうじ》である。大安寺を三論宗の本拠地にして南都六宗を学ぶ学問寺とし、一時期は八八七人もの僧が勉学に励んでいたという。

交通アクセス：JR・近鉄奈良駅よりバス、大安寺下車徒歩10分。
時間：8時～17時（祈禱は9時～16時）

・南大門

帰化僧や留学《るがく》僧も多く、インド僧の菩提僊《ぼだいせん》那《な》が来日した際に滞在するなど、大安寺は国際的な奈良仏教の表舞台のひとつだった。

伽藍は、南大門・中門・講堂・金堂が南から一直線に並び、それらを僧房が回廊のように取り囲む形式。南大門は朱雀《すざく》門と同じ規模で、その外には二基の七重塔がそびえるという、特異かつ壮大なものだった。

伽藍は、たび重なる火災によって、平安時代にはその多くが失われた。主要な堂宇は再建されたが往時には及ばず、中世以降は急速に衰退し、一五九六年（慶長一）の大地震後は、廃墟《はいきょ》に近い状態まで荒れはてたという。

こうした劇的ともいえる変遷のなかで、彫刻史上きわめて貴重な、一木《いちぼく》造りの天平《てんぴょう》仏が九軀《く》も残されているのは、奇跡といえよう。

◆18◆
奈良5番

帯《おび》解《とけ》寺《でら》

Obitokedera

宗派 華厳宗(けごんしゅう)
本尊 子安地蔵菩薩(こやすじぞうぼさつ)
所在地 奈良市今市町734
電話 0742-61-3861

「帯解地蔵さん」と親しみを込めてよばれる帯解寺は、東大寺を本山とする華厳宗の寺院である。その歴史は古く、弘法《こうぼう》大師の師である勤操大徳《ごんそうだいとく》が、八世紀後半に創建した巌淵寺《いわぶちでら》（石淵寺とも）千坊のひとつ、地蔵菩薩を祀《まつ》っていた霊松庵《れいしょうあん》を前身と伝える名刹《めいさつ》である。

その地蔵菩薩に、子宝に恵まれなかった文徳《もんとく》天皇の皇后（藤原明子《めいし》）が、春日明神《かすがみょうじん》のお告げにより祈願したところ懐妊。惟人《これひと》親王（のちの清和《せいわ》天皇）を無事に出産したことから、文徳天皇が八五八年（天安二）に堂宇を建立し、勅命により現在の寺名になったという。

その堂宇は、一五六七年（永禄一〇）の松永弾正《まつながだんじょう》の兵火により焼失。江戸時代に入り、二代将軍徳川秀忠《ひでただ》の寄進により再建されたが、一八五八年（安政五）に地震で倒壊した。いち早く同年に再建されたのが、現在の本堂である。

近代では、美智子《みちこ》皇后をはじめ、皇族方に岩田帯を献上している皇室ゆかりの寺院だが、近世では徳川将軍家とのかかわりも深く、世継ぎがなかった三代将軍徳川家光《いえみつ》もこの寺に祈願して、竹千代丸《たけちよまる》

交通アクセス：JR奈良駅より桜井線、帯解下車徒歩5分。
時間：8時30分～16時30分

（のちの四代将軍家綱《いえつな》）を授かっている。こうした子授けをめぐるあらたかな霊験は広く喧伝《けんでん》され、子安地蔵《こやすじぞう》として、また安産を祈る仏として、全国から子宝を望む人々が集うようになった。

その熱烈な信仰は平成の今も変わらず、毎年七月二三、二四日には「帯解子安地蔵会式《えしき》大法会」（地蔵祭）が営まれ、多くの参詣人《さんけいにん》で賑《にぎ》わう。

現在の本尊は、鎌倉時代に制作された寄木《よせぎ》造りの彩色像（重文）で、片足を踏み下げる半跏《はんか》という形式をとり、左手に宝珠、右手には錫杖《しゃくじょう》を持つ。像高は一八〇センチを超える堂々とした像だが、彫りは穏やか。子供を護《まも》る地蔵菩薩のイメージそのままの、優しい表情をしている。

・表門

石《いその》上《かみ》神《じん》宮《ぐう》

Isonokamijingu

主祭神 布都御魂大神（ふつのみたまのおおかみ）
布留御魂大神（ふるのみたまのおおかみ）
布都斯魂大神（ふつしみたまのおおかみ）

所在地 天理市布留町384

電話 0743-62-0900

奈良市街と桜井市三輪《みわ》を結ぶ山辺《やまのべ》の道は、『日本書紀』にも登場する古代の道。そのなかほどに位置し、標高二六六メートルの布留山《ふるやま》の北西麓《ほくせいろく》に鎮座する、日本最古の神社のひとつである。『延喜式《えんぎしき》』神名《じんみょう》には、「石上坐《いそのかみにます》布都御魂《ふつのみたま》神社」とあるが、「布留《ふる》」「石上神社」「布都奴斯《ふつぬし》神社」「石上大明神《だいみょうじん》」「布留社」など、さまざまな名称で記されている。

主祭神の布都御魂神とは、建御雷神《たけみかづちのかみ》が所有する神剣「韴霊《ふつのみたま》」のこと。崇神《すじん》天皇の代に、宮中に祀《まつ》られていたこの剣を、物部《もののべ》氏の祖・伊香色雄命《いかがしこおのみこと》に命じて、石上の高庭《たかにわ》に遷《うつ》し祀らせたという由来が伝わっている。このことにより、物部氏は石上神宮を氏神《うじがみ》として仰ぐようになったという。

石上神宮と物部氏の話は、『日本書紀』にも出てくる。垂仁《すいにん》天皇の代、五十瓊敷命《いにしきのみこと》に一千口の剣をつくらせて石上神宮に納めさせた。五十瓊敷命は、それを管理するようになったが、老齢になったため妹の大中姫命《おおなかつひめのみこと》に神宝の管理を頼んだ。しかし姫に辞退されたため、物部十千根大連《とおちねのおおむらじ》に委ね、以後は物部氏が石上の神宝を治めることになった。

交通アクセス：JR・近鉄天理駅からタクシー8分。
または奈良交通バス石上神宮前下車徒歩5分。
時間：9時～17時

石上神宮の代表的な神宝に、七支刀《しちしとう》（国宝）がある。これは、銘文に「泰和四年」（三六九）の年号と、百済《くだら》王と倭《わ》王の名が記された、古代の日朝関係を物語る貴重な遺品である。こうした多数の武器が奉納されていたため、大和《やまと》朝廷の武器庫という役割も担っていたと考えられている。

中・近世には、戦火の被害や神領没収などにより衰退していたが、明治時代になって神宮号の復称も許されて、社運を盛り返した。

一八七四年（明治七）には、「韴霊」が埋《まい》斎《さい》されているとの社伝がある禁足地の発掘を英断。もともと本殿はなく、拝殿後方の禁足地に主祭神を祀っていたが、発掘によって神剣が出土したため、本殿を新たに建てることになった。

・拝殿（国宝）

◆20◆
奈良7番

大和神社《おおやまとじんじゃ》

Oyamatojinja

主祭神 日本大国魂大神（やまとおおくにたまのおおかみ）
八千戈大神（やちほこのおおかみ）
御年大神（みとしのおおかみ）
所在地 天理市新泉町星山306
電話 0743-66-0044

二万平方メートルをゆうに超える境内地は、山辺《やまのべ》の道の西方に東西に長く、巨大な森をつくっている。『延喜式《えんぎしき》』神名《じんみょう》の大和《やまと》国山辺郡の筆頭に「大和坐大国魂《やまとにますおおくにたま》神社三社」と記されるのが、この神社である。社名の大和は、「大倭」と書かれることもある。

旧上《かみ》街道（上《かみ》ツ道）に面する一の鳥居から、三〇〇メートルほど続く長い参道の奥に、拝殿と本殿が建つ。拝殿は三社あり、中央に日本大国魂大神《やまとおおくにたまのおおかみ》、向かって右に八千戈大神《やちほこのおおかみ》、左に御年大神《みとしのおおかみ》が祀《まつ》られている。主神の日本大国魂大神は、大地主大神《おおとこぬしのおおかみ》ともいい、地鎮祭の折には、この神に祈るのがならわしとなっている。

創建は、崇神《すじん》天皇の時代。それまで宮中に祀っていた天照大神《あまてらすおおみかみ》と日本大国魂大神を、並べて祀るのは畏《おそ》れ多いとして、それぞれ別の場所に遷座することになった。日本大国魂大神は、大倭直《おおやまとのあたい》の祖である長尾市宿禰《ながおいちのすくね》により祀られたとされるが、その鎮座地がはっきりしない。何度か神地を変えたあと、平安時代に現在地に移ってきたと考えられている。

交通アクセス：JR長柄駅から徒歩8分。
時間：9時～17時

大和神社は、八九七年（寛平九）に正一位を受け、伊勢《いせ》神宮に次いで重視されていた。しかし、その後、火災や兵乱などにより衰微した。

長い時代を経《へ》て、一八七一年（明治四）に官幣《かんぺい》大社となり、翌年には社殿も新たに造営されて面目を一新、現在に至っている。

毎年四月一日には例祭が営まれ、午後からは神幸祭《しんこうさい》というお渡りの行事がある。神輿《みこし》をはじめ神馬に乗った宮司など、二〇〇メートルにもおよぶ行列が、本社から御旅所《おたびしょ》となっている大和若宮神社へと約一・五キロの菜の花が咲く道を進む。先頭で打ち鳴らされる鉦《かね》の音から、通称を「ちゃんちゃん祭」。古くから、大和の春は、この祭りからはじまるといわれている。

・拝殿

◆21◆
奈良8番

大《おお》神《みわ》神《じん》社《じゃ》

Omiwajinja

主祭神 大物主大神（おおものぬしのおおかみ）
所在地 桜井市三輪1422
電話 0744-42-6633

神代の昔のこと、大己貴神《おおなむちのかみ》は日本の国造りのために、自らの御魂《みたま》たる幸魂《さきみたま》・奇魂《くしみたま》を三輪山《みわやま》（三諸《みもろ》山）に鎮め、大物主大神《おおものぬしのおおかみ》の名をもって祀《まつ》った。以来、三輪山は神の鎮まる山、神奈備《かんなび》となった。これが、『古事記』『日本書紀』にみえる大神神社のはじまりである。山そのものを御神体とするため本殿はなく、一ノ鳥居、二ノ鳥居をくぐり、拝殿の奥にある三ツ鳥居を通して三輪山を拝する。古代信仰のかたちを今に伝える日本最古の神社のひとつで、通称は「三輪明神《みょうじん》」「三輪さん」。

三ツ鳥居は、中央に扉をもつ、大神神社以外には見られない珍しい形式である。鳥居の奥は、宮司といえども立入ることは許されない禁足地だ。今もなお入山が厳しく制限されている三輪山には、古代祭祀《さいし》の跡である磐座《いわくら》がある。「奥津《おきつ》磐座」に大物主大神、「中津磐座」に大己貴神、「辺津《へつ》磐座」に少彦名神《すくなひこなのかみ》が祀られている。登拝のおりには、そのひとつ「奥津磐座」を拝することができる。

主祭神は大物主大神で、大己貴神と少彦名神が配祀される。大己貴神は、別名を大国主神《おおくにぬしのかみ》といい、大物主大神とは同一神。少彦名神は大己貴神の国造りを手伝った神である。

交通アクセス：JR三輪駅から徒歩5分。またはJR・近鉄桜井駅よりバス、三輪明神参道口下車徒歩10分。
時間：8時～17時

古来より朝廷の篤《あつ》い崇敬を受けてきた大神神社は、八五九年（貞観一）には最高位である正一位を授けられた。『延喜式《えんぎしき》』神名《じんみょう》では城上《しきのかみ》郡（現在の桜井市と天理市の一部）三五座の筆頭にあげられ、「二十二社の制」では中七社にも加えられた。

中世以降は大和《やまと》国一の宮として鎌倉幕府の庇護《ひご》を受け、以後も豊臣秀吉や徳川幕府からも厚遇される。

一八七一年（明治四）にはいち早く官幣《かんぺい》大社に列せられ、大神大物主神社から現在の社名に改められた。

多武峯《とうのみね》にある聖林寺《しょうりんじ》の十一面観音菩薩立《ぼさつりゅう》像《ぞう》（国宝）は、かつては大神神社の神宮寺《じんぐうじ》、大御輪寺《だいごりんじ》の本尊だった。奈良時代後期の木心乾漆像である。

・拝殿

法《ほっ》華《け》寺《じ》

Hokkeji

平城京の一条南大路、東大寺転害門《てがいもん》から佐保《さほ》川沿いに西へ延びる佐保路の突き当たりに、ひっそりと建っている。法華寺御所という門跡《もんぜき》寺院で、かつては七堂伽藍《がらん》を誇った総国分尼寺だったが、今は清楚《せいそ》で落ち着いた雰囲気の尼寺となっている。

聖武《しょうむ》天皇により、七四一年（天平一三）に国分寺・国分尼寺建立の詔《みことのり》が出されたが、そのおりに創建されたとも、七四五年（天平一七）に平城京に都が遷《うつ》ったおりに建立されたともいわれ、草創についてははっきりしていない。しかし、光明《こうみょう》皇后が創建した宮寺であったことは疑いなく、『続日本紀《しょくにほんぎ》』によれば、皇后が父である藤原不比等《ふひと》の旧宅に建立し、国分尼寺（法華滅罪之寺《めつざいのてら》）となったときに法華寺と名乗ったという。全国の国分尼寺の筆頭寺院として、七八二年（延暦一）に造法華寺司《ぞうほっけじし》が廃止されるまで、国家によって伽藍の造営・造仏が続けられ、東西二塔をもつ大伽藍が誕生した。

それが平安遷都後はしだいに衰え、一一八〇年（治承四）の南都焼き討ちでも被害を受けたらしく、その復興には、東大寺の重源《ちょうげん》と西大寺の叡尊《えいそん》が携わっている。

宗派　光明宗
本尊　十一面観音（じゅういちめんかんのん）
所在地　奈良市法華寺町882
電話　0742-33-2261

交通アクセス：JR奈良駅・近鉄大和西大寺駅よりバス、法華寺町下車徒歩3分。
時間：9時～17時

戦国時代には兵火で被害を受け、一五九六年（慶長二）の地震では伽藍の大半を失った。現在の構えのほとんどは、豊臣秀頼《ひでより》の母である淀君《よどぎみ》によって慶長年間（一五九六～一六一五）に整えられたものである。

本尊の十一面観音立像《じゅういちめんかんのんりゅうぞう》（国宝）は、九世紀前半の制作とされる木彫像。彩色を施さない檀像《だんぞう》とよばれる素木《しらき》像で、その霊的な雰囲気は、平安初期木彫像の特徴を余すことなく伝えている。秘仏であるが、年に三回開扉される。

ほかに仏像は、天平《てんぴょう》の木心乾漆造りの維《ゆい》摩《ま》居《こ》士《じ》坐《ざ》像《ぞう》と仏頭、木彫の伝梵天《ぼんてん》・伝帝釈《たいしゃく》天《てん》の頭部、鎌倉期の仏頭などが安置される。多くが頭部のみで痛ましいが、創建時の栄華と復興期の面影は充分にうかがえる。

・本堂

西《さい》大《だい》寺《じ》

Saidaiji

七六四年（天平宝字八）、称徳《しょうとく》天皇は国家鎮護と戦勝祈願のため、金銅四天王《してんのう》像の造立を発願した。西大寺は、その像を安置するために創建された官大寺である。

西の大寺の名にふさわしく、平城京の最北部にあって三一町（約三一万平方メートル）という広大な寺域を誇っていた。伽藍《がらん》は、薬師金堂と弥勒《みろく》金堂の二金堂を中心に据え、その南側に二基の塔、東西に十一面堂院と四王院が建つという壮麗なものだった。

都が平安京に移されると、南都の寺の多くは衰退していくが、西大寺も例外ではなかった。八四六年（承和一三）の火災で金堂が焼失したのを皮切りに、たび重なる火災が追い打ちをかけ、往時の姿は見る影もなくなってしまったという。

その再興に力を尽くしたのが、一二三五年（文暦二）に入山した叡尊《えいそん》である。叡尊は、天平《てんぴょう》伽藍や諸像を復興するのではなく、自らが情熱を傾けた戒律と真言密教の根本道場を目指して再建に取り組んだ。現在は愛染《あいぜん》堂本尊である善円《ぜんえん》作の愛染明王《みょうおう》像は、その思想を伝える代表的な遺品のひと

宗派	真言律宗
本尊	釈迦如来（しゃかにょらい）
所在地	奈良市西大寺芝町1―1―5
電話	0742―45―4700

交通アクセス：近鉄大和西大寺駅から徒歩5分。
時間：8時30分～16時30分

・本堂

つである。

ようやく整った鎌倉復興伽藍も、一五〇二年(文亀二)の兵火で壊滅的な被害を受けた。現在の西大寺は、叡尊が復興した中世の伽藍をもとに、江戸時代に整えられたものである。

創建当時の伽藍の多くは民家の下に埋もれ、創建のきっかけとなった当初の四天王像も火災で失われた。しかし幸いなことに、足下に踏む邪鬼だけは奇跡的に残り、再興された四天王像がその上に立っている。また、優れた肖像彫刻である興正菩薩《こうしょうぼさつ》叡尊坐像《ざぞう》に代表される、鎌倉復興のさまを物語る数々の寺宝により、真言律宗寺院としての歩みを知ることができる。「大茶盛式《おおちゃもりしき》」は、叡尊が、修法の結願《けちがん》に際して八幡《はちまん》神社に献茶したことにはじまる。

唐《とう》招《しょう》提《だい》寺《じ》

Toshodaiji

宗派	律宗
本尊	盧舎那仏（るしゃなぶつ）
所在地	奈良市五条町13—46
電話	0742-33-7900

唐の高僧鑑真《がんじん》が、日本の求めに応じて来日を決意したのは、七四二年（天平一四）。苦難のすえ失明しながら、六度目の渡航でようやく日本の土を踏んだのは、七五三年（天平勝宝五）のことだった。唐招提寺は、僧綱《そうごう》の任から解放された鑑真が七五九年（天平宝字三）に、律宗の道場「唐律招提《とうりつしょうだい》」を開いたことにはじまる。

大和上《だいわじょう》の号と、故新田部《にいたべ》親王の旧宅を与えられるという破格の待遇を受けた鑑真は、旧宅に道場を営んだ。律学研究の学問所は、鑑真を支援する貴族たちからの寄進により、しだいに本格的な寺院としての体裁を整えていく。そして、時期は定かではないが、官寺に準ずる定額寺《じょうがくじ》・唐招提寺となった。

一〇年間を日本に暮らした鑑真は、最後の五年間を唐招提寺で過ごし、七六三年（天平宝字七）に七六歳で亡くなった。その風貌《ふうぼう》は、御影《みえい》堂に安置されている鑑真大和上坐像《ざぞう》（国宝）によって知られる。

伽藍《がらん》の造営は、ともに来日した弟子たちに引き継がれ、約五〇年をかけて完成をみる。その造寺造仏には、弟子をはじめ、鑑真一行に加わっていた仏師や画工らが携わり、中国最新の様式と技術が注

交通アクセス：近鉄西ノ京駅から徒歩10分。
時間：8時30分～16時30分（閉門17時）

ぎ込まれた。現在は新宝蔵に安置されている木彫群のような鋭い彫りの一木《いちぼく》像は、その新様式が反映された代表例である。

二〇〇〇年（平成一二）より、創建後初となる金堂（国宝）の全面解体修理が行なわれ、使われている垂木《たるき》が七八一年（天応一）に伐採されたことが判明した。エンタシスを想起させる柱や、盧舎那仏《るしやなぶつ》坐像を中心に千手観音と薬師如来を脇《わき》に配する三尊形式など、独特の様式に関するその他の疑問にも、何らかの答えが出ることが期待されている。

鑑真は、日本が真の仏教国家となるために必要となる戒律制度の充実に、多大なる功績を残した。その精神を伝え、日本の仏教美術に新しい展開を促した金堂は、二〇〇九年（平成二一）秋に落慶。

・金堂（国宝）

薬《や》師《し》寺《じ》

Yakushiji

宗派　法相宗（ほっそうしゅう）
本尊　薬師如来（やくしにょらい）
所在地　奈良市西ノ京町457
電話　0742-33-6001

薬師寺の創建は、六八〇年（天武九）に天武《てんむ》天皇が皇后（のちの持統《じとう》天皇）の病気平癒を願い、薬《やく》師《し》如来《にょらい》を本尊とする寺院の建立を発願《ほつがん》したことにはじまる。天武天皇は、寺の完成を待たずに崩御したため、造営は持統天皇に受け継がれ、六九七年（持統一一）になって本尊の開眼《かいげん》供養が営まれた。都が平城京に移ると、七一八年（養老二）に現在の西ノ京に移された。

平城京に営まれた伽藍《がらん》は、南大門・中門・金堂・大講堂・食堂《じきどう》が南北に一直線に並び、金堂の前には東西両塔を建て、中門と講堂に回廊をめぐらせた壮大なもの。七三〇年（天平二）に東塔が建立され、このとき主要伽藍はほぼ整ったと考えられている。

本尊である薬師三尊像（国宝）は、白鳳《はくほう》期を代表する仏像で、他に類を見ない美しさがある。人々の恐れを除き、病を癒し、慈悲に満ちた仏であり、脇侍《わきじ》の日光・月光《がっこう》両菩薩《ぼさつ》像は、インドのグプタ朝の仏像に見られる「三曲法」という、自然な肉体の動きを取り入れた珍しい仏像である。

この創建伽藍は、一五二八年（享禄一）の戦火によって、東塔（国宝）のみを残して灰燼《かいじん》に帰した。

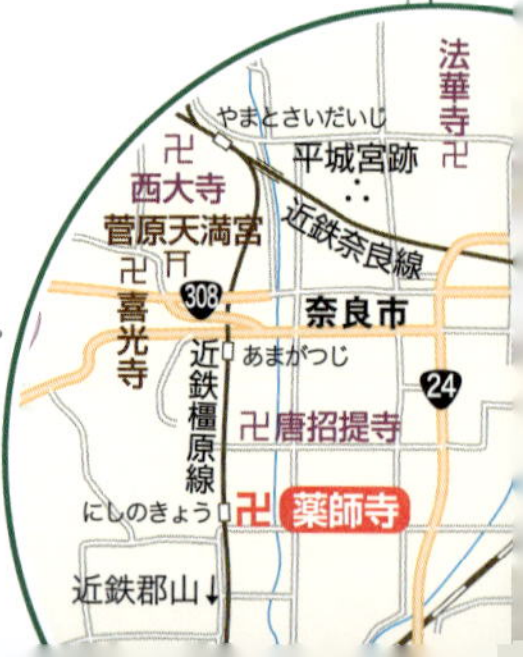

交通アクセス：近鉄西ノ京駅からすぐ。
時間：8時30分～16時30分（最終受付）

焼失から四〇〇年以上を経《へ》た一九六七年（昭和四二）、「白鳳伽藍復興」という大事業が発願され、翌年より写経勧進がはじまる。目標の一〇〇万巻が達成された一九七六年（昭和五一）、金堂が落慶を迎え、長きにわたる悲願はついに達成された。

その後の復興は着実に進み、二〇〇三年（平成一五）には大講堂が落慶。一千万巻を目指して絶えることなく続けられている写経勧進のもと、荘厳な佇《たたず》まいが着々と甦《よみがえ》りつつある。

三月三〇日から四月五日まで、金堂で「花会式《はなえしき》」が営まれる。大きな一二個の鉢に造花が盛られ、薬師三尊を荘厳《しょうごん》する薬師悔過《けか》の「修《しゅ》二会《にえ》」である。

・東塔（国宝）

◆26◆
奈良13番

法《ほう》隆《りゅう》寺《じ》

Horyuji

宗派 聖徳宗（しょうとくしゅう）
本尊 釈迦三尊像（しゃかさんぞんぞう）
所在地 生駒郡斑鳩町法隆寺山内1–1
電話 0745-75-2555

六世紀半ばにもたらされた仏教にいち早く着目し、大陸から仏教文化を積極的に摂取し、経典を学び造寺造仏活動を行なったのが、聖徳太子である。太子が創始した法隆寺は、父の用明天皇が病気平癒を願って建立を誓願したが、実現せずに崩御（五八七年）、のちに推古天皇と太子が用明天皇の遺願を継いで建立したといわれる（金堂に安置されている薬師如来坐像《ざぞう》には、「推古《すいこ》天皇と太子が六〇七年（推古一五）に像を造った」という内容の銘文が刻まれている）。法隆寺の別名である斑鳩寺《いかるがでら》は、六〇六年の『日本書紀』にすでに登場するなど、創立年代と経緯については諸説がある。

現在の法隆寺は、太子創建の法隆寺が焼失したのちの再建とされ、金堂や塔の建つ西院伽藍《さいいんがらん》と、夢殿を中心とする東院伽藍に分かれている。西院伽藍は、現存する世界最古の木造建築。一三〇〇年以上も変わっていない奇跡の空間は、一九九三年（平成五）には「法隆寺地域の仏教建築群」として、日本初のユネスコ世界文化遺産に登録された。

西院伽藍の創建年代については、『日本書紀』が「六七〇年（天智九）に法隆寺が一屋も余すこと

交通アクセス：JR法隆寺駅から徒歩約20分。または奈良交通バス、法隆寺門前下車すぐ。
時間：8時～17時

・中門（国宝）と五重塔

なく焼失した」と記すことから、再建か否かの大論争が起こった。一九三九年（昭和一四）の調査で、西院伽藍よりも古い遺構（若草伽藍）の存在が明らかになり、長年にわたる論争は決着。再建は天武《てんむ》・持統《じとう》朝（六七二〜六九七）のことと推定されている。

　金堂の釈迦三尊像《しゃかさんぞんぞう》や四天王像、百済《くだら》観音立像、救世《くせ》観音立像、橘《たちばな》夫人念持仏、玉虫厨子《ずし》、そして金堂壁画。こうした各時代にわたる宝物を伝えるのが、法隆寺である。

　一九五〇年（昭和二五）、法隆寺は新たに聖徳宗を開宗した。

　太子が制定した十七条憲法の第一条「和をもって貴しとなす」の精神を継ぎ、太子教学を伝える寺として、一切の人類は平等でだれもが成仏できると説いている。

◆27◆
奈良14番

中宮寺《ちゅうぐうじ》

Chuguji

聖徳太子が、生母の穴穂部間人《あなほべのはしひと》皇后のために建立したと伝えられる中宮寺は、法隆寺東院のすぐ隣にこぢんまりと建っている。かつては現在地より五〇〇メートルほど東にあって、塔と金堂が南北に並ぶ四天王寺《してんのうじ》式の大伽藍《だいがらん》を営んでいた。創建は、若草伽藍とよばれる創建法隆寺と、ほぼ同じころと考えられている。

鐘楼や僧房などを備えた伽藍は、一二世紀に大規模な修復を行なった記録があるが、以後は衰退し、文永年間（一二六四～七五）に興福寺の信如尼《しんにょに》が再興に尽力した。

寺には、「天寿国繡帳《てんじゅこくしゅうちょう》」という寺宝がある。聖徳太子を偲《しの》び、妃の橘大郎女《たちばなのおおいらつめ》が太子の往生した天寿国（極楽浄土）のさまを刺繡で作らせた、いわゆる曼荼羅《まんだら》だ。太子信仰のはじまりともいえるこの天寿国曼荼羅を、法隆寺の蔵から発見したのが、信如尼だった。尼は傷みの激しい残欠を補修し、新たに模作を制作。現在見ることができるのは、江戸期にそれらをつなぎ合わせたものである。

本尊は、寺では如意輪観音とよぶ菩薩半跏像《ぼさつはんかぞう》（国宝）で、白鳳《はくほう》期を代表する名像として名高い。

宗派 聖徳宗（しょうとくしゅう）
本尊 菩薩半跏像（ぼさつはんかぞう）
所在地 生駒郡斑鳩町法隆寺北1―1―2
電話 0745-75-2106

交通アクセス：JR法隆寺駅から徒歩20分。または近鉄郡山駅よりバス、中宮寺前下車徒歩5分。
時間：9時～16時30分（受付は15分前まで。10月1日～3月20日は9時～16時）

現在は黒漆に覆われているが、もとは彩色像で、楠を複雑に寄せる珍しい構造をしている。この時代の止利《とり》派仏師の仏像とも、法隆寺の百済《くだら》観音像とも異なり、人間の表情や肉体を理想化するような表現がうかがえる。

中宮寺の伽藍は、一四世紀の初めにたびたび火災に見舞われ、以降は衰退の一途をたどったという。現在地に移ったのは一六世紀半ばで、そのころから宮家の皇女を住職に迎える門跡《もんぜき》寺院となり、一九五三年（昭和二八）に聖徳宗に入宗し、現在に至っている。

一九六八年（昭和四三）に落慶した本堂は、高松宮妃の発願によるもの。数寄屋《すきや》建築で知られる吉田五十八《よしだいそや》が、設計を担当した。四月下旬には、周囲に植えられた山吹《やまぶき》が鮮やかな黄色い花をつけ、本堂を美しく彩る。

・本堂宝蔵庫

霊《りょう》山《せん》寺《じ》

Ryosenji

宗派　霊山寺真言宗
本尊　薬師如来（やくしにょらい）
所在地　奈良市中町3879
電話　0742-45-0081

矢田《やた》丘陵を背にした富雄《とみお》は、『記紀』には登美や鳥見と記される里。ここに、壬申《じんしん》の乱に加担したことで右大臣を退いた小野富人《おののとみひと》が、閑居して薬師如来《やくしにょらい》を祀《まつ》ったことにはじまるという古刹《こさつ》である。

富人は薬草湯屋《ゆや》を造り、人々の病を治していたことから、鼻高《びこう》仙人とよばれていた。その仙人が聖《しょう》武《む》天皇の夢枕に現われ、「皇女（のちの孝謙《こうけん》天皇）の病は登美山《とみさん》の薬師如来に祈念すれば治る」と告げた。天皇が行基《ぎょうき》に代参させると、病が平癒。そこで七三四年（天平六）、行基に命じて伽藍《がらん》を建立させたという。七三六年（天平八）にはインド僧の菩提僊那《ぼだいせんな》が、インドの霊鷲山《りょうじゅせん》に地相が似ていることから、霊山寺と名づけたという。寺域からは奈良時代の瓦《かわら》が出土し、八世紀の創建を裏づけている。山号は鼻高山。

鎌倉時代には北条時頼《ほうじょうときより》の庇護《ひご》を受け、江戸期には幕府の御朱印寺となり栄えたが、明治の上地令《あげちれい》で寺領が半減。廃仏毀釈《きしゃく》で多くの仏像が破却されたが、本尊の薬師如来をはじめ、今でも多くの仏像や建造物を有している。

交通アクセス：近鉄富雄駅よりバス、霊山寺前下車すぐ。
時間：10時～16時30分

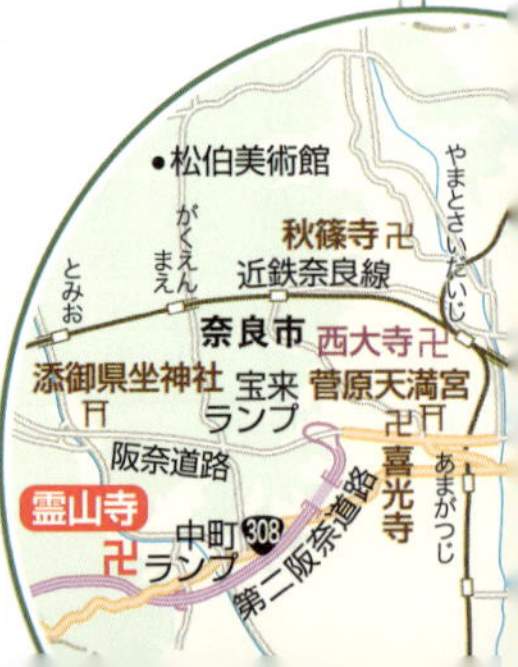

一二八三年（弘安《こうあん》六）に上棟された本堂（国宝）、一三五六年（文和五）建立の三重塔は、鎌倉時代を代表する遺構。本尊の薬師如来は一〇六六年（治暦二）の作で、それを納める春日厨子《かすがずし》には弘安八年（一二八五）の銘がある。仏像の多くは秘仏だが、年に二回公開される。現在は奈良国立博物館に寄託されているが、寺には平安時代初期の特異な風貌《ふうぼう》をした十一面観音立像《りゅうぞう》も伝わり、歴史の古さと各時代の繁栄ぶりをうかがわせる。

昭和に入ってからは、本尊とともに奥之院に祀られた弁才天《べんざいてん》が信仰の中心となり、黄金殿・白金殿という豪奢な建物が竣工した。

主な祭事に、一月七日の奥之院弁才天会、四月八日の本尊薬師会、九月二二日の柴灯大護摩会式などがある。

・本堂

◆29◆
奈良16番

宝山寺《ほうざんじ》

Hozanji

宗派　真言律宗
本尊　不動明王（ふどうみょうおう）
所在地　生駒市門前町1―1
電話　0743-73-2006

山号は生駒山《いこまさん》。役行者《えんのぎょうじゃ》が開いた修験道の霊地で、空海《くうかい》も修行したと伝わる生駒山《いこまやま》の中腹にあり、「生駒の聖天《しょうてん》さん」と親しまれている。近鉄奈良線の生駒駅前からケーブルカーで登ってゆくが、寺の上には生駒山上遊園地があり、家族連れも多い行楽地となっている。

土産物店などで賑《にぎ》わう聖天通りが山門まで続き、灯籠《とうろう》が並ぶ参道の先に、鐘楼・朝日の宝塔・本堂・聖天堂などが軒を接して建つ。本堂背後の岩山には、七世紀ころに役行者が『般若経《はんにゃきょう》』を納めたとされる般若窟《くつ》という洞穴があり、前身寺院の存在がうかがえるが、詳細は不明。一六七八年（延宝六）に入山した湛海《たんかい》が、中興とも開創ともいわれるのはそのためである。

湛海は伊勢《いせ》（三重県）に生まれ、江戸で真言密教を学び、高野山《こうやさん》で伝法灌頂《でんぼうかんじょう》を受けた僧侶《そうりょ》。京都で禅を学んだのち生駒に入り、自ら不動明王《ふどうみょうおう》像を刻み、寺を興した。初めは都史陀山大聖無動寺《としだざんだいしょうむどうじ》と称し、のちに現在の宝山寺に改められた。湛海の手になる仏像には、ほかに五大明王像がある。約八〇センチの厨子《ずし》内に納められた小像群だが、近世彫刻のなかでも評価が高く、造像を宗教活動の一

交通アクセス：近鉄生駒駅前の鳥居前駅より生駒ケーブル、宝山寺駅下車徒歩10分。
時間：8時～17時（4～9月）、8時～16時30分（10～3月）

・本堂

環としていた近世仏教の特徴を物語る作としても重要視されている。
　聖天とよばれる天部は、正しくは大聖歓《だいしょうかん》喜《ぎ》自在天という仏教の守護神。日本では、多くは象の頭をもつ男女二尊が抱き合う双身像であるため、秘仏となっている。一六八六年（貞享三）に祀《まつ》られた宝山寺も例外ではないが、夫婦和合や子授け、安産や財宝の神としての利益《りやく》が広く信仰を集めるようになった。一七〇一年（元禄一四）、東山天皇の皇子誕生を願う祈禱《きとう》依頼があり、以来宝山寺は湛海以後も天皇、将軍家、地元の郡山《こおりやま》藩主の安泰を祈った。
　境内には、迎賓館となっていた獅子閣《ししかく》が建つ。寺院としては異色だが、一八八四年（明治一七）竣工《しゅんこう》の貴重な洋風建築である。

朝《ちょう》護《ご》孫《そん》子《し》寺《じ》

Chogosonshiji

近年は漫画のルーツともいわれ、評価をますます高めている国宝『信貴山《しぎさん》縁起絵巻』を有することで知られる。生駒《いこま》連峰の南端、標高四三七メートルの信貴山中腹に伽藍《がらん》を構え、急な崖《がけ》に張り出した舞台造りの本堂からは、大和《やまと》盆地を一望することができる。

正式には信貴山朝護孫子寺というが、本尊への篤《あつ》い信仰から庶民は親しく「信貴山の毘沙門《びしゃもん》さん」とよぶ。毘沙門天は、寅《とら》の歳・寅の日・寅の刻にこの山上に現われたといい、厄除《やくよ》けや福徳開運を願う参詣者《さんけいしゃ》が、とくに寅の日に多い。

創建は聖徳太子の時代に遡《さかのぼ》るとされるが、一〇世紀以前のことは詳《つまび》らかではない。寺伝によれば、五八七年（用明二）に聖徳太子が物部守屋《もののべのもりや》討伐のおりに、感得した毘沙門天に勝利を祈願。守屋を討つことができたため像を祀《まつ》り、「信ずべき貴ぶべき山」すなわち信貴山と号したという。寺名は、延喜《えんぎ》年間（九〇一～九二三）に命蓮《みょうれん》が中興した際に、「朝廟《ちょうびょう》安穏・守護国土・子孫長久」を願ったことに由来する。

宗派 信貴山真言宗
本尊 毘沙門天（びしゃもんてん）
所在地 生駒郡平群町信貴山2280—1
電話 0745-72-2277

交通アクセス：JR・近鉄信貴山下駅よりバス、信貴山下車徒歩15分。
時間：9時～16時30分

・本堂と三重塔

平安時代中期より、山岳密教と修験道の道場として栄え、とくに毘沙門天の武神としての面が、武将たちに戦勝を祈らせた。この寺に祈願して生まれた子だという楠《くすのき》正成《まさしげ》は、毘沙門天の別名である多聞天《たもんてん》にあやかって、幼いころは多聞丸とよばれていた。

一五七七年（天正七）、寺の上方に築かれた信貴山城で、松永久秀《まつながひさひで》が織田信長に攻められて自刃。このとき寺も兵火に見舞われ、諸堂や塔頭《たっちゅう》の多くを失ったが、豊臣秀頼《ひでより》によって一六〇三年（慶長七）に再建された。

中興の祖・命蓮にまつわる三つの説話を描いた『信貴山縁起絵巻』は、一二世紀後半の作で、絵巻の最高峰といわれる。最もふさわしい寺に伝えられた貴重な寺宝は、毎年秋に特別公開される。

廣《ひろ》瀬《せ》大《たい》社《しゃ》

Hirosetaisha

主祭神 若宇加能売命（わかうかのめのみこと）
櫛玉命（くしたまのみこと）
穂雷命（ほのいかづちのみこと）

所在地 北葛城郡河合町川合99

電話 0745-56-2065

奈良盆地を流れる複数の川が合流する、川合《かわい》という地に、廣瀬大社は鎮座する。『延喜式《えんぎしき》』神名《じんみょう》に「廣瀬坐《ひろせにます》和《わ》加《か》宇《う》加売命《かのめのみこと》神社」として登場し、崇神《すじん》天皇の時世に創建されたという古社である。主祭神の若宇加能売命《わかうかのめのみこと》は、別名を大忌神《おおいみのかみ》という農業神。祀《まつ》られている場所からは、水神としての性格がうかがえる。

廣瀬の名が史料に初めて現われるのは、『日本書紀』六七五年（天武四）四月の条《くだり》。「風神を龍田《たつた》の立野《たつの》に、大忌神を廣瀬の河曲《かわわ》に祀る」と記されている。龍田とは生駒《いこま》にある龍田大社、もうひとつが廣瀬大社のこと。これは風水害のないことを祈る「風神祭」と、五穀豊穣《ほうじょう》を祈願する「大忌《おおいみ》祭」の初見だとされている。自然災害を防ぎ、豊かな実りを祈るふたつの祭りは、対《つい》となって祈られることが多かった。豊作とは、すなわち民が潤うこと。廣瀬大社は、しだいに国民の安寧を祈る国家神として、天武《てんむ》天皇をはじめ歴代の天皇から崇敬を得ることになった。

現在の本殿は、春日《かすが》若宮の用材によって一七一一年（正徳一）に建立された。時代を経《へ》て施された

交通アクセス：JR法隆寺駅から徒歩20分。近鉄池部駅から徒歩25分。
時間：とくに定めなし。

・二の鳥居と拝殿

極彩色が失われていたが、二〇〇〇年（平成一二）に修復が完了。甦《よみがえ》った彩色が、龍や鳥、鯉《こい》などの蟇股《かえるまた》彫刻を際立たせている。

廣瀬大社の例祭は、春も盛りの四月四日に行なわれるが、寒さ厳しい二月一一日には御《お》田植《たうえ》祭が営まれる。これが、古来より続く大忌祭である。

田に見立てた拝殿の前で、農民や早乙女が、苗代作りや種蒔《たねま》き、早苗取りの所作を行なう。その後、農民と牛に扮《ふん》した者が田を耕すのだが、このときに参詣人《さんけいにん》が力いっぱい砂を投げつけるので、「砂かけ祭」ともよばれる。人と牛は砂をかわしながら暴れまわり、ときには群集に突っ込むことも。砂かけ合戦が激しければ激しいほど、雨に恵まれて豊作になるという。

◆32◆
奈良19番

當《たい》麻《ま》寺《でら》

Taimadera

宗派	高野山真言宗・浄土宗
本尊	當麻曼陀羅（たいままんだら）
所在地	葛城市當麻1263
電話	0745-48-2004

二上山禅林寺《にじょうさんぜんりんじ》と号する。河内《かわち》から大和《やまと》へ向かう竹内《たけのうち》街道が通る竹内峠の麓《ふもと》、二上山を背に伽藍《がらん》は広がっている。ランドマークとなっているのは、奈良時代と平安時代に建立された二基の三重塔（国宝）。双塔形式の伽藍配置が、ほぼ創建当初のかたちで現存するのは、ここ當麻寺が唯一である。

本尊は、当寺で出家した右大臣藤原豊成《とよなり》の娘とされる中将姫が、蓮糸で織り上げたという伝説で知られる當麻曼陀羅《たいままんだら》。浄土信仰の隆盛とともに全国に流布した當麻曼陀羅の原本で、奈良時代、あるいは中国唐時代の制作とされる。傷みが激しいため、現在は室町時代に転写された文亀《ぶんき》本が安置されている。

寺の草創については不明な点が多いが、寺伝は用明天皇の皇子で聖徳太子の異母弟である麻呂子《まろこ》親王が、河内に建立した万法蔵院《まんぽうぞういん》禅林寺を、麻呂子親王の孫である當麻国見《たいまのくにみ》が、六八一年（天武一〇）に現在地に移転したと伝える。一帯を支配していた豪族の當麻氏が、その氏寺《うじでら》として造寺に力を注ぎ、七世紀末にはすでに大寺としての寺観を整えていたようだ。

交通アクセス：近鉄南大阪線当麻寺駅から徒歩約15分。
時間：9時～17時

金堂本尊の弥勒仏坐像《みろくぶつざぞう》（国宝。像高二二〇センチ）は、七世紀に制作された丈六の塑像《そぞう》で、縁起が記す創建年代とも矛盾がない。本尊を守護する四天王像も七世紀制作の乾漆像で、日本に現存する最古級の塑像と乾漆像がいつでも拝観できる。

竹内街道は、難波《なにわ》の港に到着した遣隋使《けんずいし》や遣唐使、渡来人たちも通った道だった。當麻寺に、古代大和が営んだ最新の文化が色濃く残るゆえんだろう。

當麻寺が最も賑《にぎ》わうのが、五月である。連休のころには、塔頭《たっちゅう》ごとに植えられた牡丹《ぼたん》の花が咲きそろい、艶《つや》やかに妍《けん》を競う。同じ月の一四日は、中将姫が往生した様子を再現した「練供養会式《ねりくようえしき》」だ。境内に架けられた来《らい》迎《ごう》橋の上を、二十五菩薩《ぼさつ》の一行が練り歩く。

・本堂（国宝）

◆33◆
奈良20番

橿《かし》原《はら》神《じん》宮《ぐう》

Kashiharajingu

主祭神 神武天皇（じんむてんのう）媛蹈鞴五十鈴姫命（ひめたたらいすずひめのみこと）
所在地 橿原市久米町934
電　話 0744-22-3271

畝傍山《うねびやま》は、耳成山《みみなしやま》・天香久山《あまのかぐやま》とともに大和《やまと》三山に数えられる、標高一九九メートルの雄々しい山である。『日本書紀』によれば、その東南山麓《さんろく》には、神倭伊波礼毘古命《かむやまといわれひこのみこと》が即位した橿原宮があった。

日本初の天皇、神武《じんむ》天皇が誕生したとされる地に、四九万平方メートルを超える広大な神域を有する橿原神宮は、「ゆかりの地に神社を」という県や地元住民の請願をきっかけに、一八九〇年（明治二三）にご鎮座された。祭神は神武天皇と、その皇后である。神武天皇を主神とする神社は、それまではなかった。

創建にあたっては、明治天皇より京都御所の建造物が下賜され、賢所《かしこどころ》を本殿に、神嘉殿《しんかでん》を神楽殿《かぐらでん》とした。その後、社地は大幅に拡張され、境内地や建造物の整備も進み、一九四〇年（昭和一五）、現在の広大な神宮へと発展した。

外苑《がいえん》には、現在は陸上競技場となっているグラウンドや、全国から寄進された樹木を植えた橿原森林遊苑など、さまざまな施設が建設されたほか、大軌電車（現近鉄）が線路を移動して、新たに橿原

交通アクセス：近鉄橿原神宮前駅から徒歩10分。
時間：開門5時～6時30分、閉門17時30分～19時（季節により変更）

・外拝殿

神宮前駅も設置された。

　緑豊かな広い境内を進むと、外拝殿がある。その奥に、内拝殿・幣殿・本殿が建つが、一般の参詣者《さんけいしゃ》は外拝殿から参拝する。旧賢所の本殿は、一八五五年（安政二）の建築。入《いり》母屋《もや》造り・檜皮葺《ひわだぶ》きの御所建築（重文）であるが、見ることはかなわない。社殿のほかには、天理市より移築された柳本《やなぎもと》藩織田家屋敷の大書院と玄関（文華殿）や、奉納された品々を展示する橿原神宮宝物館（崇敬会館）などがある。

　神宮の北には、畝傍山を挟んで、神武天皇陵。南には、『日本書紀』に登場する畝傍池とも伝えられる深田池がある。

　橿原神宮は、神武天皇ゆかりの地の象徴となっている。

安《あ》倍《べ》文《もん》殊《じゅ》院《いん》

Abemonjuin

宗派 華厳宗（けごんしゅう）
本尊 文殊菩薩（もんじゅぼさつ）
所在地 桜井市阿部645
電話 0744-43-0002

山号は安倍山。有力豪族の安倍氏が、一族の本拠地である現桜井市阿部《あべ》に、氏寺《うじでら》として建立した安《あ》倍寺《べでら》が、安倍文殊院の前身である。その創建は、六四五年（大化一）にまで遡《さかのぼ》る。崇敬寺《すうけいじ》ともよばれたこの寺は、大化の改新で初代左大臣となった安倍倉梯麻呂《くらはしまろ》の建立と『東大寺要録』に記されている。

安倍寺は、安倍文殊院の南西三〇〇メートル先の丘陵にあり、法隆寺式の大伽藍《だいがらん》を誇っていたことが、発掘調査によって確認されている。

創建から平安時代までの安倍寺の状況には不明な点が多いが、平安時代末期には、安倍寺崇敬寺とともに、阿弥陀《あみだ》如来を祀《まつ》る安倍寺別所が存在していたことがわかっている。別所は現在の安倍文殊院の地に建ち、別所内の文殊堂に安置されていたのが安倍文殊院の現本尊だった。

本尊の文殊菩薩《もんじゅぼさつ》は、獅子《しし》に乗った総高約七メートルの巨大な像で、日本の文殊像としては最も大きい。四人の眷属《けんぞく》を従えた五台山《ごだいさん》文殊、あるいは渡海《とかい》文殊とよばれる形式で、「日本三大文殊」のひと

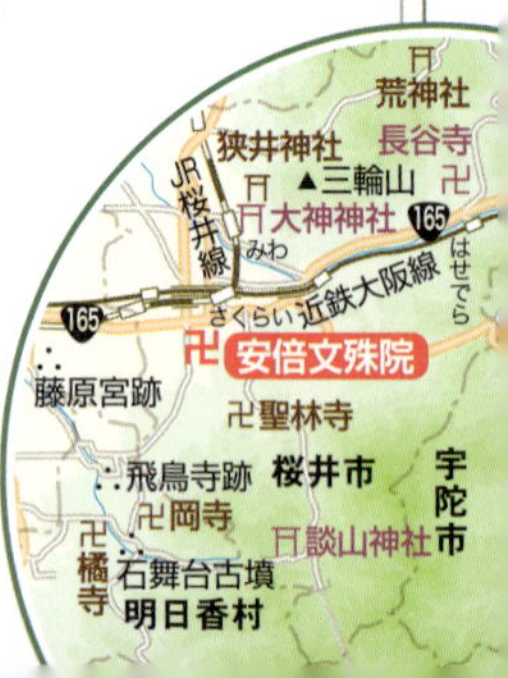

交通アクセス：JR・近鉄桜井駅から徒歩20分。またはバス、文殊院前下車すぐ。
時間：9時～ 17時

つに数えられている。
文殊菩薩像は、一五六三年（永禄六）兵火で伽藍が失われたときにも焼失をまぬがれ、一六六五年（寛文五）に安倍寺満願寺《まんがんじ》として再興されるにあたって、本尊となった。
現在の名称に改められたのは、明治の神仏分離によって寺院としての存続を決定したおりのこと。廃仏毀釈《きしゃく》の嵐のなかで、文殊菩薩像を護《まも》り抜こうとの決意からだったという。
このとき、鎮守として祀られていた白山《はくさん》神社は、ご神体を抜いて大日如来像を安置することで存続がはかられ、現在も境内に建っている。境内にはほかに、遣唐使となった安倍仲麻呂《なかまろ》や、陰陽師《おんみょうじ》の安倍晴明《せいめい》を祀った堂宇があり、安倍一族の氏寺という性格を物語っている。

・文殊池と境内

◆35◆
奈良22番

長《は》谷《せ》寺《でら》

Hasedera

宗派　真言宗豊山派（ぶざんは）
本尊　十一面観音菩薩（じゅういちめんかんのんぼさつ）
所在地　桜井市初瀬731－1
電話　0744-47-7001

三方を山に囲まれ、西だけが開けた初瀬《はせ》の地に伽藍《がらん》は営まれている。この地のことを『記紀』や『万葉集』は、山に囲まれた地形の意で、「こもりく」（隠国、隠口）と表現している。山号は豊山神楽院《ぶざんかぐらいん》。

創建は、飛鳥川原寺《あすかかわらでら》の道明《どうみょう》が天武《てんむ》天皇のために「銅板法華《ほっけ》説相図」（国宝）を造立し、現在の五重塔近くに安置したことにはじまるという。これが六八六年（朱鳥一）のことで、本長谷寺《もとはせでら》とよばれる。

舞台を備えた懸《かけ》造りの本堂には、本尊の十一面観音立像《じゅういちめんかんのんりゅうぞう》（重文）が祀《まつ》られている。七度の火災を経て一五三八年（天文七年）に再興された、右手に錫杖《しゃくじょう》を取る、像高一〇メートルを超える巨大な木彫像である。最初の造像は、奈良時代に遡《さかのぼ》る。

七二七年（神亀四）、道明の弟子・徳道《とくどう》が、十一面観音像を安置する後《のち》長谷寺を建立した。説話によれば、この十一面観音像は、近江《おうみ》国（滋賀県）に流れ着いた、雷に打たれた霹靂木《へきれきぼく》によって造られたという。この木は人々に死をもたらす疫木《えきぼく》だったが、徳道は必ず霊験をもたらすと信じて、二丈六尺（約八メートル）の十一面観音を刻んだ。仏を彫ることで祟《たた》りを鎮め、その力を像に取り込もうと

交通アクセス：近鉄大阪線長谷寺駅から徒歩20分。
時間：8時30分～17時

したのである。
こうして造立された観音像の霊験と信仰は、『日本霊異記《りょういき》』や『今昔《こんじゃく》物語集』などに記されている。とりわけ平安時代には、『蜻蛉《かげろう》日記』『更級《さらしな》日記』『源氏物語』などにあるように女性の信仰を集めた。

八四七年（承和一四）には官寺に準ずる定額《じょうがくじ》寺の寺格を受け、観音霊場として隆盛した。

仁王門から本堂までは、長い登廊《のぼりろう》で結ばれている。緩い勾配《こうばい》の石段を上がってゆく風情が、長谷寺の特徴であり魅力である。夕暮れ時の吊り灯籠の光も興趣を呼ぶ。春には桜、初夏には牡丹《ぼたん》、秋には紅葉など、四季の花々に彩られる。

・本堂（国宝）

室生寺《むろうじ》

Murouji

宗派　真言宗室生寺派
本尊　如意輪観音（にょいりんかんのん）
所在地　宇陀市室生区室生78
電話　0745-93-2003

室生山《むろうさん》は、わが国の並ぶもののない「真言の勝地」といわれる。

古くから「女人高野《にょにんこうや》」として知られ、女性の参詣《さんけい》を許してきた室生寺は、火災や兵火の被害を一度も受けることなく、八世紀の山岳寺院の姿を今に伝える稀有《けう》な寺院である。山に抱かれるように堂塔が点在し、石楠花《しゃくなげ》や紅葉の季節はとりわけ趣がある。山号は室生寺の文字を略した宀一山《べんいちさん》。清らかな川が流れ、奇岩も多い室生山地は、古くから聖地とされ、雨乞いや五穀豊穣《ほうじょう》の神事が行なわれていた。

天武《てんむ》天皇の発願により、役小角《えんのおづぬ》（役行者《えんのぎょうじゃ》）が奈良時代に創建したと寺では伝える一方、宝亀《ほうき》年間（七七〇～七八〇）に興福寺《こうふくじ》の賢璟《けんきょう》（けんけいとも）が、山部《やまべ》親王（のちの桓武《かんむ》天皇）の病気平癒を室生山中で祈願したことを記す史料もある。親王の病は癒え、天皇の命で賢璟が室生山寺を開き、七九三年（延暦一二）の賢璟入寂後は、弟子の修円《しゅえん》が堂塔を造営し伽藍《がらん》を整えた。修円は最澄や空海とも親交があり、以降の室生寺はしだいに密教色を強め、九世紀末には法相《ほっそう》と

交通アクセス：近鉄室生口大野駅よりバス、室生寺前下車徒歩5分。
時間：8時～16時30分（入山。季節により変更）

天台・真言両密教を修学する道場となっていた。現在の金堂（国宝）の中尊（国宝）は、そのころの造立。釈迦《しゃか》如来像と伝えられるが、持物《じもつ》を取らない古式の薬師如来とみられ、肉身を黄色に彩色した朱衣金体《しゅえこんたい》像である。これは現存しない比叡山延暦寺《ひえいざんえんりゃくじ》根本中堂本尊の像容との類似が指摘されている。

同じ金堂の十一面観音立像（国宝）も、同時期の造像である。

一九九八年（平成一〇）、優美な姿を見せていた五重塔（国宝）が、台風で倒れた大木により破損した。二〇〇〇年（平成一二）には修復が完了したが、このとき七九四年（延暦一三）ころに伐採された木材が確認され、創建まもない時期の建築であることが判明した。

・五重塔（国宝）

談《たん》山《ざん》神《じん》社《じゃ》

Tanzanjinja

主祭神 藤原鎌足公（ふじわらのかまたりこう）
所在地 桜井市多武峰319
電　話 0744-49-0001

標高六一九メートルの多武峯《とうのみね》山頂に鎮座する談山神社は、藤原鎌足《かまたり》を祀《まつ》る神社だが、明治初期に神仏分離の政策が行なわれるまでは、鎌足の墓所として創建された寺院だった。

鎌足が死去したのは、六六九年（天智八）。その遺体は次男の藤原不比等《ふひと》により摂津《せっつ》の阿威《あい》山に埋葬されたが、長男の定慧《じょうえ》が唐から帰国したのち、弟の不比等と相談のうえ遺骨を多武峯に改葬。六七八年（天武七）に十三重塔を築き、堂宇を建てて妙楽寺《みょうらくじ》と号した。さらに七〇一年（大宝一）には聖霊院《しょうりょういん》というい わゆる御影堂《みえいどう》を建て、鎌足の木像を安置した、と縁起は記している。

談山神社は、この聖霊院が発展したもの。談山の名は、ここで鎌足と中大兄《なかのおおえ》皇子が蘇我《そが》氏討伐のクーデター、大化の改新を相談したという裏手の談山《かたらいやま》に由来する。談山のさらに上が、鎌足を葬ったとされる御破裂《ごはれつ》山だ。この山は、国家の大事を予兆すると鳴動し、鎌足の像を破裂させたという。この現象は数十回もあったと記録されており、そのたびごとに朝廷に報告され、祈願が行なわれた。

九二六年（延長四）、八百万神《やおよろずのかみ》などを祀る総社《そうじゃ》が創建され、醍醐《だいご》天皇より談山権現《ごんげん》の勅号が下賜

交通アクセス：近鉄桜井駅よりバス、終点・談山神社下車徒歩3分。
時間：8時30分～16時30分

された。このとき、妙楽寺・聖霊院・総社という神仏習合の形が確立したことが、明治期に寺格を廃したこととの背景にある。

山懐に抱かれるように、かつては聖霊殿だった本殿を中心に、数々の建造物が建つ。現在の本殿は、一八五〇年（嘉永三）に造営された三間社《さんげんしゃ》春日《かすが》造り。その前方には、一六六八年（寛文八）再建の懸《かけ》造りの拝殿がある。寺院時代の名残である木造十三重塔は、一五三二年（享禄五）のものに替わっているが、高さ一七メートル余り、勾配《こうばい》の緩《ゆる》い檜皮《ひわだ》葺《ぶ》きの屋根を積み重ねた構造は、他に類をみない。

秋には燃えるような紅葉に、華やかに彩られる。

・十三重塔

南《みなみ》法《ほっ》華《け》寺《じ》（壺《つぼ》阪《さか》寺《でら》）

Minamihokkeji (Tsubosakadera)

宗派　真言宗
本尊　十一面千手千眼観音（じゅういちめんせんじゅせんげんかんのん）
所在地　高市郡高取町壺阪3
電話　0744-52-2016

南大和《やまと》の壺阪《つぼさか》山中に建つ壺阪山平等王院《びょうどうおういん》南法華寺は、壺阪寺の通称で知られる。本尊の十一面《じゅういちめん》千手千眼観音像《せんじゅせんげんかんのん》は、眼病平癒の利益《りやく》で知られ、平安時代から篤《あつ》い信仰を集めていた。平安時代中期に書かれた清少納言《せいしょうなごん》の『枕草子《まくらのそうし》』にも、壺阪寺の名は登場する。

寺には、沢市《さわいち》という座頭の目が、観音の霊験で開いたという伝説が伝わっている。人形浄瑠璃《じょうるり》や歌《か》舞伎《ぶき》の『壺坂《つぼさか》霊験記』は、お里・沢市の夫婦愛に彩られた伝説を脚色したもの。明治期に初演されて壺阪寺の名を広く知らしめ、今も人気演目となっている。

創建については不明な点が多いが、七〇三年（大宝三）に元興寺《がんごうじ》僧の弁基《べんき》が建立したという説が有力だ。寺域から出土した瓦《かわら》や、三重塔の旧心礎の様式も、白鳳《はくほう》時代の創立を裏づけている。八四七年（承和一四）には、長谷寺《はせでら》とともに官寺に準ずる定額寺《じょうがくじ》に定められ、観音の霊験は公にも認められた。

一〇世紀後半には、ほど近い子嶋寺《こじまでら》から真興《しんこう》が入山。真言の一大流派を創立した真興は、子嶋寺と壺阪寺をその根本道場としたため、法相宗《ほっそう》から真言宗に転じることになった。

交通アクセス：近鉄壺阪山駅よりバス、壺阪寺前下車徒歩3分。
時間：8時30分〜17時

境内には、創建当初の建造物は残っていないが、室町時代に再建された礼堂《らいどう》や三重塔（ともに重文）などが建つ。ひときわ目立つ、高さ二〇メートルの花崗岩製の大観音像は、インドで行なったハンセン病患者救済事業での縁から、一九八三年（昭和五八）にインドより招来されたものである。

奈良時代にはじまる長い歴史と、昭和時代からの目覚ましい福祉活動が渾然《こんぜん》一体となった南法華寺では、二〇〇三年（平成一五）には開創一三〇〇年記念法要が営まれた。

寺の裏山には、岩面にびっしりと五百羅漢や、二十五菩薩像などが刻まれた場所がある。寺との関係は明らかではないが、奥之院《おくのいん》石仏とよばれている。

・三重塔

◆39◆
奈良26番

金《きん》峯《ぷ》山《せん》寺《じ》

Kinpusenji

宗派　金峯山修験本宗
本尊　蔵王権現（ざおうごんげん）
所在地　吉野郡吉野町吉野山2498
電話　0746-32-8371

紀伊山地の北端の吉野は、古代より神が宿る聖地とされてきた。大和葛城山《やまとかつらぎさん》で修行を重ねていた役小角《えんのおづぬ》（役行者《えんのぎょうじゃ》）が、この吉野《よしの》山中に足を踏み入れたのは奈良時代のことである。厳しい修行のすえに、山上ヶ岳《さんじょうがだけ》で蔵王権現《ざおうごんげん》を感得。六七一年（天智一〇）、その姿を山桜に刻み、山上ヶ岳（山上）と吉野山（山下《さんげ》）の二ヶ所に祀《まつ》ったのが、金峯山寺のはじまりだという。

金峯山とは吉野山から山上ヶ岳にかけての山々の総称で、山上ヶ岳から熊野《くまの》に至る山系を大峯山《おおみねさん》とよぶ。有名な「大峯奥駈《おくがけ》」とは、その尾根道を一七〇キロにわたり踏破する厳しい修行のことだ。

ふたつの蔵王堂は、平安時代に入ると山岳修行者ばかりでなく、一般の参詣《さんけい》も盛んになった。白河《しらかわ》上皇や藤原道長《みちなが》など、末法《まっぽう》到来に危機感をつのらせた天皇や貴族たちも、来世の往生を金峯山に祈った。このころから金峯山寺は広大な寺領荘園《しょうえん》を有し、防備にあたる僧兵の活動が活発化する。その武力を頼り、源義経や後醍醐《ごだいご》天皇ら要人たちが逃げ込んだため、吉野はたびたび争乱の舞台ともなった。

交通アクセス：近鉄吉野線吉野駅よりロープウェイ乗り換え、吉野山駅下車徒歩10分。
時間：8時30分～16時30分

吉野山は桜の名所として名高いが、それは蔵王権現の感得の説話によって山桜が神木とされたからで、金峯山では古くから蔵王権現への山桜の献花が盛んだった。時代とともにその規模は大きくなり、一六世紀には、大阪の豪商が一万本の桜を寄進している。現在の蔵王堂は一五九二年（天正二〇）ころの再建で、同時代に造られた三体の巨大な蔵王権現像が安置されている。

金峯山寺は、修験三本山のひとつ。一九四八年（昭和二三）に大峯修験宗（のち金峯山修験本宗と改称）を立宗。自然に学び自然と共生する修験の精神を、広く一般に教化する活動が、「紀伊山地の霊場と参詣道」のユネスコの世界遺産登録（二〇〇四年）にもつながった。

・蔵王堂（国宝）

丹《に》生《う》川《かわ》上《かみ》神《じん》社《じゃ》 上《かみ》社《しゃ》

Niukawakamijinja Kamisha

主祭神　高龗神（たかおかみのかみ）
所在地　吉野郡川上村迫869-1
電　話　0746-52-0733

平安時代中期に編纂《へんさん》された『延喜式《えんぎしき》』神名《じんみょう》には、丹生川上神社も名を連ねていた。それほどの格式の高い神社が、応仁《おうにん》・文明の乱（一四六七〜七七）以降はしだいに衰退し、ついには所在地さえわからなくなってしまった。

そんな数奇な運命をたどった丹生川上神社は、現在は吉野《よしの》川流域の上社、高見《たかみ》川流域の中社《なかしゃ》、丹生川流域の下社《しもしゃ》の三社に比定されている。これは、明治から大正時代にかけての何度かの考証を経《へ》て定められたもので、格式や所在地を示すものではなく、三社でひとつの神社としていたが戦後になって分離独立し、今に至っている。

創立については明らかではないが、「人の声の聞こえぬ深山の吉野丹生川上に祀《まつ》れば、天下のために甘雨《よきあめ》を降らせ、霖雨《あしきあめ》を止める」という意味の神託があり、それに従って六七五年（天武四）に祀ったという史料がある。また、『続日本紀《しょくにほんぎ》』の七六三年（天平宝字七）五月の条には、旱《ひでり》のため幣帛《へいはく》と黒馬を奉ったという記載があり、古来より祈雨と止雨に霊験がある神として、朝廷より信仰を集めてい

交通アクセス：近鉄大和上市駅よりバス、川上村役場下車徒歩10分。
時間：6時～17時

たことがわかる。
上社に祀られている主神は、高龗神《たかおかみのかみ》という龍神（雨師《あまし》の神）である。室町時代まで、天候をコントロールするこの神に、奉幣使《ほうへいし》が数十回にわたり遣わされていた。
紆余《うよ》曲折の歴史には、まだピリオドが打たれたわけではなかった。
大滝ダムの建設計画で水没予定地に入っていたため、一九九八年（平成一〇）には山の中腹に新たに設けられた造成地への遷座を余儀なくされた。境内地では、そのおりに、約四〇〇〇年前の縄文遺跡のストーンサークル・石器・土器をはじめ、旧本殿の下からは、飛鳥《あすか》・奈良時代から昭和期までの祭場跡や本殿基壇が幾重にも見つかり、旧社地の長い歴史を証明した。

・拝殿

丹《に》生《う》川《かわ》上《かみ》神《じん》社《じゃ》

Niukawakamijinja

主祭神　罔象女神（みずはのめのかみ）
所在地　吉野郡東吉野村小968
電話　0746-42-0032

吉野《よしの》郡東北部の三尾《みお》川・木津《こつ》川・日裏《ひうら》川が合流し、高見《たかみ》川となる、小《おむら》という地に鎮座する。

日裏川は、『万葉集』にも詠《うた》われた東《ひんがし》の滝となって流れ落ち、近くにはツルマンリョウやツクバネ・ヤマユリなど、貴重な植物が数多く自生する。俗世とはかけ離れた深山幽谷にあり、水と緑に包まれた社叢《しゃそう》は、新緑と紅葉の季節には格別に美しく彩られる。

もとは蟻通《ありとおし》神社と称していたが、一九二二年（大正一一）になって、丹生川上神社はここであるとの主張が内務省の調査で明らかとなり、本来の丹生川上神社と認められた。

本殿は一八二九年（文政一二）の建築で、檜皮《ひわだ》を葺《ふ》いた流《ながれ》造り。施された極彩色が、周囲の緑によく映える。神殿には、平安時代の制作と考えられる木彫の神像が七軀《く》、ひっそりと祀《まつ》られている。そのなかには和服姿の女神像が含まれ、この種のものとしては最古級となる平安初期の一木《いちぼく》造りである。

主祭神として祀られているのは、水の神として崇《あが》められている罔象女神《みずはのめのかみ》。この神は、伊邪那岐《いざなぎ》と伊《い》邪那美《ざなみ》を両親とする天照大神《あまてらすおおみかみ》の姉妹神になる水を司《つかさど》る女神で、鎮座地とみごとに通じている。

交通アクセス：近鉄榛原駅よりバス、蟻通下車すぐ。
時間：参拝は自由

丹生川上神社は、古来より雨乞いと雨止みの祈願が、幾度となく歴代の朝廷によって行なわれた名社だった。戦国時代には、朝廷からの奉幣《ほうへい》が中断されて衰退したが、庶民の間での信仰が失われることはなかった。

農業・林業など、天候に左右される職業の人々からは、水への日ごろの感謝が水神に捧《ささ》げられた。水質が味を左右する酒蔵、水源地やダムなどでは守護神として祀られ、また、水は火を消すことから火難除《よ》けなど、丹生川上神社には水をめぐるさまざまな信仰が寄せられている。

例祭は、一〇月一六日。地元小川《おがわ》郷八集落の太鼓台八連が、境内に繰り出して乱舞する勇壮な祭りで、小川祭り、俗に「喧嘩《けんか》祭り」の名がある。

・両部鳥居と拝殿

心の道を歩く

神尾登喜子　阪南大学教授

都市生活者が、思い立って想像の域を超えた場所に居を求めてみる。それはそれで、ゆったりとした時間を体感できる絶好の方法であろう。二十一世紀の現代、熊野はそれを現実のものとしてくれる。熊野《くまの》三山。熊野本宮大社《ほんぐうたいしゃ》・熊野速玉大社《はやたまたいしゃ》・熊野那智大社《なちたいしゃ》。地図の上で簡単に確認できるし、容易に会話の話題にはできる。しかしこの三社を歩くとすれば、どれほどの時間を要するのか。実際に歩いていないので、残念ながらその全行程の所要時間を記すことはできない。たどり着くまでのおおよその目安は、

熊野速玉大社・新宮駅より早足徒歩約十五分。

熊野本宮大社・新宮駅よりバスで川湯・湯の峰温泉経由で約八十分。

熊野那智大社・那智駅からタクシーで約二十分。

徐々に歩かなくなっていることに気付いていないこともない。熊野に来る前日、伊勢の外宮と内宮の間六・六キロを歩いた影響か、大腰筋を苦痛が刺激する。

熊野本宮からS字カーブをいくつも曲がり、「田舎生活できます」の住宅案内の看板を見ながら、幾分脳内が車酔い状態で新宮駅に向かう途中、権現《ごんげん》前というバス停で下車。まっすぐ北に向かうと、速玉大社に迷わずたどり着く。なぜなら鳥居が見えているから迷えない。

ここで出会った上野顯宮司は、かなりイケテル宮司さんだと思う。チョットだけ山本譲二に似ている。さて、何がイケテルのか。といえば、山本譲二に似ていることではなく、話が上手いことである。特に、『熊野観心十界曼荼羅《まんだら》』の絵説き（本来は絵解き）には聞き入ってしまう。

「曼荼羅の絵説きをお聞きになったことはありますか」の問いかけに、「学会で研究者の絵解きは何度か」と答えたところ「それはそれで結構です。少しお聞きください」と言って始まった速玉大社社殿前での絵説きは、聞き惚れるという表現が最適である。

ここであえて「絵説き」と記したのには理由がある。研究者のそれは画像の説明や解説となり易い。しかし、上野宮司の絵説きには一瞬にして聞く者・見る者を曼荼羅の世界に誘い、そこに描かれた人物に自らを準《なぞら》えてしまうほどのパワーとエネルギー満載であった。

記すことが許されるならば、「信仰を賭《と》した崇高な啖呵売《たんかばい》」。これが熊野速玉大社で出会った光景である。かつて熊野比丘尼《びくに》といわれる女性たちが熊野参詣《さんけい》を説いた語り口はこのようなものであったか、とさえ思える。魂のこもる言葉に魅せられるとはこのことか。

参詣者を往事への時の旅人としてくれる根っこには、上野宮司の病める者、あるいは弱者への無限のいたわりがあるからであろう。心を観《み》つめる、それを実感する数十分間であった。

『熊野観心十界曼荼羅』の解説はネット検索で容易に可能の時代。でも、上野宮司の絵説きライブは参詣せずして見ることも聞くこともできない。

力強い仏法保護者たち

Column

仏像は、如来《にょらい》や菩薩《ぼさつ》のように優しい姿をしたものばかりではない。「仏の顔も三度まで」の諺《ことわざ》どおり、大きな慈悲の心で衆生《しゅじょう》をお救いになるが、無法を続ける者に対しては、憤怒《ふんぬ》の形相をした明王《みょうおう》として現われる。髪型は燃えさかる炎のような焔髪《えんぱつ》で、多くの腕に悪を懲《こ》らしめる様々な持物をもっている。代表的な存在として、不動明王を中心とした五大明王があげられる。

また、仏教以前のインド諸神が取り入れられて護法神となった天部は、形や役割も様々だが、男性は甲冑《かっちゅう》を着け、足下に邪鬼を踏む姿、女性は袂《たもと》の長い上衣を着た姿が多くみられる。よく知られているものに、四天王・八部衆《はちぶしゅう》・十二神将・十二天などがある。

これら明王や天部は、力強い性格から、現世利益《げんせりやく》をもたらす仏として信仰されている。

（田中正流）

大阪

摂津・河内・和泉

豊楽《ぶらく》の道

浪速《なにわ》を中心とする摂津国の一部と河内、和泉を合わせた区域。東は生駒《いこま》山・金剛山、北は北摂連山、西は大阪湾。大阪平野は、淀川《よどがわ》や大和川などの運ぶ土砂によって造成された。淀川水域には、難波江《なにわえ》、住吉《すみのえ》、浪速津、高津《こうづ》などがある。この地には住吉大社、四天王寺など古社名刹が数多い。河内《かわち》は山と川の地である。名所旧蹟が多く、それらの間を縫うように、高野山の参詣道沿いにはあまたの神社や寺院が佇《たたず》んでいる。和泉《いずみ》は瀬戸内と泉北丘陵との間を通る紀州街道・根来《ねごろ》街道の周辺に神社や寺院がある。これらの境内は参拝者でにぎわい、祭礼や法要、行事が催されている。ここは、神と仏と人の豊楽の地である。

住《すみ》吉《よし》大《たい》社《しゃ》

Sumiyoshitaisha

主祭神 底筒男命（そこつつのおのみこと）
中筒男命（なかつつのおのみこと）
表筒男命（うわつつのおのみこと）
息長足姫命（おきながたらしひめのみこと）

所在地 大阪市住吉区住吉2―9―89

電　話 06-6672-0753

大阪市内の大社寺のなかでも、とりわけ懐かしさを感じさせる境内をもつ。神々のおわす神域に敬《けい》虔《けん》な思いを抱き続けた、日本人の心に訴えるものがあるように思える。古来の姿でたたずむ四つの本殿。千歳に達する楠《くすのき》をはじめとする巨樹。六〇〇余基の石灯籠《いしどうろう》。丹《に》塗りの太鼓橋。

出入り口は多いが、表参道から参詣《さんけい》すると、当社のシンボル「反橋《そりはし》」を通る。その東詰め南側に作家川端康成《かわばたやすなり》が、幼いころの思い出を書いた「反橋は上るよりも、おりる方がこはいものです。私は母に抱かれておりました」を刻んだ石碑が立つ。一方、東詰め北側には島津《しまづ》家の祖、忠久《ただひさ》の誕生地があり、安産祈願に訪れる人が多い。忠久の母は源頼朝の愛妃で、正妻北条政子《ほうじょうまさこ》の嫉妬《しっと》を恐れてこの地まで逃れ、夜間に石にすがり出産したと伝わる。

反橋を渡り、石段を上ってもうひとつの石の角鳥居をくぐると、目の前に第三本宮の建物がある。その南横は第四本宮。第三本宮の後ろに第二、さらにその奥が第一本宮。第四本宮の祭神は、この地にはじめて住吉神を祀《まつ》った息長足姫命《おきながたらしひめのみこと》で、第一、二、三本宮の祭神は、それぞれ住吉神といわれる

交通アクセス：阪堺電気軌道住吉鳥居前駅から徒歩すぐ。または南海住吉大社駅から徒歩3分、住吉東駅から徒歩5分。
時間：6時（10月～3月は6時30分）～17時

底筒男《そこつつのお》、中筒男《なかつつのお》、表筒男《うわつつのお》。檜皮葺《ひわだぶ》きの屋根、妻入り、切妻造り、高床、丹塗りの同じ大きさの社殿である。現在の社殿が完成したのは一八一〇年（文化七）のこと。神社建築史上最古の様式を伝えることから、国宝に指定された。

住吉神は航海の守り神であるとともに、農耕守護の神。六月一四日に行なわれる「御田《おた》植《うえ》神事」は、重要無形民俗文化財。「摂津《せっつ》国一宮《いちのみや》」として近世の商都を代表する神社だけあって、楠珺《なんくん》社、種貸《たねかし》社、市戎大国《いちえびすだいこく》社、大歳《おおとし》神社など、摂社・末社に「商売繁盛」の神が多いのも特徴である。

かつて熊野参詣、伊勢参宮に向かう人々は、住吉大社に立ち寄り、道中の無事を祈願した。

・本殿（国宝）

四《し》天《てん》王《のう》寺《じ》

Shitennoji

宗派 和宗
本尊 救世観世音菩薩（ぐぜかんぜおんぼさつ）
所在地 大阪市天王寺区四天王寺1—11—18
電話 06-6771-0066

聖徳太子にゆかりが深く、篤《あつ》い庶民信仰にも支えられた寺である。一九四五年（昭和二〇）の大阪大空襲で壊滅した伽藍《がらん》のほとんどを、二〇年足らずで再建できたのも、復興を願う人々の後押しがあったからだ。空襲前の伽藍も、一八〇一年（享和一）に落雷で焼失したのを、町人たちが勧進元となって一〇年余りで再建したものだった。今では諸堂を含め全域がほぼ昔の姿に戻っている。

創建は五九三年（推古天皇一）。排仏派の物部守屋《もののべのもりや》と崇仏派の蘇我馬子《そがのうまこ》が戦ったとき、馬子側の太子が四天王像を彫り、「戦勝したら、四天王を安置する寺院を建立する」と祈願したのがきっかけと、『日本書紀』は記す。古代から近世まで、権門勢家《けんもんせいか》たちの寄進があって隆盛を続けるが、庶民の参詣《さんけい》が多くなるのは、太子を釈迦《しゃか》そのものと考えて礼拝・供養する「太子信仰」が広まったあとのことである。

さらに、浄土思想の高まりがあった。当寺が阿弥陀仏《あみだぶつ》のいる極楽（西方）浄土の東門にある、つまり西門の西に浄土があるという信仰が生まれ、沈む夕日を西門から拝む人々でごったがえしたらしい。

同じ太子ゆかりの寺だが、閑静な地にある法隆寺と違い、大都市大阪の市中にあったため、激動の

交通アクセス：地下鉄四天王寺前夕陽ヶ丘駅から徒歩5分。JR・地下鉄天王寺駅、近鉄大阪阿倍野橋駅から徒歩15分。
時間：8時30分～16時30分

歴史を体験する。再三の兵火と災害などにより、焼失と再建を繰り返したため、鎌倉時代の石の鳥居を除き古い建造物はない。しかし、国宝の七星《しちせい》剣・金銅威奈大村《いなのおおむら》骨蔵器・『四天王寺縁起』をはじめ、数多くの美術工芸品を保有する。

また、平安時代の都の貴族が鑑賞を楽しみにしたひとつという「天王寺舞楽」が、今も引き継がれて残っている。聖徳太子が、仏教とともに伝来した伎楽《ぎがく》を、仏教儀式に不可欠として、習わせたと伝わる。

多くの庶民に愛された寺なので、境内には金堂、五重塔をはじめ、太子を祀る聖霊《しょうりょう》院、最澄創建の六時礼讃堂《ろくじらいさんどう》や布袋《ほてい》堂、大黒堂、庚申《こうしん》堂のような神仏を祀《まつ》る立派な御堂があり、人の絶えることがないのも特徴である。

・六時礼讃堂

阿《あ》部《べ》野《の》神《じん》社《じゃ》

Abenojinja

主祭神 北畠親房公（きたばたけちかふさこう）
北畠顕家公（きたばたけあきいえこう）
所在地 大阪市阿倍野区北畠3—7—20
電話 06-6661-6243

祭神の北畠親房《きたばたけちかふさ》（一二九三～一三五四）は、南北朝時代の貴族・武将で、後醍醐《ごだいご》天皇と後村上《ごむらかみ》天皇に仕え、『神皇正統記《じんのうしょうとうき》』などを著わして南朝の正当性を主張し、南朝を支えた人物である。

一方の北畠顕家《きたばたけあきいえ》（一三一八～三八）は、親房の長子であり、わずか一三歳にして朝廷の庶務を担う官吏の一員、左中弁に任命される。建武《けんむ》の新政がはじまると一六歳で陸奥守《むつのかみ》となり、父親房とともに奥州に向かい、現在の宮城県多賀城《たがじょう》市に国府を置いて陸奥将軍府の政務を執り行ない、若くして数々の功績をあげた。

一三三四年（建武一）に足利尊氏《たかうじ》が謀反を起こすと、顕家は数万の軍勢を率いて、楠木正成《くすのきまさしげ》らとともに一度は尊氏を九州にまで追い落とすが、四年後、勢力を盛りかえした尊氏の軍と戦い、安倍野・石《いし》津《づ》の戦いにおいて戦死した。二一歳であった。

阿部野神社は、顕家が北朝方と戦った古戦場跡のほど近いところに一八八二年（明治一五）に創建され、別格官幣《かんぺい》社に列せられ一八八七年（明治二〇）に鎮座祭を行なった。しかし、一九四五年（昭

交通アクセス：阪堺天神ノ森駅から徒歩5分。または北畠駅・姫松駅から徒歩15分。
時間：6時～16時30分

和二〇）三月の米軍による大空襲で社殿は焼失した。

　戦災後、両公の御魂《みたま》は、摂社である御魂《みたま》振宮《ふりのみや》の神々とともに安置され、一九六八年（昭和四三）に現在の本殿が完成し、元の鎮座地に戻された。宮司をはじめ、氏子《うじこ》総代が、本殿復興という「一願一遂」の想《おも》いをもち続け、それが実現したところから、御魂振宮は「一願一遂」の神として信仰を集めている。

　また、境内にはこの御魂振宮のほか、顕家とともに戦った南部師行《なんぶもろゆき》を祀《まつ》った勲之宮《いさおしのみや》など五つの末社が鎮座している。

　一九九〇年（平成二）には、神社の御鎮座百年祭を行なった。顕家公の忌日に当たる五月二二日は春季大祭、親房公の忌日に当たる一〇月一八日には秋季大祭が行なわれる。

・本殿

今《いま》宮《みや》戎《えびす》神《じん》社《じゃ》

Imamiyaebisujinja

主祭神 天照坐皇大神（あまてらしますすめおおみかみ）
事代主命（ことしろぬしのみこと）
素戔嗚命（すさのおのみこと）
月読命（つくよみのみこと）　稚日女命（わかひるめのみこと）
所在地 大阪市浪速区恵美須西1―6―10
電　話 06―6643―0150

かつては、大阪商人にとっての本当の初詣《はつもうで》は、「十日戎《とおかえびす》」への参拝であったといわれる。一月一〇日に祭礼の行なわれる今宮戎神社で商売繁盛を祈願し、福笹《ふくざさ》をいただいて帰ることで、その年の仕事が本格化した。

社伝によると、賑《にぎ》わいを見せはじめるのは中世以後のことらしい。市場経済が活発化するとともに崇敬者が増えていった。近年は招福の神としても親しまれ、十日戎の参詣《さんけい》は一〇〇万人を超える。

えびす（恵美須、戎、夷）神は、七福神のなかで唯一の日本の神。イザナギ、イザナミの三男として生まれた夷三郎《さぶろう》ともいわれるが、出自ははっきりしない。事代主命《ことしろぬしのみこと》、少彦名命《すくなひこなのみこと》、火遠理命《ほおりのみこと》（山《やま》幸彦《さちひこ》）などと同一神とされることが多い。当社の場合は事代主命として祀《まつ》られている。

聖徳太子が四天王寺《してんのうじ》を建立した同じ年に西方鎮護の神として創祀《そうし》したのがはじまり、と伝わる。その当時は、すぐ近くに海岸線があり、付近に鮮魚類を扱う「浜の市《いち》」が、自然発生的にできていったと考えられている。平安時代になると、宮中に奉納する海の幸をこの辺りで調達したという。やがて

交通アクセス：南海今宮戎駅から徒歩1分。または阪堺恵美須町駅から徒歩5分。
時間：9時～17時

当社は豊漁をもたらし、市場を栄えさせる神として崇敬を集める。
その後西宮《にしのみや》神社を本宮とする「えびす信仰」の流行とともに、当社の神もえびす神と同一視される。
西宮に対して今宮、若宮《わかみや》とよばれるようになったようだ。その市場の神がご利益《りやく》を広げ、商売全般に効験をもたらす神へとなっていったのである。
大きな転機を迎えたのが、天下泰平の世になった江戸時代初期。盛装した芸者衆が駕籠《かご》に乗って参拝する「宝恵《ほえ》駕籠行列」が誕生して、十日戎を華やかなものに変えた。その伝統を受け継ぎ、現代では福笹に縁起ものを結ぶ福娘を、全国公募して選考、テレビ中継されたりして話題をよんでいる。

・本殿

大《だい》念《ねん》佛《ぶつ》寺《じ》

Dainenbutsuji

宗派 融通念佛宗
本尊 十一尊天得如来（じゅういっそんてんとくにょらい）
所在地 大阪市平野区平野上町1—7—26
電話 06-6791-0026

二十五菩薩《ぼさつ》の練《ねり》供養「万部《まんぶ》おねり」で知られる大念佛寺は、JR関西本線（大和路線《やまとじ》）平野《ひらの》駅の南にある。駅舎の南側に下り、大通りを行く。国道二五号を横断すると、「日本最初の念仏道場　融《ゆう》通《づう》念佛宗総本山　大源山《だいげんざん》大念佛寺」と墨書きされたボードが掛かっている築地塀《ついじべい》が、眼前にある。山門をくぐると、青みがかった大屋根を載せた本堂がそびえている。瓦《かわら》屋根に似せた銅板葺《ぶ》きの、大阪府下最大の木造建築で国の登録有形文化財である。

融通念佛宗は日本浄土門の一宗。平安時代の終わりごろ、良忍《りょうにん》（一〇七二～一一三二）が開宗した。良忍は現在の東海市に生まれ、一二歳で比叡山《ひえいざん》に上って出家、天台密教を学ぶ。早くから学徳は知れわたり、常行三昧《じょうぎょうざんまい》堂に籠《こも》って声明《しょうみょう》（仏教音楽）を唱える堂僧を務めた。二三歳のときに、山を降りて麓《ふもと》の大原に住まいし、苦修練行《くしゅれんぎょう》を続け、真の仏の道を求めた。

四六歳になった一一一七年（永久五）、念仏三昧中に阿弥陀如来《あみだにょらい》から、「念仏を称《とな》えることでひとりが往生すれば、多くの人が往生する」という融通念仏の偈文《げもん》を授かったという。それに基づいて唱導

交通アクセス：JR平野駅から徒歩5分。または地下鉄平野駅から徒歩8分。
時間：9時30分～16時30分

・本堂

する曲調豊かなメロディーの念仏合唱は、音楽と信仰の陶酔を一体としたもので、しだいに帰依者《きえしゃ》が増えていった。鳥羽《とば》上皇もまたそのひとり。勅願によって一一二七年（大治二）、当寺に本山が創建された。

その後一時法脈が途絶えたこともあったが、良尊（一二七九〜一三四九）が出て復興、信者数も増加する。しかし、その後戦乱に巻き込まれ堂宇は焼失。元禄《げんろく》年間（一六八八〜一七〇四）に伽藍《がらん》は創建当初の姿に戻るが、それも一八九八年（明治三一）の火災で炎上。本堂再建は一九三八年（昭和一三）だった。

万部おねりは、極楽浄土から阿弥陀如来が迎えに来るさまを目に見える形で表現した儀式。一三四九年（貞和五）に良尊がはじめた。毎年五月一日〜五日に行なわれる。

法《ほう》楽《らく》寺《じ》

Horakuji

宗派 真言宗泉涌寺派（せんにゅうじは）
本尊 大日大聖不動明王（だいにちだいしょうふどうみょうおう）
所在地 大阪市東住吉区山坂1―18―30
電話 06-6621-2103

「たなべのお不動さん」の名前で親しまれる。JR阪和《はんわ》線南田辺《みなみたなべ》駅北東の、商店と住宅、寺の多い町中にある。駅から歩いて五分足らず。突然に森が迫り、築地塀《ついじべい》に囲まれた巨木の茂る一画が、法楽寺である。平清盛の嫡男、重盛《しげもり》ゆかりの寺で、一一七八年（治承二）に創建されたと伝わる。しかし、街道沿いにあったことから、しばしば兵火に遭い史料が焼失。詳しい歴史はよくわからないが、樹齢約一〇〇〇年の楠《くすのき》の大木が、寺の歴史を語っている。

山門のすぐ後ろに、燦然《さんぜん》と黄金色に輝く相輪を載せた、まだ新しい三重塔がそびえ立つ。その南西前に、一九九六年（平成八）に落慶法要をした「平成の三重宝塔」の由来を記したプレートが据えられている。この塔は、中国浙江《せっこう》省にある宋朝《そうちょう》五山のひとつ、阿育王寺《あいくおうじ》から贈られた仏舎利を納めるために建てられたものである。塔内には本尊として大日如来《だいにちにょらい》、脇侍《わきじ》に不動明王・愛染《あいぜん》明王が祀《まつ》られている。塔内の柱や長押《なげし》に極彩色の絵があり、不動明王の縁日（毎月二八日）には開扉される。

当寺の創建には、「紫金《しこん》二顆《か》」というこの仏舎利が深くかかわっている。熱心な仏教信者の重盛は、

交通アクセス：JR阪和線南田辺駅から徒歩5分。または地下鉄谷町線田辺駅から徒歩10分。
時間：夏季は6時～18時、冬季は5時～17時

・山門

宋の阿育王寺に向かう船頭妙典に黄金三〇〇〇両を渡し、結縁《けちえん》したいとのメッセージをことづけた。同寺に詣《もう》でた妙典が、それを伝えたところ、仏照禅師《ぶっしょうぜんじ》が重盛の仏法に寄せる志の篤《あつ》さにうたれ、同寺に伝わる仏舎利のうち二顆（粒）を贈ったという。

当寺が記録に登場するようになるのは、江戸時代以後のことである。「日本の小釈迦《しゃか》」と崇《あが》められた慈雲《じうん》（一七一八～一八〇四）が得度し住職になった寺だったからだ。慈雲は一宗に拘泥せず、顕教、密教、禅宗、儒教など幅広い学識を持った高僧だった。

本堂と山門は、江戸時代初期の大和《やまと》松山藩織田家の殿舎を移築したもの。近年になって、京都青蓮院《しょうれんいん》の国宝「青不動」の原画だと確認された不動明王図像（重文）がある。

生《い》國《く》魂《たま》神《じん》社《じゃ》

Ikutamajinja

祭神　生島大神（いくしまのおおかみ）
足島大神（たるしまのおおかみ）
相殿神　大物主大神（おおものぬしのおおかみ）
所在地　大阪市天王寺区生玉町13―9
電話　06-6771-0002

古代日本成立の地、大阪の「上町台地《うえまちだいち》」に鎮まる。地下鉄谷町線と千日前線が交差する谷町九丁目駅より、谷町筋を南へ歩くと表参道に出る。古く平安時代には「難波大社《なにわのおおやしろ》」とよばれた古社で、今なお広い境内に豊かな緑を湛《たた》える。

社殿は、本殿と幣殿をひとつの屋根で葺《ふ》きおろし、三つの破風《はふ》を据えた「生國魂造《いくたまづくり》」という唯一《ゆいいつ》無双の様式である。現在の社殿は一九五六年（昭和三一）に市民の篤志によって再建された。

当社の歴史は大阪で最も古く、社伝に「神武《じんむ》東征の砌《みぎり》、天皇御親祭」とあり、飛鳥《あすか》時代、孝徳《こうとく》天皇の御代にすでに神域であったことが『日本書紀』に記される。祭神の生島大神《いくしまのおおかみ》・足島大神《たるしまのおおかみ》は大八《おおや》洲《しま》（日本列島）の御神霊、すなわち国土の神そのものであり、平安時代には宮中においても特別に生島巫《いくしまのみかんなぎ》によって祀《まつ》られ、難波《なにわ》の海浜で行なわれていた古代祭祀「八十島《やそしま》祭」の主祭神でもある。当時の社殿は上町台地北端の難波碕《なにわのみさき》（現在の大阪城を含む一帯）にあったが、中世、豊臣秀吉が大坂城築城にあたり、現在地に社領を寄進し遷座した。ちなみに、大阪の地名は「生玉の庄内・大坂」より起因する。

交通アクセス：地下鉄谷町九丁目駅３号出口より徒歩4分。地下鉄上本町駅より徒歩9分。または大阪環状線天王寺駅から徒歩20分。
時間：9時～17時

七月一一、一二日斎行《さいこう》の「いくたま夏祭」は、生玉《いくたま》・天満《てんま》・住吉《すみよし》と続く大阪三大夏祭りの魁《さきがけ》として親しまれ、かつては二〇〇〇名の渡御列《とぎょれつ》が元宮の大阪城に向かい、天神祭の船渡御を対として「陸の生玉、川の天神」と並び称された。大阪大空襲により御鳳輦《ごほうれん》など華麗な祭礼用具は失われたが、往時の賑《にぎ》わいも復調し、今も大阪に夏の訪れを告げる。

また、上方芸能文化発祥の地として、一五四六年（天文一五）の演能に由来する「大阪薪能《たきぎのう》」や、上方落語の始祖・米澤彦八《よねざわひこはち》を顕彰する「彦八まつり」も知られている。神域の多くの境内社のなかでも、淀殿《よどどの》（淀君）を祀る女性の守護神「鴫野《しぎの》神社」や、近松門左《ちかまつもんざ》衛門《えもん》をはじめ、文楽《ぶんらく》関係諸霊を祀る芸能の神「浄瑠璃《じょうるり》神社」に多数の参詣者が訪れる。

・本殿

坐《いか》摩《すり》神《じん》社《じゃ》

Ikasurijinja

主祭神 生井神（いくいのかみ） 福井神（さくいのかみ） 綱長井神（つながいのかみ） 波比岐神（はひきのかみ） 阿須波神（あすはのかみ）
所在地 大阪市中央区久太郎町4丁目渡辺3
電　話 06-6251-4792

大阪市中央区付近の御堂筋《みどうすじ》は、オフィスビル街である。通りに面して本願寺別院の南御堂と北御堂が並ぶことから、その名がある。その南御堂のすぐ近くに鎮座するのが坐摩神社。通称「ざまじんじゃ」。平安時代の『延喜式《えんぎしき》』神名《じんみょう》に「摂津《せっつ》国西成《にしなり》郡大社」と記載された古い歴史をもつ。

祭神の「坐摩神」は、阿須波神《あすはのかみ》ほか四神の総称である。その阿須波神に祈願した防人《さきもり》の「庭中《にわなか》の阿須波の神に木柴《こしば》さし　吾《あれ》は斎《いわ》はむ帰り来《く》までに」の歌が『万葉集』（巻第二〇）にある。庭のなかに祀《まつ》られた阿須波神に、木柴を捧《ささ》げ、斎戒してあなたの帰りを待ちます、という意味である。旅の安全を祈願した歌だと解釈されている。

阿須波神が祀られたこの庭が、坐摩神社であった可能性は高い。もともとの鎮座地は、古代の難波《なにわ》津《づ》の候補地、大坂城北西の天満《てんま》橋南詰め付近にあったからである。

社伝によると、神功《じんぐう》皇后が新羅《しらぎ》からの帰途、わが子でのちの応神《おうじん》天皇の安産を祈願したのがはじまりとされる。それ以後、安産や住まい、旅の安全などの守り神として信仰を集めている。明治天皇生

交通アクセス：地下鉄本町駅から徒歩3分。
時間：7時30分～17時

・本殿

誕のときにも、宮中から祈願の使者が立てられたという。

　地下鉄御堂筋線の本町《ほんまち》駅から数分の距離にあり、氏子《うじこ》をはじめ、遠くから訪れる参詣《さんけい》者《しゃ》も多い。道を隔てて東には御堂筋に面した高層ビル、北側に高架の高速道路があり、都心地では目立つはずの境内の木々の茂みが少し小さく見える。

　住吉《すみよし》大社とならび、「摂津国一の宮」とよばれていた時期もある。規模の大きな神社だったらしい。しかし、豊臣秀吉の大坂城築城に際し替地を受領し、現在地に。昭和になって壮大な社殿が復興されるが、それも戦火に遭うなど災難が続いた。現在の社殿は鉄筋コンクリート造りながら、昔の姿に戻して一九五九年（昭和三四）に完成した。

大《おお》阪《さか》天《てん》満《まん》宮《ぐう》

Osakatenmangu

主祭神 菅原道真公（すがわらのみちざねこう）
手力雄命（たぢからおのみこと）
猿田彦命（さるたひこのみこと）
野見宿禰（のみのすくね）　蛭子命（ひるこのみこと）
所在地 大阪市北区天神橋2―1―8
電話 06-6353-0025

学問の神のイメージが強いが、疫病神を祓《はら》う神、芸能の神として、中世以後大阪の人々に最も愛された神社である。南北三キロの天神橋商店街は、参詣道《さんけいみち》として商いをする店が立ち並び、往時の賑《にぎ》わいを今に伝えている。

七月二五日の夏大祭天神祭は、日本三大祭の随一。同日夜、大川で行なわれる船渡御《ふなとぎょ》は、百余艘《そう》の供奉《ぐぶ》船が水面を埋める、全国でも例のない大水上祭である。一七世紀末ごろから、川筋に並んだ各藩の蔵屋敷や豪商たちが豪華に飾った船やかがり火船を出したことから、華やかな祭りになった。

境内地は、古代の難波長柄豊崎宮《なにわのながらのとよさきのみや》を守護した、地主神が鎮座する大将軍社の森だった。そこに九四九年（天暦三）、村上《むらかみ》天皇の勅願で、菅原道真公《すがわらのみちざねこう》（八四五～九〇三）を祭神とする天満宮が創《そう》祀《し》された。道真が讒言《ざんげん》で左遷されて大宰府《だざいふ》に向かう途中、航路の安全祈願に立ち寄ったという由縁によるものである。今も摂社として大将軍社が祀《まつ》られている。

もともと天満宮は、天神（道真公）の怒りを鎮めるための社。道真の死後二〇年ほどして、公家《くげ》た

交通アクセス：地下鉄南森町駅・JR大阪天満宮駅から徒歩5分。
時間：9時～17時

ちに不幸が続き、都に疫病が蔓延《まんえん》したが、それは道真の恨みだと考えられたからだ。やがて天神はもろもろの災厄からの救いの神となり、全国に約一万二〇〇〇社も建立された。夏は疫病が流行しやすく、古来それに備えた祓《はら》いの神事があったが、その特色は水辺の儀礼。大阪の天神祭は、その伝統を最もよく伝えているといわれる。

天神信仰が高まるとともに、道真は文人政治家であったことから、祟《たた》り神から学問・詩文の神となり、また能筆であったろうと芸能の神へ幅を広げた。

江戸期の、とくに元禄時代の大坂は、各藩の蔵屋敷や米仲買商が軒を連ね、「天下の台所」と称された。それが天神祭を盛大にした背景にあったようだ。

・本殿

◆51◆
大阪10番

太《たい》融《ゆう》寺《じ》

Taiyuji

宗派　高野山真言宗
本尊　千手千眼観世音菩薩（せんじゅせんげんかんぜおんぼさつ）
所在地　大阪市北区太融寺町3―7
電話　06-6311-5480

ＪＲ大阪環状線天満《てんま》駅の南西に扇町《おうぎまち》公園という緑地がある。佳木山宝樹院《かぼくさんほうじゅいん》と号する太融寺《たいゆうじ》は、そこから南西筋向かいにある。往時には七堂伽藍《がらん》が、今の神山《かみやま》町、堂山《どうやま》町、それに太融寺町など、八町四方一帯に林立していたと伝わる。八二一年（弘仁一二）に、嵯峨《さが》天皇の勅願で空海が創建、造営のスポンサーとなったのが、天皇の皇子の源融《とおる》（八二二〜八九五）だった。寺の名称は、その施工主にちなむ。

源融は、百人一首の「陸奥《みちのく》のしのぶもぢずり誰《たれ》ゆゑに　乱れ初《そ》めにし我ならなくに」の作者。臣籍に降下したが、兄の仁明《にんみょう》天皇の養子となって参議に上る。やがて、清和《せいわ》から宇多《うだ》天皇まで四代にわたって二三年間も左大臣を務めた大物政治家で、豪奢《ごうしゃ》で風流な生活を送ったことで名高い。

秘仏の本尊は嵯峨天皇の念持仏として知られるが、中世以後庶民の信仰を集めてきたのが、一願堂に安置する「一願不動尊」。身近な所願成就の寺として賑《にぎ》わっていた。しかし、徳川家康が豊臣家つぶしに仕掛けた大坂夏の陣の兵火で全焼した。

交通アクセス：JR大阪駅・阪急・阪神・地下鉄梅田駅から徒歩10分。
時間：8時～17時

・本堂

その後、「北野《きたの》の太融寺さん」と親しむ信徒たちの支援を受けて、元禄《げんろく》年間（一六八八～一七〇四）には本堂や南大門など諸堂の建立が進み、多くの参拝者を集め、おおいに繁栄した。

しかし、一九四五年（昭和二〇）に二十余棟の堂宇伽藍が、再び戦災で灰燼《かいじん》に帰した。現在の本堂は、一九六〇年（昭和三五）に完成、ほかに宝塔、不動堂、護摩《ごま》堂、大師堂、客殿、白龍大社なども再建された。ただ、繁華街のすぐ近くにあることから、長年の間に境内地は侵食され、今はビルの谷間の寺になった。

一八八〇年（明治一三）に国会開設・憲法制定などを要求した、国会期成同盟結成大会の会場に当寺がなったのも、庶民の寺であったことを物語る。

施《せ》福《ふく》寺《じ》

Sefukuji

宗派　天台宗
本尊　十一面千手千眼観世音菩薩（じゅういちめんせんじゅせんげんかんぜおんぼさつ）
所在地　和泉市槇尾山町136
電話　0725-92-2332

金剛葛城《かつらぎ》山系の枝峰、槇尾山《まきのおさん》（約五〇〇メートル）山頂近くにある。西国観音霊場のなかでも、腰をすえて参拝したい寺だ。アプローチが長いだけでなく、車を降りて本堂までは健脚でも三〇分は必要。ただし、その道中に豊かな自然の営みを十分体感でき、壮快さはこの霊場ならではのものだ。

欽明《きんめい》天皇の勅願で、弥勒菩薩《みろくぼさつ》を本尊に行満《ぎょうまん》が開いたと伝わる。その後、修験道の祖役行者《えんのぎょうじゃ》が『法華経《ほけきょう》』を書写し、葛城の峰々に安置した際に巻尾（巻末）を当山に納めた。そのことから「巻《まき》の尾《お》」の山号が生まれたという。

急峻《きゅうしゅん》な山道をものともせず、民衆の参詣《さんけい》がはじまるのは奈良時代の末ごろから。中興の祖の法海《ほうかい》が、七七一年（宝亀二）夏安居《げあんご》の修行を終えた日に、和泉大津《いずみおおつ》（現在の泉大津市）で、紫雲に包まれた千手観音《せんじゅかんのん》の示現を見て随喜、ただちに帰山してそれを模刻、寺にお祀《まつ》りしたのちのことである。

平安時代になると、奈良大安寺《だいあんじ》の勤操《ごんぞう》が来住、その徳を慕って空海《くうかい》が得度受戒するなど、寺勢が興隆する出来事が相次いだ。勤操は没後に、僧正となった最初の僧。やがて当寺は朝廷の厚い保護を

交通アクセス：泉北高速鉄道和泉中央駅よりバス、槇尾中学校前でオレンジバスに乗り換え。
時間：8時～17時（12月～2月は16時まで）

受けるが、それは西国三十三所の観音霊場巡礼と深い関係があった。
巡礼が盛んになった起源には、さまざまな学説があるが、そのなかに花山《かざん》天皇（九六八〜一〇〇八）説がある。平安中期になると、伝統的な観音寺院だけでなく、ほかにも観音霊場として人気を集める寺が出てきた。僧たちからそれらの霊場を巡ると大きな功徳が得られると聞き、花山天皇が退位後に巡礼をはじめたのが起こりだという。
当寺のご詠歌である「深山路《みやまじ》や檜原《ひばら》松原分けゆけば　巻の尾寺に駒《こま》ぞいさめる」の歌は、そのときのもの。山道で遠くに馬の嘶《いなな》きを聞き、それに導かれて参拝したのだが、その駒が、じつはもう一尊の当寺の馬頭観音であったという。

・山門

◆53◆
大阪12番

水間寺《みずまでら》

Mizumadera

宗派　天台宗
本尊　聖観世音菩薩（しょうかんぜおんぼさつ）
所在地　貝塚市水間638
電話　072-446-1355

水間寺は全長五・五キロの水間鉄道の終点近くにある。江戸時代には岸和田藩主の手厚い保護で栄えた寺だった。藩主の庇護《ひご》がなくなった明治以後も庶民の人気は高く、一九二五年（大正一四）には参詣客《さんけいきゃく》を運ぶためにミニ鉄道が開業した。

寺伝によると、聖武《しょうむ》天皇の勅願で、天平《てんぴょう》年間（七二九～七四九）に、のちに大僧正となった行基《ぎょうき》が創建した。病床の聖武天皇の夢に現われたという観音菩薩を求めて、行基がふたつの川が合流するこの「水間」の地にやって来ると、観音の化身の一六人の童子に出会った。誘われて滝に向かうと、現われた竜神から聖観音像を授けられた、と伝わる。その滝は現在の本堂の裏を流れる小川にあったらしく、岸辺に設置されたフェンスに「聖観世音菩薩《しょうかんぜおんぼさつ》出現の滝」と墨書きしたボードが掲げられている。長い歳月を経《へ》て、地形も大きく変わったが、今も聖域として守られている。

正月や初午《はつうま》、二月の節分などには数万から数十万人の参詣客で賑《にぎ》わう。聖武天皇の夢に観音菩薩が現われたのが四二歳の初午の夜だったことから、初午の日にはとりわけ男四二歳、女三三歳の大厄《たいやく》

交通アクセス：南海貝塚駅より水間鉄道、終点水間駅下車徒歩10分。
時間：境内は自由（祈禱受付は9時～15時30分）

の男女の参詣が多いという。「厄除《やくよ》け観音」として知られる。
戦国時代までは大伽藍《だいがらん》があったが、たび重なる戦火や火災で、近世以前の木造建造物は焼失した。現在は江戸時代に建立した本堂・三重塔が、かつての面影を残す。愛染明王《あいぜんみょうおう》堂の前にある「お夏清十郎」の墓は、今では縁結びのラッキーポイントとして若者に人気がある。
本堂南の小川に架かる通天橋を渡り、道路を横切って登る裏山も境内の一画。水が清くて、蛙《かえる》も棲《す》めないといわれる鏡池、行基が観音像に供えたという薬師井戸などを見ながら山頂に着くと、貝塚市が管理する都市公園がある。大阪湾が望める展望台からの眺めは素晴らしい。

・三重塔と本堂

七《しっ》宝《ぽう》瀧《りゅう》寺《じ》

Shipporyuji

宗派 真言宗犬鳴派（いぬなきは）大本山
本尊 倶利伽羅大龍不動明王（くりからだいりゅうふどうみょうおう）
所在地 泉佐野市大木8
電話 072-459-7101

七宝瀧寺は和泉《いずみ》山脈の総称、葛城《かつらぎ》の中心にあたる。JR阪和《はんわ》線の日根野《ひねの》駅から、犬鳴山《いぬなきさん》行バスの終点で下車。参道は犬鳴川右岸の山中を、川筋から付かず離れず、少しずつ上っていく。ハイキングにふさわしい道だ。歩きはじめて三〇分。「大龍不動明王《だいりゅうふどうみょうおう》」の扁額《へんがく》が掛かった朱の鳥居が出迎えてくれる。

参道の両側には神社の瑞垣《みずがき》のような石柱が並び、「倶利伽羅大龍不動明王《くりからだいりゅうふどうみょうおう》」「南無神変大菩薩《なむじんぺんだいぼさつ》」と染め抜かれた赤や黒の幟《のぼり》が、風にはためく。川上の本堂に向かう坂道の途中に、石の鳥居の奥に佇《たたず》む布袋尊《ほていそん》の姿も見える。仏教寺院でありながら、神域でもあるのだ。

当寺は江戸時代末までは、隆盛を誇った神仏習合の霊地であり、願望成就、命乞いの不動明王の聖地として、篤《あつ》い信仰を集めて賑《にぎ》わった。一八六八年（明治一）に出された神仏分離政策の影響で、犬鳴山の修験行者は壊滅的な打撃を受けたが、戦後になってからは徐々に往時の姿に戻っていき、一九五〇年（昭和二五）に、葛城修験道の根本道場として再興された。

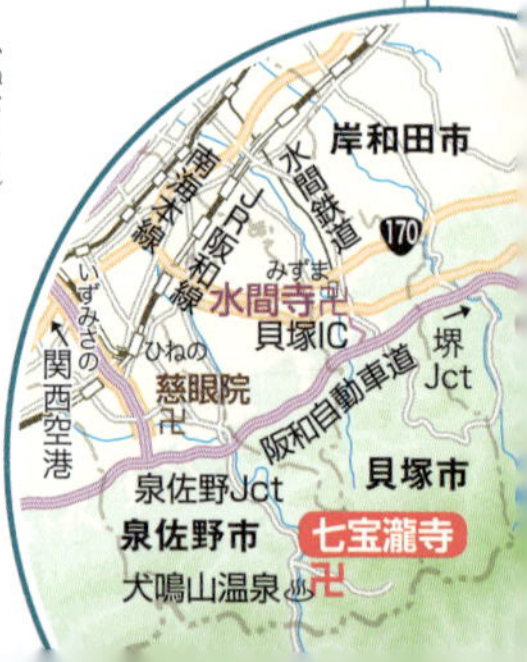

交通アクセス：南海本線泉佐野駅、またはJR日根野駅よりバス、終点犬鳴山下車。
時間：7時～17時

本尊の倶利伽羅大龍不動明王を祀《まつ》る本堂は、渓流を真下に見る崖《がけ》にへばりつくように建っている。そこから数分歩くと、水しぶきを高くあげる滝の前に出る。行者の滝で、天空には注連縄《しめなわ》が張られている。

飛鳥《あすか》時代の六六一年（斉明天皇七）年、開山の役行者《えんのぎょうじゃ》が修行した場所のひとつと伝わる。

山中にはほかにも六つ、計七つの滝がある。平安初期、大干ばつに見舞われたとき、当山の雨乞い祈願で雨が降り、それを知った淳和《じゅんな》天皇が「七宝瀧寺」の名を与えたという。「犬鳴山」の山号も、平安中期の宇多《うだ》天皇の勅号である。命がけで鳴いて主人に危険を知らせた、猟師の愛犬の話がもとになった。当時から都にもよく知られた寺だった。

・清滝堂

金剛寺《こんごうじ》

Kongoji

宗派　真言宗御室派（おむろは）
本尊　大日如来（だいにちにょらい）
所在地　河内長野市天野町996
電話　0721-52-2046

天野山《あまのさん》金剛寺は、近代では「南朝ゆかりの寺」として知られたが、古くから「女人高野《にょにんこうや》」でもあった。西に河南《かなん》平野が開け、東に葛城《かつらぎ》金剛山系を望む河内《かわち》と和泉《いずみ》の境界の丘陵地にある。

天野山バス停で下車、道路わきの山門をくぐると、左手に朱塗りの楼門がある。国の重文に指定された鎌倉時代の建物だ。低いながらも、東からも西からも山が迫った谷間地形のなかに、平安時代の多宝塔、金堂、御影《みえい》堂、鎌倉時代の食堂《じきどう》、南北朝時代の鐘楼などが並ぶ（いずれも重文）。

寺伝によると、聖武《しょうむ》天皇の勅願に基き、天平《てんぴょう》年間（七二九～七四九）に行基《ぎょうき》が開創し、のちに弘《こう》法《ぼう》大師密教練行《れんぎょう》の霊地となる。

その後四〇〇年、寺運は衰え、荒廃していったが、平安時代末に高野山の僧阿観《あかん》上人によって現在の伽藍《がらん》が復興された。なかでも後白河《ごしらかわ》法皇とその妹の八条院璋子《しょうし》が後押しした。璋子は皇室の領地を管理し、当時「日本第一の富裕者」とよばれた女性で、高野山より真如《しんにょ》親王筆の弘法大師御影を当寺御影堂に奉安して、女性が弘法大師と縁を結ぶ霊場とし、以後、「女人高野」とよばれている。

交通アクセス：南海･近鉄河内長野駅よりバス、天野山下車すぐ。
時間：9時～16時30分

南北朝時代になると、後醍醐《ごだいご》天皇の勅願寺となる。その皇子の後村上《ごむらかみ》天皇は、一三五四年（正平九）当寺を行宮《あんぐう》とする。その後六年間、食堂が政庁になった。

同じころに、北朝を支えた足利尊氏と南朝の協定に基づき、北朝の三人の上皇たちが四年間当寺で暮らす。戦乱の世に天皇と上皇の計四人の暮らしを支えた出費は大きすぎ、その後は堂宇の維持管理がやっとという時代が続いた。近世になると、豊臣秀吉は天野酒を愛《め》で、「酒に心を入れるように」と記した朱印状を与えている。

また、秀頼が一六〇七年（慶長一二）、諸堂宇の大修繕を行なっている。その後、一七〇〇年（元禄一三）には徳川綱吉が再修理を加えたが、明治に入って堂宇の半ばが滅した。

・楼門

観《かん》心《しん》寺《じ》

Kanshinji

宗派	高野山真言宗
本尊	如意輪観世音菩薩(にょいりんかんぜおんぼさつ)
所在地	河内長野市寺元475
電話	0721-62-2134

檜尾山《ひのおさん》観心寺は、トンネルで金剛山脈を抜けて奈良と大阪を結ぶ、国道三一〇号沿いにある。戦前は草深い山里の寺ではあったが、近畿《きんき》地方では、その名はよく知られていた。その当時、正統とされた南朝の忠臣、「大楠公《だいなんこう》」とよばれた楠木正成《くすのきまさしげ》(一二九四〜一三三六)に縁の深い寺だからである。正成は、鎌倉幕府に対して倒幕の軍事行動を開始、のちに南朝の祖となる後醍醐《ごだいご》天皇にいち早く呼応した武将だった。幼いころ当寺で学んだが、神戸の湊川《みなとがわ》で北朝方の足利軍に敗れて討ち死にする。『太平記』によると、首は妻子の許《もと》に届けられたと記す。今も境内の一画で祀《まつ》られている。

当寺の基礎をつくったのは修験道の開祖の役行者《えんのぎょうじゃ》。七〇一年(大宝一)のことである。当時は雲《うん》心寺《しんじ》と称していた。その後、空海《くうかい》が再興して八一五年(弘仁六)に観心寺と改め、高弟の実恵《じちえ》に後を託す。実恵は弟子の真紹《しんしょう》とともに伽藍《がらん》建立を進め、八五四年(斉衡一)に完成させた。やがて清和《せいわ》天皇のとき、勅願定額寺《じょうがくじ》となった。それ以後は朝廷から厚く保護され、国家安康と厄除《やくよ》けの祈願寺として栄える。なかでも後醍醐天皇の信任は篤《あつ》く、祈禱《きとう》のため、空海作と伝わる当寺の不動明王を宮中

交通アクセス:南海・近鉄河内長野駅より南海バス、観心寺下車すぐ。
時間:9時〜16時30分

に迎えたほどだった。国宝の金堂は、後醍醐天皇が正成を奉行にして建設したと伝わる。

南北朝の内乱期の一三六八年（正平二三）、後村上《ごむらかみ》天皇が住吉行宮《あんぐう》で崩じると、当寺に葬り、檜屋陵と称した。室町時代、畠山《はたけやま》氏が当国の守護となって大いに崇敬《すうけい》し、金堂を瓦《かわら》葺《ぶ》きとした。豊臣秀吉も寄進し、金堂を修理したが、後日、徳川政権には圧迫を受け、最盛期には五十余坊あった塔頭《たっちゅう》もわずか二坊になった。

本尊如意輪観音坐像《にょいりんかんのんざぞう》（国宝）は、密教彫刻の最高傑作とされる。また、金堂の南東にある茅葺《かやぶ》き平屋の建掛塔《たてかけのとう》（重文）は、外観が塔の下層を思わせる珍しい木組みで、正成が三重塔の建設を志したが、未完に終わり、そのままの形を今に残している。

・金堂

叡《えい》福《ふく》寺《じ》

Eifukuji

宗派 真言系単立
本尊 聖如意輪観世音菩薩（せいにょいりんかんぜおんぼさつ）
所在地 南河内郡太子町太子2146
電話 0721-98-0019

近鉄長野線喜志《きし》駅から金剛バスに乗り、太子前バス停で下車する。すぐ北側の石段上に、朱色も鮮やかな叡福寺《えいふくじ》の山門（南大門）が見える。太子寺、御廟《ごびょう》寺ともよばれ、磯長山《しながさん》聖霊《しょうりょう》院の号があり、かつての郡名や地名から、石川寺、磯長寺《しながでら》ともいわれた太子の墓前に営まれた寺である。四天王寺《してんのうじ》、法隆寺《ほうりゅうじ》とともに、平安時代以後高まった、聖徳太子を崇拝する「太子信仰」の中核寺院として知られる。歴代の天皇の崇敬は篤《あつ》く、嵯峨《さが》天皇、一条《いちじょう》天皇などがこの地に臨幸し、施物《せもつ》を納進した。空海、親鸞《しんらん》、良忍《りょうにん》、一遍《いっぺん》、日蓮《にちれん》をはじめ、時代を超えて多くの高僧たちが参籠《さんろう》している。現在もなお、太子に会いたいと、各地から多くの人が参詣《さんけい》する。

境内に入ると、左手に多宝塔（重文）、その北側に金堂、さらにその奥に聖霊殿（重文）が並ぶ。山門の真北にある二十数段の石段を上って二天門をくぐる。目の前の山の斜面に、唐破風《からはふ》とふたつの切妻《きりづま》破風を連ねた御廟が見える。山と見えたのは、直径約五四メートル、高さ約七メートルの円墳。宮内庁が「聖徳太子磯長墓《しながのはか》」として管理する。被葬者は太子のほかに、母の穴穂部間人《あなほべのはしひと》皇后、妃《きさき》の

交通アクセス：近鉄喜志駅よりバス、太子前下車すぐ。
時間：9時～17時

・聖徳太子廟

膳部大郎女《かしわべのおおいらつめ》とされ、「三骨一廟」の墓とよばれる。円墳内に横穴式石室があり、江戸時代まではお棺の近くで参拝できたらしい。

また、御霊屋の脇《わき》には今も石室の一部が露見しており、考古学的にも聖徳太子墓であることは疑いないようだ。

寺伝では、六二二年（推古天皇三〇）に、陵墓を守護し追福のために一堂を建立、その後、聖武《しょうむ》天皇の勅願で伽藍《がらん》が造営されたという。一五七四年（天正二）の織田信長の兵火で被災、その後相次いで再建したのが現在の伽藍だが、創建時の姿をよく残すといわれる。御廟、二天門、南大門は一直線上にあり、創建のいきさつがよくしのばれる。

太子忌日の四月一一日と一二日の大乗会《だいじょうえ》法要は、大勢の参拝者で賑《にぎ》わう。

58
大阪17番

道《どう》明《みょう》寺《じ》天《てん》満《まん》宮《ぐう》

Domyojitenmangu

主祭神 菅原道真公（すがわらみちざねこう）
天穂日命（あめのほひのみこと）
覚寿尼公（かくじゅにこう）
所在地 藤井寺市道明寺1—16—40
電　話 072-953-2525

学問の神菅原道真《すがわらみちざね》を祭神とする道明寺天満宮は、近鉄南大阪線道明寺駅から歩いて数分の丘陵に鎮座する。誉田山《こんだやま》古墳（応神《おうじん》天皇陵古墳）をはじめとする巨大古墳がひしめく、古市《ふるいち》古墳群の東端である。

ここは菅原氏の祖先の領地といわれ、もとは古墳造営にかかわった土師《はじ》氏の氏神《うじがみ》が祀《まつ》られていた。天《あめの》穂日命《ほひのみこと》は土師の祖先神である。道真の出身母体の菅原氏は、奈良時代末に土師氏の一部が改姓した。

かつては現在地から東の石川左岸にかけての一帯に、氏神のほかに土師寺という氏寺も建立されていた。仏教文化の移入に積極的だった土師八嶋《やしま》が、聖徳太子の発願《ほつがん》に応《こた》えて、自宅を喜捨した寺である。東西三二〇メートル、南北六四〇メートルの敷地のなかに、塔・金堂・講堂が直線に並ぶ四天王寺《してんのうじ》式の伽藍《がらん》であったことが、遺構から確認されている。

同寺の覚寿尼《かくじゅに》がおばであったことから、道真はたびたび訪れる。三六歳のときには、十一面観音像を彫り、四〇歳には五部の大乗経を写したという。そのときに使った硯《すずり》・刀子《とうす》・鏡などの遺品（国宝）は今も当社に伝わる。九〇一年（昌泰四）、道真は大宰権帥《だざいのごんのそち》に左遷が決まり、大宰府に向かう途中この

交通アクセス：近鉄道明寺駅から徒歩3分。
時間：9時～17時

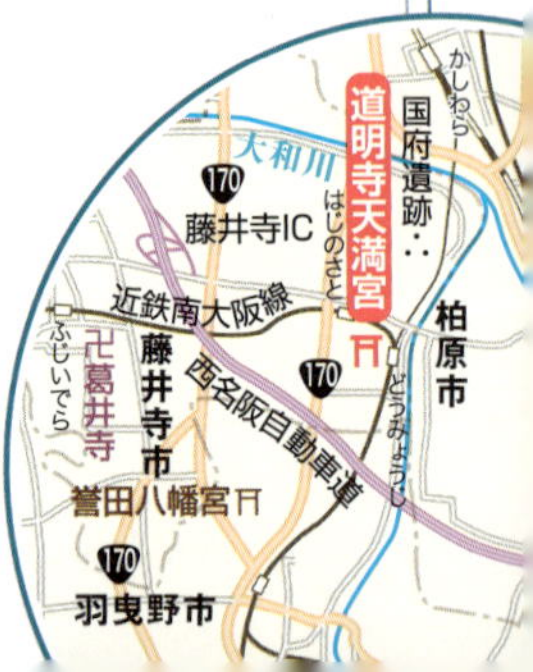

地を訪れ、覚寿尼との別離を惜しみ、自らの姿を荒木に刻んで残した。

九四七年（天暦一）に京都の北野《きたの》神社が創祀《そうし》されると、氏神とともに道真が残した木像を祀り、遺品を神宝として道明寺天満宮となった。このとき氏寺の土師寺は、道明寺と改名されたという（道明寺の縁起では、改名したのは道真となっている）。

その後も道明寺と道明寺天満宮は一体となって栄えたが、一五七五年（天正三）に兵火で建物は焼失する。しかし、織田信長、豊臣秀吉から寄進を受け、徳川時代になってからも一七四石余の寺領が安堵《あんど》された。

やがて、道明寺は道を隔てて西に移されたが、道真が彫ったという十一面観音像は同寺の本尊となり、国宝に指定されている。

・拝殿

葛《ふじ》井《い》寺《でら》

Fujiidera

宗派　真言宗御室派（おむろは）
本尊　千手千眼観世音菩薩（せんじゅせんげんかんぜおんぼさつ）
所在地　藤井寺市藤井寺1—16—21
電話　072-938-0005

古くから「藤井寺」とも記されており、その縁で境内のフジの木には目を見張るものがある。平日でも参詣客《さんけいきゃく》は跡を絶たない。寺伝によると、そのはじまりは渡来系氏族の葛井氏の氏寺《うじでら》で、七世紀中葉に創建された（発掘瓦《がわら》の調査による）。七二五年（神亀二）聖武《しょうむ》天皇の勅願で、本尊千手観音《せんじゅかんのん》（国宝）の造像がなされた。渡来人の春日《かすが》仏師親子の作。

千手観音の開眼法要には、行基《ぎょうき》が導師を務め、聖武天皇自らが臨席した盛大なものだったと伝わる。

金堂、講堂、東西両塔を備えた大規模な七堂伽藍《がらん》が二キロ四方に建立されていたらしい。東塔跡付近には、今も巨大な礎石が残るほか、出土する瓦と同じものが、平城京の宮域部分からも出土している。優れた技術者集団が建築に関係したようだ。

創建から八〇年ほど経《た》った八〇六年（大同一）に、平城《へいぜい》天皇の皇子阿保《あぼ》親王が伽藍を修復、さらにその子の在原業平《ありわらのなりひら》が諸堂を造営した。しかし、中世の兵火で焼失し、現在は豊臣秀頼《ひでより》が寄進した西門の四脚門（重文）が最古の建物である。

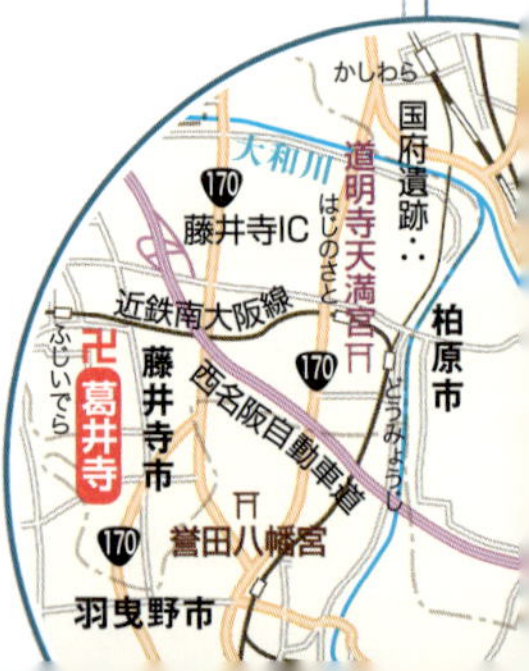

交通アクセス：近鉄藤井寺駅から徒歩5分。
時間：8時～17時

別名「あかん河内《かわち》の葛井寺」ともいう。大阪弁で「あかん奴」も、また「あかんとき」にも助けてくれる観音様という意味である。

一〇九六年（永長二）、寺を再興した藤井安《やす》基《もと》にちなむ話が伝わる。安基は悪行の果てに地獄に落ちる。そこで本尊の観音菩薩に救われ、人のため世のために尽くす人物に生まれ変わる。その安基が蘇生《そせい》したときにまず口にしたのが、当寺境内にある「弘法《こうぼう》大師手掘りの井戸」の水だった。それ以後、目の治療と心の病を治す水として親しまれている。

楼門前の西側に「遣唐留《る》学生《がくしょう》井真成（藤井真成）生誕之地」と墨書きした四面柱がある。近年、中国陝西《せんせい》省で発見された墓誌から判明した留学僧で、七三四年（天平六）に客死している。当地の出身者らしい。

・本堂と境内

枚岡神社《ひらおかじんじゃ》

Hiraokajinja

主祭神 天児屋根命（あめのこやねのみこと）
比賣御神（ひめみかみ）
斎主命（いわいぬしのみこと）
武甕槌命（たけみかづちのみこと）
所在地 東大阪市出雲井町7—16
電話 072-981-4177

かつて「暗越《くらがりごえ》」とよばれた、大阪と奈良の境にある暗峠（四五五メートル）を経由する街道歩きは、ハイカーたちに人気のコース。多くの人が大阪側のスタート地点として選ぶ、近鉄奈良線枚岡駅のすぐ横から当社の参道がはじまる。

神域は広大で、生駒《いこま》山中に深く及ぶその面積は約六ヘクタール。社殿の周囲も楠《くすのき》・桜・杉・オガタマなどの古木が茂る。環境省の「かおり風景百選」に認定され、地元の人が自慢する鎮守の杜《もり》である。

計四柱の祭神は、西向きの春日《かすが》造りの社殿に鎮座する。主祭神の天児屋根命《あめのこやねのみこと》は、神事を司《つかさど》る神で、中臣《なかとみ》・藤原氏の祖先神。社殿上方の神津嶽《かみつだけ》で祀《まつ》られていたのを、中臣氏の一族、平岡連《ひらおかのむらじ》らが六五〇年（白雉一）現地に移した。元の宮の社地が平らだったことから、「平岡の神」とよばれていたらしい。

「元《もと》春日」の名があるように、藤原氏の氏神、奈良・春日大社と密接な関係がある。神護《じんご》景雲年間（七六七～七七〇）、春日大社が創建されたとき、天児屋根命と比賣御神《ひめみかみ》が枚岡神社から分祀《ぶんし》された。逆に七七八年（宝亀九）には、斎主命《いわいぬしのみこと》（経津主命《ふつぬしのみこと》）と武甕槌命《たけみかづちのみこと》が春日大社から迎えられた。

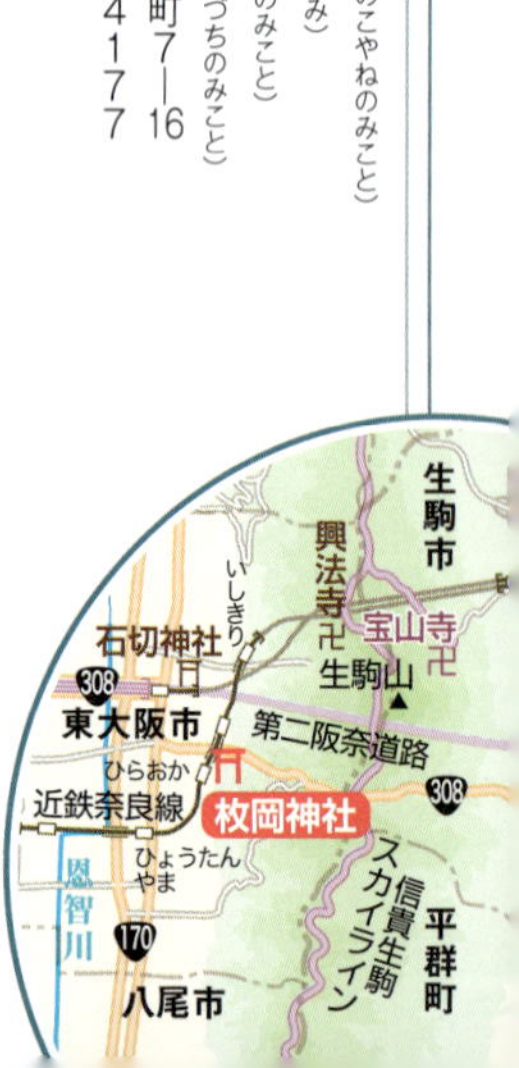

交通アクセス：近鉄枚岡駅から徒歩すぐ。
時間：9時～16時

平安時代に入ると神階はしだいに高くなり、八五九年（貞観一）には正一位となる。『延喜式《えんぎしき》』では名神《みょうじん》大社と記載され、祭礼のたびに朝廷から勅使が遣わされた。中世になると、参詣者《さんけいしゃ》も河内《かわち》全域からと多くなり、河内国一の宮として栄えた。しかし、街道筋にあったことから、再三戦乱の兵火に遭った。

現在の社殿は、一八二六年（文政九）に修造したものである。一月の粥占《かゆうら》神事は大阪府無形民俗文化財。八月の千灯明《せんとうみょう》奉納行事の河内音頭、三十数台の布団太鼓台が宮入りする一〇月の秋郷祭《しゅうごうさい》、一二月の注連縄掛《しめなわかけ》神事など、多彩な行事がある。また、社殿南の神《じん》宮寺《ぐうじ》跡には約六〇〇本の梅林もあって、今でも、四季を通じて人々が集う地域の中心となっている。

・四棟の本殿

四《し》條《じょう》畷《なわて》神《じん》社《じゃ》

Shijonawatejinja

主祭神　楠正行公（くすのきまさつらこう）
所在地　四條畷市南野2—18—1
電　話　072-876-0044

JR学研都市線四条畷《しじょうなわて》駅から東に約一五分。生駒《いこま》山系北部の飯盛山《いいもりやま》（三一八メートル）の北西麓《ほくせいろく》に鎮座する。山裾《やますそ》に沿って南北に通る旧東高野《こうや》街道から、石段を百段ほど上ると、左手に銅板葺《ぶ》きの御本殿がある。その御本殿の前に、菊の紋章のついた木製大鳥居が立つ。境内に楠《くすのき》の多いのが印象的だ。

祭神の楠《くすのき》（楠木）正行公《まさつらこう》は、鎌倉時代末から南北朝時代の武将、楠正成《まさしげ》の嫡男。正成公の「大楠《だいなん》公《こう》」に対して、「小楠公」とよばれる。一三四八年（正平三）、北朝方の高師直《こうのもろなお》・師泰《もろやす》兄弟の八万の大軍相手に、飯盛山西の四條畷市から大東《だいとう》市付近一帯で激しく戦った。「四條畷の決戦」として知られるこの戦では、正行軍はわずか三〇〇〇人。敗北して退路を断たれ、自刃する。当時二三歳。父正成公とともに、南朝を代表する武将だったことから、その死を境にして、南朝の勢力はしだいに衰退していった。

南朝の後醍醐《ごだいご》天皇に忠誠を尽くした正成公は、明治になって「南朝の忠臣」として見直され、人気が高まった。同時に、父の遺訓を守った正行公も神格化されるようになる。

交通アクセス：JR四条畷駅から徒歩15分。
時間：9時～ 17時（社務所）。開門は日の出から日没まで。

当社の略記によると、一八六八年（慶応四）、地元の住吉平田《すみよしひらた》神社の神主、三牧文吾らが、正行をはじめ、同正時《まさとき》、和田《わだ》賢秀《かたひで》ら四條畷の合戦で南朝に殉じた楠一族の将兵の霊を祀《まつ》るための神社創建を願い出て、一八八九年（明治二二）勅許が出たという。四條畷神社の社号を受け、鎮座地として選ばれたのは、正行公の墓所の真東一キロの現在地であった。

墓は死後八〇年ほどして造られたもので、隣に植えられた楠が大樹となって枝を広げ、大阪府指定天然記念物になっている。墓所の面積は当時一二メートル四方ほどだったが、延べ八千人の地元の人たちが奉仕して、六二メートル四方に造り替えたという。完成したのは一八七八年（明治一一）で、その熱気が神社創建の運動を支えたらしい。

・拝殿前

水《み》無《な》瀬《せ》神《じん》宮《ぐう》

Minasejingu

主祭神　後鳥羽天皇（ごとばてんのう）
土御門天皇（つちみかどてんのう）
順徳天皇（じゅんとくてんのう）

所在地　三島郡島本町広瀬3―10―24

電話　075―961―0078

阪急京都本線水無瀬《みなせ》駅で下車。高架線路西側の道を北に向かって歩くことおよそ一〇分。左手に、ひと目で鎮守の杜《もり》とわかる木立が見える。森は東西に延び、表参道口は西側にある。砂利道を進み、瓦葺《かわらぶ》きの門をくぐると、社殿が見える。拝殿・本殿は西向きである。本殿は、江戸初期に京都御所の内侍所《ないしどころ》の古材が下賜されたものという。

承久《じょうきゅう》の乱（一二二一年）で移され、隠岐《おき》で亡くなった後鳥羽《ごとば》天皇（一一八〇～一二三九）の離宮跡に、その霊を慰める「御影《みえい》堂」として創建されたのが、はじまりと伝わる。一二一九年（建保七）、源実朝《さねとも》が暗殺された後、後鳥羽上皇が朝廷の権威回復のため仕掛けたのが承久の変だった。しかし、幕府側が執権《しっけん》の北条《ほうじょう》氏を中心とした大軍を繰り出したことで挙兵は失敗、後鳥羽・土御門《つちみかど》・順徳《じゅんとく》の三上皇は配流されたのである。

後鳥羽上皇は隠岐での一九年の島暮らしののち、六〇歳で世を去った。その直前に寵臣《ちょうしん》だった藤原信成《のぶなり》、親成《ちかなり》に宛《あ》て、水無瀬にあった自らの離宮の地を与え、自分の後生を弔うことを命じた文書を残

交通アクセス：阪急水無瀬駅・JR山崎駅・島本駅から徒歩10分。
時間：9時～16時

・本殿

した。それは「御手印置文《おていんおきふみ》」として国宝に指定されている。

その遺告に従い、信成親子は一二四〇年（仁治一）に御影堂を建て、法華《ほっけ》堂と称して、上皇の冥福を祈った。朝廷や幕府は上皇の怨霊《おんりょう》を恐れ、所領を寄進し、積極的な保護を加えるようになり、御霊《ごりょう》信仰のひとつとして「御影堂信仰」が広まっていった。室町中期、「水無瀬宮」の社号を賜《たまわ》ったが、明治までは仏法で追修してきた。

一八七三年（明治六）、初めて神社として祭祀《さいし》を行ない、同時に、土御門・順徳両院の神霊を合祀した。一九三九年（昭和一四）には「水無瀬神宮」と改称した。

当社には、伝藤原信実筆の「後鳥羽天皇画像」（国宝）も伝わる。

総《そう》持《じ》寺《じ》

Sojiji

宗派　高野山真言宗
本尊　千手観音（せんじゅかんのん）
所在地　茨木市総持寺1−6−1
電話　072−622−3209

淀《よど》川に注ぐ安威《あい》川左岸の高台の寺で、阪急京都本線の総持寺駅から、西北に歩いて五分。戦後間もないころまでは、周囲には水田が広がり、高くそそり立つ山門が遠くからも望めたという。今では丘陵部を囲んで工場や高層住宅などが立ち並び、近づかないとその威容が実感できにくくなった。

寺伝によると、創建には東五キロほどを北東から南西に流れる淀川が深くかかわる。中納言《ちゅうなごん》藤原山《やま》蔭《かげ》（八二四～八八八）の父・高房《たかふさ》が、継母の命令で淀川に落とされた若君（のちの山蔭）の姿をひと目見たいと、観音にすがったのがきっかけとなった。すると死んだはずの若君は、たまたま前日助けた亀《かめ》に乗って帰ってきたのである。高房はそのときに「尊像を刻んで、伽藍《がらん》を建てる」と観音に約束したが、実現できないまま亡くなった。

山蔭は亡父の願いを実現したいと奔走、八八六年（仁和二）堂宇を建て、さらにその子たちが協力して七堂伽藍を建立したと伝わる。本尊の観音像をめぐっては、唐から流れ着いた白檀《びゃくだん》に、長谷寺《はせでら》観音が十四、五歳の童子に姿を変えて刻んだ、などと『今昔《こんじゃく》物語集』にも登場する。「亀に乗った観音」

交通アクセス：阪急総持寺駅から徒歩5分。
時間：8時～17時

として知られる。それ以後当寺は、藤原山蔭一族が、氏寺《うじでら》として維持してきた。

平安時代の中ごろになると、西国観音霊場としてその名が広まり、やがて一条《いちじょう》・後一条《ごいちじょう》・白河《しらかわ》・鳥羽《とば》各天皇の勅願寺に。寺勢はますます上向き、一四世紀の南北朝には広大な敷地を持つようになった。

しかし、戦国時代の一五七一年（元亀二）に兵火で伽藍は消滅した。その後、豊臣秀頼《ひでより》が再興、江戸時代になると西国観音霊場巡りが大衆化したことで、参詣者《さんけいしゃ》が増えて少しずつ昔の面影を取り戻していったようだ。

開山の山蔭は、包丁の名人として宮中でも知られた人物で、料理人の元祖。開山堂では、四月一八日に山蔭流包丁式が公開される。

・仁王門

神《か》峯《ぶ》山《さん》寺《じ》

Kabusanji

宗派　天台宗
本尊　毘沙門天（びしゃもんてん）
所在地　高槻市原3301-1
電話　072-688-0788

高槻《たかつき》市北部から京都西山に抜ける東海自然歩道は、神峯山寺《かぶさんじ》の前を過ぎた辺りから山道へと変わる。境内のモミジが素晴らしい。日本で最初の毘沙門天《びしゃもんてん》霊場として古くから知られる。

毘沙門天は四天王のうちの一尊、多聞《たもん》天でもある。単独で祀《まつ》られる場合は、毘沙門天として北方世界を守る。開祖は役 行者《えんのぎょうじゃ》と伝わる。六十余段の急な階段を上った本堂北東部に開山堂があり、境内を見守っている。寺伝によると、六九七年（文武天皇一）、葛城山《かつらぎさん》で修行中の役行者は、北方の山中から光明が射すのを見て、当地にやってきた。すると、滝から現われた金毘羅《こんぴら》童子に霊木のありかを教えられる。その滝は、本堂の東を流れる谷川に流れ落ちる九頭竜《くずりゅう》滝のことだという。

歓喜した役行者は、その霊木より四体の等身大の毘沙門天像を刻んだ。四体は各々光を放ち、ひとつは山城《やましろ》の鞍馬《くらま》に、ひとつは河内《かわち》の信貴山《しぎさん》に、ひとつは当山の北の峯に飛び去った。いちばん根元の部分より刻まれた最初の像が当寺に安置され、本尊となった。「根本山《こんぽんざん》神峯山寺」の山号はこれによる。

伽藍《がらん》が創建されたのは、その後八〇年近く経《た》ってからのことである。奈良時代末の七七四年（宝亀

交通アクセス：JR高槻駅よりバス、神峯山口下車徒歩20分。
時間：9時～17時

・山門

五）、光仁《こうにん》天皇の子の開成《かいじょう》皇子が、多くの伽藍と坊を建立した。光仁天皇の勅願によるものだといわれ、境内には、天皇の頭髪を納めたという十三重の石塔がある。寺領は、最盛期には約一三〇〇石も所有する大寺院であった。

その後も足利義満《よしみつ》や淀君《よどぎみ》、豊臣秀頼《ひでより》などから多くの寄進が寄せられて栄えたが、江戸時代中期の一七六五年（明和二）に火災で焼失してしまった。その後一〇年ほどして再建されたが、昔日の姿を取り戻すことはできず、最盛期に二一あった坊も、現在残るのは五坊となった。

本堂にあたる宝塔院に安置された阿弥陀《あみだ》如来坐像《ざぞう》と二体の聖観世音菩薩立像《しょうかんぜおんぼさつりゅうぞう》は、いずれも平安時代の作で、国の重文。

勝《かつ》尾《おう》寺《じ》

Katsuoji

宗派　真言宗
本尊　十一面千手観世音菩薩（じゅういちめんせんじゅかんぜおんぼさつ）
所在地　箕面市粟生間谷2914―1
電話　0727―21―7010

勝尾寺は、観音縁日を一八日と定めた発祥の寺で、勝運信仰の対象としての歴史も古い。山門から弁天池に架かる石の大橋を渡ると、全山の迫力が感じられる。山中にありながら「山寺」のもつ語感にはほど遠い、力強く、また華やかな寺である。境内は枝垂れ桜、石楠花《しゃくなげ》、紫陽花《あじさい》や紅葉など、四季おりおりの草花で彩られ、近年の修復で鮮やかな朱色が甦《よみがえ》った山門・多宝塔・本堂、そして法然《ほうねん》上人二十五霊場第五番の二階堂ほかの伽藍《がらん》が並ぶ。豪華な宿坊や休憩施設なども備えられており、いつ訪れても、あちこちで作事する姿がみられ、寺の勢いを感じる。

創建は奈良時代初めの七二七年（神亀四）。善仲と善算の双子の兄弟が草堂を建て、光仁《こうにん》天皇の皇子の開成《かいじょう》と山中で合流し、『大般若経《だいはんにゃきょう》』六〇〇巻の書写を開始。七七五年（宝亀六）、弥勒寺《みろくじ》を建立し、開成が第一代座主《ざす》となる。

第六代座主の仰巡《ぎょうじゅん》のおり、ときの清和《せいわ》天皇が病に倒れ、それを寺に居ながら祈禱《きとう》の力で治癒する。喜んだ清和帝が「王に勝った寺」「勝王寺」の寺号を贈った。寺側は王の字を尾に控え、「勝尾寺」とし

交通アクセス：地下鉄千里中央駅より阪急バス45分、勝尾寺下車。
時間：平日8時～17時（土日、祝は18時まで）

たという。以後、源平の戦いに巻き込まれ、伽藍は炎上するが、清和帝の流れをくむ源頼朝の命により、熊谷直実《くまがいなおざね》や梶原景時《かじわらかげとき》らが再建。続く室町時代にも、同じ清和源氏の流れをくむ足利尊氏から大寄進を受け、その後も各時代の武将らの勝運信仰を集めてきた。

浄土宗の開祖法然は、流罪地から京都へ戻るまでの四年間、当寺に逗留《とうりゅう》したことから、浄土宗の聖地ともなっている。各宗派の祖師、聖《ひじり》たちの修行の場でもあった。また、古くから水子供養でも参詣者《さんけいしゃ》が絶えない。

宝物館には、光明皇后の『法華経《ほけきょう》』や、勝尾寺の境界八ヶ所に埋められていた八天像（鎌倉期）ほか、「勝尾寺文書」として有名な各時代の荘園《しょうえん》関連文書など、数々の文化財が収納されている。

・参道と多宝塔

熊野――神仏霊場巡拝の道によせて

加藤隆久　生田神社宮司

わが国は自然の中に神や仏の聖地が数多くあります。山川林野に神は鎮まられ、仏は宿られます。聖地はまさに神と仏の出合いの場所であり、古来人々は神や仏を求めて山岳や辺地に修行し、神社や寺院に参拝してきました。

西国三十三観音霊場巡礼の第一番の札所は熊野《くまの》の青岸渡寺《せいがんとじ》です。この聖なる地「熊野」は他界・異郷・常世《とこよ》への出入口であり、日本第一の霊場といわれています。熊野信仰は、黒潮信仰の海の彼方から漂着する稀人《まれびと》神《がみ》の観想の上に成立したものであり、熊野は海の彼方の常世との接点の地として、常世・漂着信仰を生んだのです。かくして、この熊野に、伊弉諾尊《いざなぎのみこと》の葬送伝承が語られ、少彦名命《すくなひこなのみこと》の常世行きが伝えられたのです。

熊野信仰には、自然環境が大きな影響を及ぼしたことは明白で、家津美御子大神《けつみみこのおおかみ》を主神とする熊野本宮大社の鎮座地は、熊野川・音無川・岩田川の合流する巴ヶ淵《ともえがふち》の辺りにある幽邃《ゆうすい》の地であり、本宮の神の山神的性格を物語るにふさわしい地です。修験道の聖地の大峰・吉野《よしの》へ通ずる入口・参詣道《さんけいみち》が近世繁栄したのも自然環境ゆえであります。

速玉之男神《はやたまのおのかみ》を主神として祀《まつ》られる熊野速玉大社・新宮は、熊野川が海に注がんとする所の両岸にあり、以前は黒潮洗う太平洋に臨んでいました。その上、神武《じんむ》天皇の故事や御燈《おとう》祭で名高い神倉山《かみくらやま》の屹立《きつりつ》していたことは霊場たるにふさわしい地であります。特にこの地は海岸に接していたため、海外よりの渡来者が多く、常世伝説が残っており、この地の海洋性、並びに縁起等による熊野神の回遊性、さらに新宮に伝わる特殊神事「御船祭《みふね》」等の性格を思うとき、新宮の神そのものに「寄り来る神」的性格の存在を感じます。

夫須美《ふすみ》大神を主神とする熊野那智《なち》大社は、祭神組織が成立する以前から世にも美しい那智の滝で名高く、この瀑布《ばくふ》を神体と仰ぐ信仰を根源として発達したことは明白であります。

修験道の発展によって、本宮と大峰修行・新宮と神倉修行・那智と滝本《たきもと》修行という風に修験道の霊場と仰がれる由来は、熊野三山の自然環境がキーワードです。そして、平安時代から始まる狂おしいまでの熊野詣《もうで》には、当時の末法思想が大きく影響してきます。平安末期になると神の本体は仏で、神は仏が仮の姿で現れたのだとする本地垂迹《すいじゃく》説が登場してきます。熊野は阿弥陀仏《あみだぶつ》（家津美御子の本地仏）のおわす現世浄土の世界であり、また常世との境の国、即ち補陀洛《ふだらく》渡海の信仰の地であり、浄土への往生を求めて人々はひたすら熊野を目指したのです。

やがて京師《みやこ》における院・宮・権門《けんもん》・勢家《せいけ》の信仰を惹《ひ》き、その参詣を促しましたが、ついでこの風潮は四方に及び、「日本第一霊験」とも称《たた》えられる熊野三山は、武家をはじめあまねく庶民の末々までをも風靡《ふうび》し、「蟻《あり》の熊野詣」とまでいわれるようになりました。霊場「熊野」は熊野本宮大社、熊野那智大社、熊野速玉大社、青岸渡寺、補陀洛山寺の三社二寺で構成されているのです。

「神仏霊場 巡拝の道」は、この「日本第一霊験」の地から巡拝がはじまるのも、意義あることと思います。

延喜式《えんぎしき》と式内社《しきないしゃ》

Column

平安時代初期、聖帝といわれた醍醐《だいご》天皇の時代。神々をはじめとして、宮中儀式その他を整理したひとつの法制書が天皇の勅命をうけて編纂される。これが、本書中にもたびたび登場する『延喜式』である。延喜式は、全五十巻として集大成されたもので、はじめの十巻は神々について記した神祇《じんぎ》式。その巻九・十の「神名《じんみょう》」上・下は、一般に「神名帳」とも称される。

ここに登載された、当時の官社を「延喜式内社」、あるいは単に「式内社」とよぶ。その総数は、天から降った天神《あまつかみ》と、地に居ついた地祇《くにつかみ》を合わせて、三一三二座（二八六一所）におよぶ。延喜式に名のみえない神社、すなわち「式外社《しきげしゃ》」のうち、『日本書紀』以下、いわゆる「六国史《りっこくし》」の中に社名のみえる神社を指して、とくに「国史現在社」とよぶ場合もある。（西　中道）

◆66〜80◆

兵庫

神戸・須磨・播磨

白砂青松を描く風光の地。北は山並み、南は海岸線。山の幸・海の幸に恵まれた豊饒の地。かつての山陽路に沿う播磨《はりま》国と摂津《せっつ》国の一部を含む。摂津国は山陽道の須磨駅まで。ここから西の地は古くは畿外である。『源氏物語』でよく知られる「須磨明石」という地名が特別のひびきをもつのはこのためだ。大阪湾に面した六甲山地にある神戸という地名は、平城《へいぜい》天皇の御代より生田神社の「神戸《かんべ》」があったことに由来する。ここには由緒ある神社や各宗の寺院があり、背後の有馬とともに、多くの参詣者《さんけいしゃ》が訪れる。また、伊勢参宮、西国三十三ヶ所巡礼、四国八十八ヶ所遍路などの路標《ろひょう》の地であり、巡拝者でにぎわってきた。なかでも、明石、赤穂は巡礼や遍路《へんろ》の行《ゆ》き交《か》う瀬戸内海路の要所である。

豊饒《ほうじょう》の道

生《い》田《た》神《じん》社《じゃ》

Ikutajinja

主祭神 稚日女尊（わかひるめのみこと）
所在地 神戸市中央区下山手通1－2－1
電話 078－321－3851

神戸市の三宮《さんのみや》中心部に位置するが、緑豊かな境内には周辺の繁華街とは別世界の静けさが漂う。北側の生田の森は、平安時代の皇族や貴族に親しまれ、多くの和歌に詠まれた森で、清少納言《せいしょうなごん》の『枕草子《まくらのそうし》』にもその名がみられる。かつては生田川を控えた大森林であり、源平合戦の際、平家軍がこの森を東の城戸《きど》にして陣を張ったため、源平ゆかりの史跡が各所に残されている。南北朝時代には、楠木正成《くすのきまさしげ》・足利尊氏の合戦の陣屋ともなった。

祭神の稚日女尊《わかひるめのみこと》は、若く瑞々《みずみず》しい日の女神。天照大神《あまてらすおおみかみ》の幼名とも、妹だともいわれる。二〇一年（神功皇后摂政一）、難波《なにわ》に向かっていた神功《じんぐう》皇后の船が、突然進まなくなった。務古水門《むこみなと》に還《かえ》ってト《うらな》ったところ、天照大神の神託があり、それに従い稚日女尊が「活田《いくた》（現在の生田）」の地に祀《まつ》られた。創建当初は生田川の上流、布引《ぬのびき》の砂子山《いさごやま》に鎮座していたが、七九九年（延暦一八）の大洪水により、現社地へ遷座したと伝えられる。「水害を防ぐ役割を果たさなかった松樹を、今後は忌むように」という神のお告げにより、生田の森に松は一本も植えられていない。今でも正月には、門松ではなく、

交通アクセス：市営地下鉄・阪急・阪神・ポートライナー三宮駅、およびJR三ノ宮駅から徒歩10分。
時間：9時30分～16時

杉の枝を盛り合わせた「杉盛《すぎもり》」が飾られる。

八〇六年（大同一）、朝廷より神戸《かんべ》（神社に属して祭祀《さいし》を支え、租庸調《そようちょう》の税をもとに神社の維持修理にあたった民戸）四四戸が与えられたと古書に記されている。現在の「神戸《こうべ》」という地名は、この神戸に由来したもの。

また、氏子区域内には、生田の神の御子《みこ》（三女神五男神）を祀る生田裔神《えいしん》八社がある（六宮神社は明治初期、道路拡張のため八宮神社に合祀《ごうし》された）。これらの社を数字順に巡拝することを八宮巡りといい、厄除《やくよ》けになるとされる。

境内社・末社は一三社あり、そのなかで最も古い社殿をもつのが「大海神社」。祀られている大海神は、猿田彦大神《さるたひこのおおかみ》と同体神で、海上の安全を守る神として尊崇されている。

・拝殿

西《にし》宮《の》神《みや》社《じんじゃ》

Nishinomiyajinja

祭神 蛭子大神（えびすのおおかみ）
天照皇大神（あまてらすすめおおみかみ）
大国主大神（おおくにぬしのおおかみ）
須佐之男大神（すさのおのおおかみ）
所在地 西宮市社家町1－17
電話 0798-33-0321

福の神として全国で信仰される、「えびす様」の総本社。創建年代は明らかではないが、平安時代に編纂《へんさん》された辞書『伊呂波字類抄《いろはじるいしょう》』に「えびす」の名がみられ、そのころにはすでに鎮座していたと考えられる。社伝によれば、えびす神は海上渡来の漁業神であったが、商業の発展にともない市神《いちがみ》・商業神ともなり、室町時代には七福神信仰によりえびす神が福の神の代表として、人形操りや謡曲・狂言などの芸能を通じて全国に広まっていった。

戦国時代に後奈良《ごなら》天皇の寄進を受けたのをはじめ、桃山時代には豊臣秀頼《ひでより》、江戸時代には四代将軍徳川家綱《いえつな》により造営がなされた。徳川幕府からは神像札の版権を得て、独占的に全国に配札、農村でも農業の守り神として信仰されるようになった。

一六六三年（寛文三）、徳川家綱により造営された本殿は本邦唯一の「三連春日《かすが》造り（西宮造り）」であったが、一九四五年（昭和二〇）の戦災で焼失、一九六一年（昭和三六）に元のまま復元された。

室町時代建立の全長二四七メートルの「大練塀《ねりべい》」は日本三大練塀のひとつに数えられ、桃山時代に建

交通アクセス：阪神西宮駅から徒歩5分。またはJRさくら夙川駅から徒歩8分。
時間：5時～19時（冬期は18時まで）

立された豊臣秀頼寄進の「表大門」とともに国の重文に指定されている。
一月九日から一一日の「十日えびす」は、百万人を超す参拝者で賑《にぎ》わう阪神間最大のお祭りで、招福大マグロの奉納や有馬《ありま》温泉献湯式が行なわれる。九日深更の忌籠《いみごもり》という特殊神事の間にえびす神が市中を回られることから、各戸は門松を逆さに差し替えて迎える風習（さかさ門松）があった。忌籠明けの一〇日午前六時、大太鼓を合図に表大門が開かれると、参拝者が本殿への走り参りを行ない、先着三番までが「福男」に選ばれる。
また、九月二二日から二三日の「西宮まつり」では、戦国時代に中絶していた海上神幸が二〇〇〇年（平成一二）古例にならい復興、神戸の和田岬まで産宮参りが行なわれる。

・拝殿

◆68◆
兵庫3番

廣《ひろ》田《た》神《じん》社《じゃ》

Hirotajinja

主祭神 天照大御神荒御魂（あまてらすおおみかみのあらみたま） 住吉大神（すみよしおおかみ） 八幡大神（やはたのおおかみ） 建御名方大神（たけみなかたのおおかみ） 高皇産霊神（たかみむすびのかみ）
所在地 西宮市大社町7—7
電話 0798-74-3489

二〇一年（神功皇后摂政二）武庫《むこ》の地・廣田の国（現芦屋《あしや》市・西宮《にしのみや》市・尼崎《あまがさき》市西部）に創建されたと伝わる古大社。祭神の天照大神《あまてらすおおみかみ》は、わが国の八百万《やおよろず》の神々のなかでも最高至貴とされる神。神《じん》功《ぐう》皇后が、三韓出兵から戻るとき、神託に従って天照大神の荒魂《あらみたま》を祀《まつ》ったのが、この廣田神社であった。それ以来、伊勢《いせ》の皇大神の別体として朝野の崇敬を集め、大同年間（八〇六～八一〇）に神封四一戸を奉献される。八六八年（貞観一〇）、従《じゅ》一位に叙せられ、『延喜式《えんぎしき》』では明神《みょうじん》大社に列せられ、奉幣《ほうへい》勅使を差遣された。

『日本書紀』の随所に廣田の名がみられ、上代より国家的な規模で、崇敬されてきたことがわかる。明治に入ってからは、兵庫県で唯一の官幣《かんぺい》大社に列せられた。

京都の西方に位置するため、中世の貴族たちからは、「西宮」と呼び慣《なら》わされ、「西宮参拝」「西宮下《げ》向《こう》」といういい方がなされていた。やがて、その神郷一帯を含む地域名として「西宮」の呼称が使われ、現在の西宮市へと受け継がれる。つまり、西宮という地名の発祥は、廣田神社の歴史とともにあった

交通アクセス：阪神・JR西宮駅・阪急西宮北口駅よりバス、広田神社前下車すぐ。
時間：9時30 ～ 15時

・拝殿

のだ。

和歌の神様としても信仰され、「西宮歌合《うたあわせ》」など、社頭でたびたび歌合わせが行なわれたことを伝える文献が残されている。物語や今《いま》様《よう》、漢詩にも取りあげられた。

一方で、荒魂を祀る勝運（昇運）の神として、武家から篤《あつ》い尊崇を得ていた。現代では、阪神タイガースの監督や選手が、毎年シーズン開幕前、「必勝祈願」に訪れることで有名である。チーム結成時の一九三六年（昭和一一）から続く恒例行事で、境内には、タイガースのマーク入り絵馬や酒樽《さかだる》、虎《とら》模様の勝運守《まもり》などが見られる。

一九五六年（昭和三一）から一九六三年にかけて、御本殿、御脇《わき》殿、拝殿、翼殿など神《しん》明《めい》造りの社殿が改築整備された。

◆69◆
兵庫4番

忉利天上寺《とうりてんじょうじ》

Toritenjoji

宗派　高野山真言宗
本尊　十一面観世音菩薩（じゅういちめんかんぜおんぼさつ）
所在地　神戸市灘区摩耶山町2―12
電話　078‐861‐2684

摩耶山《まやさん》忉利天上寺（通称摩耶山天上寺）は、六四六年（大化二）、孝徳《こうとく》天皇の勅願によって開創された。開基は、インドより渡来した高僧の法道《ほうどう》仙人であったという。摩耶山は古くから山全体がご神体と崇《あが》められ、六甲山《ろっこうさん》・再度山《ふたたびさん》など六甲山系の神仏を巡って修行する回峰行《かいほうぎょう》が盛んに行なわれていた。

本尊の十一面観音《じゅういちめんかんのん》は、釈迦《しゃか》が四二歳の厄年のとき、衆生済度《しゅじょうさいど》の悲願を込めて造り、生母である摩耶夫人《まやぶにん》へ捧《ささ》げたといい伝えられる像（胎内仏）。法道仙人がわが国へ伝え、厄除《やくよ》け招福の秘仏として寺に安置した。また、この寺には、全国でただひとつの美しい摩耶夫人堂がある。

そのお堂の摩耶夫人像は、弘法《こうぼう》大師空海《くうかい》によってもたらされた。空海が留学したころ、唐では女人守護の女身仏として、摩耶夫人への信仰が高まりをみせていた。そこで空海は、梁《りょう》の武帝《ぶてい》が香木に刻んだと伝わる摩耶夫人像を日本へ請来。摩耶夫人にゆかりの深い本尊のあるこの寺へ奉安したのだ。

以来、山号を「仏母《ぶつも》摩耶山」（略して摩耶山）、寺号を、摩耶夫人が昇天した忉利天の名をとって「忉利天上寺」（略して天上寺）と号する。女人の本地仏《ほんじぶつ》といわれる十一面観音と、女人守護の摩耶夫人を

交通アクセス：阪急六甲駅・JR六甲道駅より市バス、摩耶ケーブル下下車、ケーブルからロープウェイに乗り継ぎ、星の駅下車徒歩10分。
時間：9時～17時

・金堂

祀《まつ》ることから、「女人高野《こうや》」と称揚され、広く女性の信仰を集め、安産腹帯発祥の霊場として知られるようになる。

摩耶山は六甲山系の最南に突き出た山で、十一面観音は、「茅渟《ちぬ》の海（大阪湾）」を眼下に守護してきた。沖を通う船はことごとく帆を下げて航海の安全を祈る慣《なら》わしがあったため、「帆下《ほさ》げ観音」の愛称でよばれた。また、浄水を司《つかさど》る観音として、灘五郷《なだごごう》の酒造関係者からは佳酒豊穣《かしゅほうじょう》を祈願された。

さらに、古くより家畜の守り仏としても信奉を集めた。とくに初午《はつうま》の縁日には、飼馬を連れて参詣《さんけい》し、寺で授けられた花かんざしで馬を飾る風習があった。西国の奇祭として有名で、この「摩耶参り」「摩耶詣《もうで》」は春の季語となり、多くの俳人が句に詠んでいる。

湊《みなと》川《がわ》神《じん》社《じゃ》

Minatogawajinja

主祭神　楠木正成公（くすのきまさしげこう）
所在地　神戸市中央区多聞通3—1—1
電　話　078-371-0001

楠木《くすのき》正成《まさしげ》（大楠公《だいなんこう》。一二九四〜一三三六）は、建武《けんむ》の新政に大きな功績をあげながら、悲運の生涯を閉じた南北朝時代の武将。その殉節（戦歿《せんぼつ》）地となった湊川では、正成を慕う土地の人々が墓所を大切に守ってきた。

この墓所は、豊臣秀吉の太閤《たいこう》検地では免租地とされた。また、一六九二年（元禄五）、水戸光圀《みとみつくに》が、家臣の佐々介三郎宗淳《さっさすけさぶろうむねきよ》を遣わして、「嗚呼《ああ》忠臣楠子《なんし》之墓」と揮毫《きごう》して墓碑を建立した。幕末、新しい日本の国づくりを願った尊王の志士たちは、南朝に尽くした楠木正成を精神的な拠《よ》り所とし、吉田松《よしだしょう》陰《いん》・高杉晋作《たかすぎしんさく》・坂本《さかもと》龍馬《りょうま》・西郷隆盛《さいごうたかもり》等々多くの志士が湊川へ墓参に訪れた。

明治維新とともに明治天皇は、正成の神霊を祀《まつ》りたいという人々の希望を容《い》れて、一八六八年（明治一）創祀《そうし》の沙汰《さた》書を下した。これにより、一八七二年（明治五）、初代兵庫県知事・伊藤博文《いとうひろぶみ》により、正成を祭神とする湊川神社が、別格官幣《かんぺい》社の嚆矢《こうし》として創建され、境内地は、墓所・殉節地を含む七二三二坪（現在七六六六坪）と定められた。

交通アクセス：高速神戸駅下車すぐ。またはJR神戸駅・地下鉄大倉山駅・ハーバーランド駅から徒歩3～5分。
時間：日の出～日没

楠木正成という人物が、いかに人々に親しまれ、崇敬されているかは、周辺の地名をみればよくわかる。神社が鎮座する地は正成の幼名「多聞《たもん》（通）」、北隣は「楠（町）」、東西には先祖の名である「橘《たちばな》（通）」、北西の兵庫区には家紋の「菊水《きくすい》（町）」と、「楠公づくし」といわれるほど、ゆかりの地名がそこかしこに残されている。また、第二次大戦で社殿は焼失したが、一九五二年（昭和二七）、本殿と幣拝殿が復興された。

　拝殿には、棟方志功《むなかたしこう》をはじめ、全国著名画家による天井絵の奉納がされている。また一九六三年（昭和三八）に建てられた宝物殿では、正成着用と伝わる段威腹巻《だんおどしのはらまき》や真筆の「法華経奥書《ほけきょうおくがき》」（いずれも国重文）など、貴重な史料が拝観できる。

・表神門

長田神社《ながたじんじゃ》

Nagatajinja

主祭神 事代主神（ことしろぬしのかみ）
所在地 神戸市長田区長田町3―1―1
電　話 078-691-0333

二〇一年（神功皇后摂政一）に創祀《そうし》されたと伝わり、廣田《ひろた》神社・生田《いくた》神社と並び、神功《じんぐう》皇后以来一八〇〇年余の歴史をもつ、由緒ある神社である。神功皇后が神占《しんせん》で、事代主神《ことしろぬしのかみ》の「吾《われ》をば御心《みこころ》の長田の国に祀《まつ》れ。鶏鳴の聞こゆる里は、吾《わ》が有縁《うえん》の地なり」というお告げを受け、鶏の鳴く地を探しだして社地にしたと伝えられる。『日本書紀』にいう長田国は、東は湊川《みなとがわ》（現在の新開地《しんかいち》）、西は須《す》磨《ま》一ノ谷《いちのたに》のこと（現在の長田区、兵庫区、須磨区、北区南部）で、長田神社はその中央を流れる苅藻《かるも》川《がわ》の中州に建てられた。

この故事にちなみ、鶏は神の使いとされ、長田の氏子は鶏肉や卵を食べなかったという。戦前は、五〇羽余りの鶏が境内で放し飼いになっていて、市民からは「鶏の宮」、外国人には「チキン・テンプル」の愛称で親しまれていたという。

現在の社殿は一九二八年（昭和三）に再建されたもの。神戸市内の大社殿では唯一、太平洋戦争の戦災をまぬがれたが、一九九五年（平成七）一月一七日の阪神・淡路《あわじ》大震災では、甚大な被害を受けた。

交通アクセス：JR兵庫駅よりバス、長田神社前下車すぐ。または高速長田駅・地下鉄長田神社前駅から徒歩7分。
時間：9時～ 18時

一九九七年（平成九）、震災復旧奉賛会が結成され、氏子《うじこ》崇敬者の寄進などにより約三年かけて復旧した。

長田神社で有名なのが、二月節分の追儺式《ついなしき》である。室町時代にはすでに行なわれていたと考えられる神事で、神々の使いの七人の鬼役が、松明《たいまつ》の炎で災厄を焼き尽くす。さらに太刀の刃で寄り来る凶事を切り捨て祓《はら》い、清《すが》清《すが》しい年を迎えることを祈って踊る。

また、参拝客に評判なのは、境内奥の楠《くす》宮稲荷《みやいなり》社にある大楠《おおくす》の神木。古伝によると、初秋の出水期、苅藻川の岸辺近くに寄ってきた赤エイの群れが、この楠付近で姿を消したという。以来、神木に宿る神の化身とされた赤エイの絵馬を奉納すると、病気平癒に霊験があり、とくに痔疾《じしつ》に効くとされている。

・拝殿

須《す》磨《ま》寺《でら》

Sumadera

正式名は上野山《じょうやさん》福祥寺《ふくしょうじ》というが、「須磨寺」の通称で広く一般に知られている。寺伝によると、創建は、平安時代前期の八八六年（仁和二）。開祖の聞鏡《もんきょう》上人が、光孝《こうこう》天皇の勅命を受けて七堂伽藍《がらん》を建立。和田《わだ》岬沖（神戸市）の海中から漁師が引き上げた聖観音像《しょうかんのんぞう》を本尊としている。

須磨は、源平一ノ谷《いちのたに》合戦の古戦場として有名なところ。なかでも平敦盛《あつもり》と熊谷直実《くまがいなおざね》の一騎討ちは、『平家物語』屈指の名場面とされ、謡曲・浄瑠璃《じょうるり》・歌舞伎《かぶき》などによって今に語り継がれている。寺には、敦盛遺愛の「青葉の笛」や、陣鐘の代用にするため、弁慶が長刀《なぎなた》の先に懸けて担いできたという「弁慶の鐘」など、ゆかりの宝物や史跡が残る。古来より、源平の歴史に心惹《ひ》かれて多くの文人墨客が訪れており、境内には、良寛《りょうかん》、松尾芭蕉《まつおばしょう》、与謝蕪村《よさぶそん》、正岡子規《まさおかしき》、尾崎放哉《おざきほうさい》、山本周五郎《やまもとしゅうごろう》などの句碑や歌碑、文学碑が点在している。

開創当時の本堂には、須磨に流された歌人・在原行平《ありわらのゆきひら》（在原業平《なりひら》の兄）が参籠《さんろう》したと伝えられる。このとき行平は、一枚の板に一本の絃《げん》を張った一絃琴《いちげんきん》（須磨琴《すまごと》）を作って日々の慰めとしたらしい。戦

宗派	真言宗須磨寺派
本尊	聖観世音菩薩（しょうかんぜおんぼさつ）
所在地	神戸市須磨区須磨寺町4—6—8
電話	078-731-0416

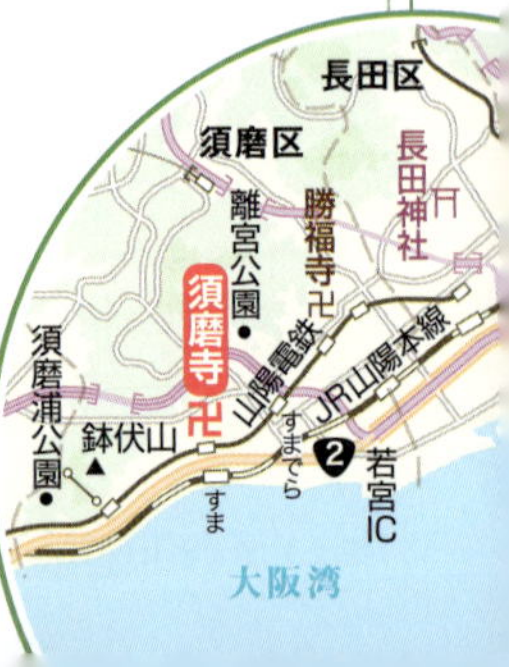

交通アクセス：山陽・阪神・阪急須磨寺駅から徒歩5分。またはJR須磨駅から徒歩12分。
時間：9時～17時

後、この琴を演奏できる人がほとんどいなくなってしまったが、一九六五年（昭和四〇）、須磨寺を本拠地として須磨琴保存会が発足。予約をすれば、演奏を聴くことができる。

本堂は、火災・洪水・地震などの災害によりたびたび建て直されている。現在の建物は、一六〇二年（慶長七）豊臣秀頼《ひでより》が再建したもの。ただし、本尊の聖観音、脇侍《わきじ》の不《ふ》動明王《どうみょうおう》・毘沙門天《びしゃもんてん》が祀《まつ》られている内陣の宮《くう》殿《でん》は、一三六八年（応安一）の建造で、「普《ふ》賢《げん》十羅刹女《じゅうらせつにょ》画像」とともに国の重文に指定されている。

「須磨のお大師さん」として親しまれ、毎月二〇、二一日の縁日には、須磨寺前商店街から寺まで露店が並び、終日参詣客《さんけいきゃく》で賑《にぎ》わいをみせる。

・本堂

海《わたつみ》神《じん》社《じゃ》

Watatsumijinja

主祭神 底津綿津見神（そこつわたつみのかみ）
中津綿津見神（なかつわたつみのかみ）
上津綿津見神（うわつわたつみのかみ）
所在地 神戸市垂水区宮本町5―1
電話 078-707-0188

山陽《さんよう》電鉄山陽垂水《たるみ》駅・JR垂水駅を出てすぐの地に位置し、境内は国道二号線（旧山陽道）に面している。海（垂水漁港）と社を結ぶ参道には、一九五七年（昭和三二）に建てられた高さ約一五メートルもの巨大な朱塗りの浜大鳥居がそびえ立つ。

一般には「かい神社」とよばれているが、祭神名による呼称は「わたつみ神社」である。古くは「あま神社」「たるみ神社」ともいわれていた。社伝によれば、三韓出兵からの帰途、神功《じんぐう》皇后がこの地に綿津見《わたつみ》三神を祀《まつ》ったのがはじまりとあり、『日本書紀』に記される廣田《ひろた》神社・生田《いくた》神社・長田《ながた》神社・住吉《すみよし》大社の創建伝承とかかわりがあるようだ。

祭神の綿津見三神のうち、底津綿津見神《そこつわたつみのかみ》は海底＝海藻、塩の神。中津綿津見神《なかつわたつみのかみ》は海中＝魚、漁業の神。上津綿津見神《うわつわたつみのかみ》は海上＝航海の神とされ、総称して綿津見大神《おおかみ》ともいう。海陸要衝の地に鎮座し、古くから航海安全・漁業繁栄・交通安全の神として崇《あが》められた。

中世以降は、幾度かの戦禍に見舞われ、一時社勢が衰えた時期もあった。しかし豊臣秀吉が、垂水

交通アクセス：JR垂水駅・山陽垂水駅から徒歩1分。
時間：9時～16時

郷山内の山林を寄進して再興。江戸時代になってからは、歴代明石《あかし》藩主が篤《あつ》い崇敬を寄せるようになり、毎年二月の参拝と、祭祀料《さいし》二石の寄進が慣例となった。

江戸時代には「日向大明神《ひむかだいみょうじん》」とよばれていたが、明治時代になって、「海神社」の名に戻された。また、「衣財田《えたからだ》大明神」（または衣財の神）という別名もあり、漁業・農業・商売などすべての家業繁栄と家運隆昌《りゅうしょう》・衣食住満足にご神徳があると信じられている。

毎年一〇月一〇日～一二日は秋祭で、一二日には昭和初期からはじまった海上渡御《とぎょ》が行なわれる。垂水漁港内で神輿《みこし》を御座船《ござぶね》に移し、海上安全と豊漁祈願のお祓《はら》いを受けたのち、供の船や守衛船など十数隻が出港。西は舞子《まいこ》沖、東は神戸港沖までお渡りをする。

・拝殿

廣峯神社《ひろみねじんじゃ》

Hirominejinja

主祭神 素盞嗚尊（すさのおのみこと）
五十猛尊（いたけるのみこと）
所在地 姫路市広嶺山52
電話 079-288-4777

姫路市街地の北部、標高三〇〇メートルほどの広峰山《ひろみねさん》山頂にある。眼下には姫路城を中心とする城下町、その先に播磨灘《はりまなだ》を望む。

創建は奈良時代の七三三年（天平五）。中国から帰国した学者・廷臣の吉備真備《きびのまきび》がこの地を訪れたところ、神託を受けたという。真備はこのことを聖武《しょうむ》天皇に奏上して綸命《りんめい》を受け、翌年、現在の奥の院白幣山《はくへいさん》がある位置に社殿を建立した。

九七二年（天禄三）、社殿は現在地に遷《うつ》され、跡地には真備を祀《まつ》る吉備社が建てられた。現在の本殿（国重文）は室町中期の建物で、入母屋《いりもや》造り・檜皮葺《ひわだぶ》き・桁行《けたゆき》一一間《けん》。その規模は、国内最大級の大きさを誇る。

本殿の背後には九つの丸い穴が開けられ、暦の一白水星《いっぱくすいせい》から九紫《きゅうし》火星《かせい》までの九星が記されている。この穴には、それぞれの星の守り神が鎮まっているとされ、自分の生まれ星の穴に賽銭《さいせん》と願い札を投げ入れ、口をあてがって小声で願いごとをすれば、神様が聞き届けてくれるという。

交通アクセス：JR姫路駅よりバス、終点広峰下車徒歩30分。
時間：9時～16時

主祭神の素戔嗚尊《すさのおのみこと》は、古くから、災厄・病気・海陸交通厄難を祓《はら》う最も強力な神として、人々より篤《あつ》く信奉されてきた。俗に広峯天王《てんのう》と称し、素戔嗚尊と同体とされ、疫病を鎮める祇園《ぎおん》牛頭《ごず》天王の起源となる社であると伝えられている。

・随神門

一七〇一年（元禄一四）、東山《ひがしやま》天皇は勅使を派遣して祈禱《きとう》を命じた。歴代の天皇にも篤《あつ》く崇敬《すうけい》され続けた。

年変わりの節分から立春の二日間にかけて、廣峯神社では「節分・立春厄《やく》除《よけ》大祭」が盛大に執り行なわれる。災いは神社に封じ込め、福は広く一般へ授けるということから、「鬼は内、福は外」と声をかけながら福豆がまかれる。

圓教寺《えんぎょうじ》
Engyoji

宗派 天台宗
本尊 六臂如意輪観音（ろっぴにょいりんかんのん）
所在地 姫路市書写2968
電話 079-266-3327

書写山《しょしゃざん》圓教寺は、比叡山延暦寺《ひえいざんえんりゃくじ》（京都・滋賀）・大山寺《だいせんじ》（鳥取）とともに「天台宗の三大道場」と並び称された古刹《こさつ》。「西の比叡山」とも称される。

山麓《さんろく》からロープウェイを利用し、標高三七一メートルの山上へ上る。そのまましばらく歩くと、壮大な懸《かけ》造りの摩尼殿《まにでん》（如意輪堂）が目の前に現われる。背後に懸崖《けんがい》の迫る難所に建てられた堂宇。開山の性空《しょうくう》上人が弟子に命じて、崖《がけ》に生えていた桜の霊木に如意輪観音像を刻んだ。この像を生木《しょうぼく》のまま本尊として崇《あが》めるために建てた堂なのだという。

摩尼殿の威容に圧倒され、本尊の六臂如意輪観音《ろっぴにょいりんかんのん》に参詣《さんけい》して満足し、そのまま帰ってしまう人もいるようだが、圓教寺伽藍《がらん》の中心地である「三之堂《みつのどう》」には、ぜひ足をのばしたい。摩尼殿から約五分、中庭を取り囲み、大講堂・食堂《じきどう》・常行《じょうぎょう》堂の三堂が、コの字型に軒を接する。いずれも室町時代の建築で、国の重文に指定されている。山岳寺院ならではの伽藍配置で、下界とはかけ離れた静謐《せいひつ》な空間が広がっている。

交通アクセス：JR姫路駅北口より神姫バス、終点書写ロープウェイ下車、ロープウェイ山上駅から徒歩20分。
時間：8時30分～17時

・大講堂

性空がこの地に入山したのは、九六六年（康保三）だと伝えられる。新たな修行の場を求めていた性空は、瑞雲《ずいうん》に導かれて書写山の山中へやってきた。庵《いおり》を結び、一途《いちず》に『法《ほ》華経《けきょう》』を読誦《どくじゅ》していたが、やがてその評判は都の花山《かざん》法皇の知るところとなる。性空に篤《あつ》い崇敬《すうけい》の念を寄せた花山院は、「圓教寺」の寺号と勅願寺の待遇を与え、大講堂をはじめとする諸堂を整えた。以降、圓教寺は大寺院へと発展していく。

　学問と修行の場として、各地の僧侶《そうりょ》が書写山へ参集してきた。そのひとりに、能楽や歌舞伎《かぶき》、時代劇でもおなじみの武蔵坊《むさしぼう》弁慶がいる。源義経と出会う前、諸国行脚《あんぎゃ》の途中にやってきたらしい。弁慶ゆかりの史跡、伝説が、寺の境内各所に残されている。

赤穂大石神社《あこうおおいしじんじゃ》

Ako Oishijinja

主祭神 大石内蔵助良雄（おおいしくらのすけよしたか）以下四十七義士および萱野三平重実（かやのさんぺいしげざね）
所在地 赤穂市上仮屋旧城内
電　話 0791-42-2054

一七〇一年（元禄一四）三月、江戸城中で、播州《ばんしゅう》赤穂城主・勅使接待役の浅野内匠頭長矩《あさのたくみのかみながのり》が、指南役の高家《こうけ》筆頭吉良上野介義央《きらこうずけのすけよしひさ》に切りつけるという騒ぎが起こった。いわゆる「刃傷松の廊下」とよばれる事件で、長矩は即日切腹。浅野家は取り潰《つぶ》しとなる。それから一年一〇ヶ月後、一七〇二年（元禄一五）一二月一四日夜、長矩の家臣大石内蔵助良雄《おおいしくらのすけよしたか》ら四十七士が吉良屋敷に討ち入り、主君の怨《うら》みを晴らした。本来、徒党を組んでの討入りは死罪に値するものだったが、義士たちは名誉の切腹という処分を受け、事件は劇的な終焉《しゅうえん》を遂げた。

この一連の話は、浄瑠璃《じょうるり》や歌舞伎《かぶき》狂言の題材とされ、『忠臣蔵《ちゅうしんぐら》』として世間でもおなじみの戯曲になる。また赤穂浪士の義挙を賞賛する人々により、旧赤穂城内の大石邸内に小さな祠《ほこら》が設けられ、密《ひそ》かに義士たちが祀《まつ》られた。江戸時代は、幕府へのはばかりもあり、表立って顕彰できなかったが、一九〇〇年（明治三三）、神社の創立が許される。そして、一九一二年（大正一）一一月、義士を追慕する人々からの浄財により、社殿が竣工《しゅんこう》した。

交通アクセス：JR播州赤穂駅から徒歩10分。
時間：8時～17時

約三七〇〇坪の境内は、旧赤穂城三の丸に位置する。社殿や義士宝物殿のある上段地は、家老のひとりであった藤井又左衛門《ふじいまたざえもん》の邸跡《やしき》。拝殿前石段から神門までの間、義士木像奉安殿や大石邸庭園あたりが内蔵助の邸跡である。境内には、浅野家のころより藩民の崇敬を受けていた古社が多く残る。

　義士ゆかりの品々は、宝物殿に展示・公開されている。大石内蔵助所持の備前《びぜん》長船《おさふね》清光《きよみつ》・康光《やすみつ》の大小刀、討入りのときに使った采配《さいはい》、形見の呼子鳥《よぶこどり》笛をはじめ、堀部安兵衛《ほりべやすべえ》着用の鎖頭巾《くさりずきん》・鎖襦袢《じゅばん》など貴重な史料が並ぶ。宝物殿の建物は、大正のはじめ、神戸の湊川《みなとがわ》神社宝物館として建設されたもの。空襲による焼失をまぬがれ、この地には一九七六年（昭和五一）に移築された。

・社殿

一《いち》乗《じょう》寺《じ》

Ichijoji

加西《かさい》の市街地から車で数十分、つづら折りの参道を抜けたところに建つ古刹《こさつ》。山間に位置し、長い石段を数段に分けて整地している。最初の石段を上ると常行《じょうぎょう》堂があり、次の石段を上ると国宝の三重塔が眼前にそびえ立つ。そこからまた上った先が懸崖《けんがい》造りの本堂。さらに二〇〇メートルほど上ると、寺を創建した法道《ほうどう》仙人を祀《まつ》る開山堂に出る。

法道は天竺《てんじく》（インド）の人で、紫雲に乗って中国・朝鮮を経由し、日本へ飛来したとされる伝説的人物。播磨《はりま》国（兵庫県）一帯の山岳には、法道の開基とされる寺院が数多くある。その法道が日本へやってきて最初に見出した霊地が、一乗寺のある法華山《ほっけさん》だといい、山号ともなっている。

「八葉蓮華《はちようれんげ》の形をした霊山」と称される法華山。標高約二四三メートルと、さして高くはないが、河川に囲まれ、谷が複雑に入り込んだ地形をしており、山中にありながら独立した場所となっている。

この山に住する法道の評判は都にも広まり、六四九年（大化五）、孝徳《こうとく》天皇が病となったおりに宮中へ召される。法道の加持によって病がたちまち癒《い》えたため、天皇は法華山一乗寺の勅号を下し、

宗派 天台宗
本尊 聖観世音菩薩（しょうかんぜおんぼさつ）
所在地 加西市坂本町821—17
電話 0790-48-2006

交通アクセス：JR姫路駅よりバス、法華山一乗寺下車すぐ。北条鉄道法華口駅から徒歩5km。JR宝殿駅からタクシー15分。山陽自動車道加古川北ICより8分。**時間：**8時30分～17時

・金堂

六五〇年（白雉一）に建立された。その後、聖武《しょうむ》・孝謙《こうけん》・仁明《にんみょう》天皇の勅願所となった。

周辺には、「右　きよみず（西国札所《ふだしょ》第二五番・播州清水寺）」「左　ほっけさん（一乗寺）」と刻まれた古い道標が今もそこかしこに見られる。

中・近世に幾度か火災に見舞われたが、平安末期、一一七一年（承安一）建造の三重塔をはじめとする古建築が、よく保存されている。本堂（重文）は、姫路藩主・本多《ほんだ》忠政《ただまさ》の寄進により、江戸時代初期の一六二八年（寛永五）に建てられたもの。台風被害の修理と老朽化にともなう半解体修理が行なわれていたが、二〇〇八年（平成二〇）四月より参拝できるようになった。建築当初の状態に近い形に復元されたという。

播《ばん》州《しゅう》清《きよ》水《みず》寺《でら》

Banshu Kiyomizudera

宗派 天台宗
本尊 （根本中堂）十一面観世音菩薩（じゅういちめんかんぜおんぼさつ）
（大講堂）十一面千手観世音菩薩（じゅういちめんせんじゅかんぜおんぼさつ）
所在地 加東市平木1194
電話 0795-45-0025

六二七年（推古三五）、推古《すいこ》天皇の勅願により、インド僧の法道《ほうどう》仙人が根本中堂《こんぽんちゅうどう》を建立。法道自らが一刀三礼《いっとうさんらい》（一刀を入れるごとに三度礼拝すること）して刻んだ秘仏十一面観音《じゅういちめんかんのん》と、脇侍《わきじ》の毘沙《びしゃ》門天《もんてん》、吉祥天《きちじょうてん》の像を安置し、鎮護国家と豊作を祈願した。山号は御嶽山《みたけさん》。

行基《ぎょうき》がこの地に行脚《あんぎゃ》し、七二五年（神亀二）、聖武《しょうむ》天皇の命により諸尊を刻み、大講堂を建立して安置した。一〇九一年（寛治五）、平清盛の母祇園女御《ぎおんのにょうご》が、当寺の観音霊像に帰依して大宝塔を建てる。次いで、後白河《ごしらかわ》法皇が常行堂を、池ノ二位は薬師堂を、源頼朝は阿弥陀《あみだ》堂を寄進・建立したという。

標高五五二メートルの御嶽山山頂にあり、水の確保に苦労していたが、法道が水神に祈りを捧《ささ》げたところ、霊泉の滾浄水《こんじょうすい》が湧《わ》き出した。そこで「清水寺」の寺号がついたという。霊泉は根本中堂左奥に今も滾々《こんこん》と湧き、「滾浄水（おかげの井戸）」と名づけられている。井戸をのぞき込んで自分の顔を映すと、寿命が三年延びるという言い伝えがあるそうだ。また、平安時代末期に編まれたと考えられる『今昔《こんじゃく》物語集』にも、「播磨《はりま》国（兵庫県）の東北に霊験あらたかな霊峰がある」と、すでに紹介

交通アクセス：JR相野駅よりバス（平日2本、日祭3本）、終点清水寺下車すぐ。
時間：8時～17時

されている。
一九一三年（大正二）、大火のため全山が烏有《うゆう》に帰した。現存の建物のほとんどは大正から昭和にかけて再建されたもの。
山麓《さんろく》から鮮やかな朱塗りの仁王門手前までは、約三キロの登山道路となっている。沿道には、ソメイヨシノ・ヤエザクラ・ボタンザクラなど、さまざまな種類の桜約六〇〇本が植栽され、春はひと月にわたって参拝者の目を楽しませてくれる。境内にも、シャクナゲ・モクレン・スイセン・レンギョウ・ヤマツツジ・クリンソウ・アジサイなど、四季折々の花が咲く。紅葉の時期の光景も見事だ。
境内からの眺望がよく、天気がよければ、六甲山地の山並み、明石《あかし》海峡や淡路《あわじ》島、四国まで見渡すことができる。

・仁王門

清《きよし》荒《こう》神《じん》清《せい》澄《ちょう》寺《じ》

Kiyoshikojin Seichoji

宗派 真言三宝宗（さんぼうしゅう）
本尊 大日如来（だいにちにょらい）
所在地 宝塚市米谷字清シ1
電話 0797-86-6641

真言宗十八本山のひとつで、正式名称は蓬莱山《ほうらいさん》清澄寺という。寛平《かんぴょう》年間の宇多《うだ》天皇の勅建であり、僧益信《やくしん》を開基とする。八九三年（寛平五）、天皇は仏師定円《じょうえん》に命じて釈迦《しゃか》・阿弥陀《あみだ》・弥勒《みろく》の三尊《さんぞん》を造進させ、次いで八九五年（寛平七）、重ねて丈六の三仏を刻ませ、大伽藍《がらん》を造立して、安置させた。

当初は、猪名《いな》や武庫《むこ》の浦を一望に見下ろす山の尾根に清澄寺、西の谷（現在地）に鎮守社として三《さん》宝荒神《ぼうこうじん》社が設けられていた。荒神信仰と真言三宝宗の神仏習合から、今日、「清荒神清澄寺」の名で知られ、多くの参拝者からは、親しみを込めて「荒神さん」とよばれる。

阪急宝塚線の清荒神駅北側の道が参道。鳥居をくぐると、ゆるやかな坂道の両側に、飲食店や土産物店をはじめ、衣類・日用雑貨・園芸用品・骨董品《こっとうひん》などさまざまな店舗や露店が軒を並べ、門前町を形成している。駅から歩いて一五分ほど、ゆっくり店を見ながらだと三〇分くらいで境内に着く。

山門をくぐり、東面した拝殿から浴油《よくゆ》堂が棟つづきになり、毎日三座、三宝荒神・歓喜天尊《かんぎてんそん》の「合行如法《にょほう》浴油供《く》」の秘法が厳かに修され、家内安全、商売繁盛など、各種の現世利益《げんぜりやく》の祈願が行なわれ

交通アクセス：阪急宝塚線清荒神駅から徒歩15分。またはJR・阪急宝塚駅から車で約10分。
時間：9時～17時

ている。

また、宇多天皇より「日本第一清荒神」の称号を下賜された三宝荒神は、昔から火の神、台所の神として崇《あが》められてきた。厄年の人は、荒神さんの厄除火箸《やくよけひばし》を家に祀《まつ》って厄をつまみ出してもらう。厄が明けるとお礼参りに来て寺の納所へ納めるのだが、山と積まれた奉納火箸のなかには、鉄棒並みの大きさのジャンボ火箸なども見られる。

本堂先の一角には、画聖富岡鉄斎《とみおかてっさい》の作品を公開展示する鉄斎美術館が建つ。これは第三七世法主《ほっす》光浄《こうじょう》が、鉄斎との機縁により収集した作品を後世に伝えるために建てられたもので、清澄寺の所蔵する約一二〇〇点の鉄斎作品を年間数回、企画展示し、入館料の全額が宝塚市に寄付されている。

・山門

中山寺《なかやまでら》

Nakayamadera

宗派　真言宗
本尊　十一面観世音菩薩（じゅういちめんかんぜおんぼさつ）
所在地　宝塚市中山寺2−11−1
電話　0797-87-0024

阪急宝塚線中山駅は、「中山観音前」ともよばれ、車内アナウンスでもその名で案内される。駅の北方、一〇〇メートルほどで山門に着く。今よりおよそ一四〇〇年前、聖徳太子によって開かれた古《こ》刹《さつ》として名高い。山号は紫雲山《しうんざん》。

西国巡礼をはじめたのは、大和《やまと》国（奈良県）長谷寺《はせでら》の徳道《とくどう》上人だとされる。徳道上人が閻魔《えんま》大王から、人々を救う観音霊場をつくるようにいわれ、閻魔大王から預かった宝印（現在の納経《のうきょう》朱印にあたり、札所《ふだしょ》本尊の分身とされる）を手に、七一八年（養老二）行脚《あんぎゃ》の旅に出た。ところが、徳道上人の言葉を世の人々が信用しなかったため、やむをえず宝印を石櫃《せきひつ》に納め、第一番札所と定めた中山寺に埋めたという。それから二〇〇年後、花山《かざん》法皇が宝印を掘り出し、西国霊場を再興。その後巡礼は盛んになり、現在の順路が定まった。この故事から、中山寺の本堂へ上がる手前に、閻魔大王を祀《まつ》る堂が設けられている。

本尊の十一面観音《じゅういちめんかんのん》（国重文）は、ふだんは秘仏となっているが、毎月一八日に開扉される。古くよ

交通アクセス：阪急中山駅から徒歩1分。またはJR中山寺駅から徒歩15分。
時間：9時～16時

り安産・求子《ぐし》の観音として信奉を集め、長く子宝に恵まれなかった豊臣秀吉も、この寺に祈願したのちに秀頼《ひでより》を授かった。現在の伽藍《がらん》は、秀吉の死後、感謝の意を込めて秀頼が再建したもので、桃山期の代表的な仏堂建築群として知られている。

古い歴史をもつ中山寺は、謡曲『満仲《まんじゅう》』や歌舞伎《かぶき》『菅原伝授手習鑑《すがわらでんじゅてならいかがみ》』などの物語に登場する。また、平安時代末期の武将源行《ゆき》綱《つな》の妻の不信心を、本尊の観音が鐘の緒をもって戒めたという伝説も残る。その鐘の緒は今も寺に保存されているというが、以来、中山寺では、出産の無事安泰を祈願する安産の腹帯を「鐘の緒」として授与しており、毎月の戌《いぬ》の日に行なわれる安産祈禱会《きとうえ》は、全国各地から訪れる参拝者で賑《にぎ》わう。

・山門

大いなる和合の道

西　中道　石清水八幡宮禰宜

遠い昔、私たちの祖先が最初にこの島々に到達する以前、人跡未踏の山野には、鳥や獣や、名も知らぬ神々だけが住んでいたのだろう。その原初の混沌《こんとん》が支配する世界に初めて人がやってきた。人はあらゆる物や所に名を付け、季節を分かち、境界を設けた。やがて人は増え、津々浦々に里ができた。人は里の守り神として新しい神々を祭り、古き畏《おそ》るべき神々は深い山の奥へと退いた。新たな神は氏族の祖霊、すなわち氏神であった。人は言葉の通じる神々に祈りを捧《ささ》げ、自分たちの幸福を願った。

言葉のない世界、言語以前の世界に、宗教に類するものは、おそらく存在しなかった。だれもが他者の目を意識することなく、明日を思い煩うこともなく、ただ有るがままに生きていた。だが、人は幸か不幸か自我に目覚め、言語という魔法の杖《つえ》を手に入れてしまった。言葉は、両刃の剣である。和めるかと思えば憎しみを煽《あお》り、真実を伝えるかと思えば人を欺く。言葉の裏には、互いの意図を探り合う狡猾《こうかつ》さも潜んでいる。人という生き物は、物を所有し、場を占有し、他者を支配する、そうした欲求に突き動かされ、舌を巧みに操らずにはいられない。人は異常に肥大した自我に振り回され、複雑に張り巡らされた言葉の網に搦め捕られて、ついに地球上で最も浅ましい生き物に成り下がってしまったのではないか。ある時代、そのことに気づいた賢者たちが、人々を迷妄と苦悩の淵《ふち》から救い出そうとして、今の言葉でいう宗教というものを世にひろめた。

人の世の抱える病が、いかに根深く、執拗《しつよう》で、頑固なものかということを、当事者自身、気づかずにいる。気づくためには、病状を正確に知るための「教え」が必要だ。わが国の先人たちは、仏の教えを受け入れ、一部の人々は、言葉を超えた「行」の実践者、すなわち行者となった。ただ歩く。ひたすら坐る。真心込めて祈る。自然の懐に身を委ね、すべてを有るがままに感じる。それは、生まれたばかりの原点に回帰し、自他の区別なき言語以前の世界へいったん立ち戻って、そこからの再生をはかろうとする宗教的療法にほかならない。行者たちは、古き神々のこもる深山幽谷にまで足を踏み入れた。彼らによって、そこに新たな神と仏の世界、大いなる和合の道が開かれたのである。

世界は今、原初の混沌に戻ろうとしているかのように見える。人がいつまでも迷妄から覚めず、自分本位の生き方を続けている限り、その勢いを止めることは難しい。しかしわが国には、幸いなことに神域とか霊場などと呼ばれてきた特別な場所が、今も数多く残されている。ふと仰ぎみればそこに神々がさきわい、御仏たちが座《おわ》すことに気づくだろう。神仏の霊場を巡る道は、正しい道である。人々がその道を歩み、踏み固めていくことによって、きっと少しずつ、世界に心ときめくような変化が現れてくるにちがいない。

二十二社の神々

Column

特別に崇敬された神社がある。国家の重大事に際し、朝廷から使者が派遣されて幣帛が奉献されるなど、最高の格式をもって遇された神社である。当初、村上天皇の966年（康保3）には十六社であったが、やがて段階的に数を加え、後朱雀天皇の1039年（長暦3）以降は、二十二社に固定し、その後二十二社奉幣の制は室町時代中期まで存続する。

二十二社のなかには式内社だけでなく式外社も五社含まれ、性格的には、明治以降における勅祭社にほぼ相当する。その地域的範囲としては、伊勢を除いてはすべて五畿内に限られ、遠隔地の諸大社は含まれていない。

その区分は、上七社（伊勢・石清水・賀茂下上〈賀茂御祖・賀茂別雷〉・松尾・平野・稲荷・春日）、中七社（大原野・大神・石上・大和・廣瀬・龍田・住吉）、下八社（日吉・梅宮・吉田・廣田・祇園・北野・丹生川上・貴布禰）となっている。（西　中道）

京都

山城・丹後・丹波

楽土《らくど》の道

京都は「山川も麗し」と讃美された。「山河襟帯《きんたい》、自然に城を作《な》す」形勝の地。東山をはじめ、三方を山々に囲まれ、東西に鴨川・桂川が流れる。この地には賀茂御祖《かものみおや》神社と賀茂別雷《かもわけいかづち》神社などの古社が多く鎮座する。また、桂川と宇治川、木津川の合流点には男山がある。石清水《いわしみず》八幡宮が鎮座し、伊勢参宮、熊野詣、高野詣などで京を出立するときには参詣《さんけい》した。平安京の四方の山河の間に広がる郊野には、古くから神社や寺院が営まれ、さまざまな神事や仏事などが催されている。ことに、東山は遠くに聳《そび》える比叡山から吉田山を経て、葬地鳥《とり》辺野《べの》に至るまで、多くの寺院が営まれる霊場である。千年を超える清水寺や八坂神社など、数多くの古社名刹がある。

石《いわ》清《し》水《みず》八《はち》幡《まん》宮《ぐう》

Iwashimizuhachimangu

主祭神 誉田別尊（ほんだわけのみこと）
比咩大神（ひめおおかみ）
息長帯比賣命（おきながたらしひめのみこと）

所在地 八幡市八幡高坊30

電話 075-981-3001

石清水八幡宮は京都盆地の南、桂《かつら》川・宇治《うじ》川・木津《きづ》川の合流点にある男山《おとこやま》丘陵上に鎮座する。南総門の前に立つと、正面にひときわ高く、入母屋《いりもや》造り・檜皮葺《ひわだぶ》き屋根の建物が目に入る。楼門である。左右に連なる瓦《かわら》葺き屋根の回廊とともに、当社を象徴する壮麗な社殿景観を形づくっている。

現在の社殿の大半は、一六三一年（寛永八）に着工、一六三四年に完成したもので、楼門のほか本殿・幣殿・舞殿などは重文。一九九三年（平成五）からはじまった「平成の大修造」で、社殿は往時の姿を取り戻しつつある。

創建は清和《せいわ》天皇の御代に遡《さかのぼ》る。八五九年（貞観一）七月、奈良大安寺《だいあんじ》の僧行教《ぎょうきょう》（生没不詳）が「吾《わ》れ都近き石清水男山の峰に移座して国家を鎮護せん」と、宇佐《うさ》八幡大神から託宣を受け、その翌年（八六〇年）四月、朝廷の木工寮《もくりょう》により建立された八幡造りの宝殿に鎮座した。

清和天皇は、八六九年（貞観一一）の宣命《せんみょう》で「わが朝の大祖」と述べるなど、八幡神に篤《あつ》い思いを寄せており、創建当初から当社は特別扱いを受けてきた。その後も伊勢《いせ》の神宮に次ぐ国家第二の

交通アクセス：京阪電車八幡市駅より男山ケーブル乗り換え、男山山上駅から徒歩5分。または八幡市駅（山麓）から徒歩で山上まで約20分。
時間：6時30分～18時

宗廟《そうびょう》として、皇室から尊崇を受け続け、天皇の行幸や上皇の御幸は、今上天皇に至るまで約二五〇回におよぶ。

八幡神は清和源氏の氏神《うじがみ》でもある。清和天皇四世孫の頼信《よりのぶ》が、崇敬したことからはじまる。その子頼義《よりよし》が当社から分霊を鎌倉に勧請《かんじょう》。やがて頼朝が鶴岡《つるがおか》八幡宮を造る。以後各地の武士たちが、八幡神を勧請して祀《まつ》るようになったが、源流は当社であった。重文に指定された現社殿の造営主、三代将軍徳川家光もまた、清和源氏の流れをくむ。

明治維新までは石清水放生会《ほうじょうえ》の名でよばれ、今も毎年九月一五日の未明から終日にわたり斎行される石清水祭は、王朝時代の盛儀を現代に伝える荘厳華麗な祭典であり、賀茂祭・春日祭とともに三大勅祭と称される。

・本殿楼門

御《ご》香《こうの》宮《みや》神《じん》社《じゃ》

Gokonomiyajinja

主祭神 神功皇后(じんぐうこうごう)
仲哀天皇(ちゅうあいてんのう)
応神天皇(おうじんてんのう)他六柱
所在地 京都市伏見区御香宮門前町174
電話 075-611-0559

近鉄京都線桃山御陵前駅の改札口を出ると、東から西にゆるやかに下がる大通りに出る。大手筋とよばれ、京都市伏見区の代表的な商店街である。かつて東の丘陵上にあった伏見城に向かう道であった。改札口を後に三分ほど東に上ると、大手筋に面した北側に御香宮が鎮座する。神功皇后《じんぐうこうごう》を主祭神とし、古来安産の神として親しまれた神社である。

御香宮とは「香りのよい水が出るお宮さん」の意味。平安時代の八六二年（貞観四）、香りのよい水が湧《わ》き出たことを知った清和《せいわ》天皇から「御香宮」の名を賜ったと伝わる。それ以前は「御諸《みもろ》神社」とよばれていた。現在も九柱の祭神が祀《まつ》られている。清和天皇以後、円融《えんゆう》天皇、後宇多《ごうだ》天皇、後伏見《ごふしみ》天皇などから、次々に寄進や幣物《へいもつ》を賜り、宮中と深い結びつきのある神社だった。とりわけ伏見宮《ふしみのみや》家の先祖の伏見宮貞房《さだふさ》親王（一三七二～一四五六）は、当社を産土《うぶすな》神として崇敬し、境内で行なわれた猿楽や相撲の観覧に訪れたことが、その日記『看聞御記《かんもんぎょき》』に記されている。

しかし、都を灰にした応仁《おうにん》の乱（一四六七～七七）の被害はこの地にもおよび、社殿は兵火で炎上、

交通アクセス：京阪伏見桃山駅から徒歩5分。または近鉄桃山御陵前駅から徒歩3分。
時間：9時～16時

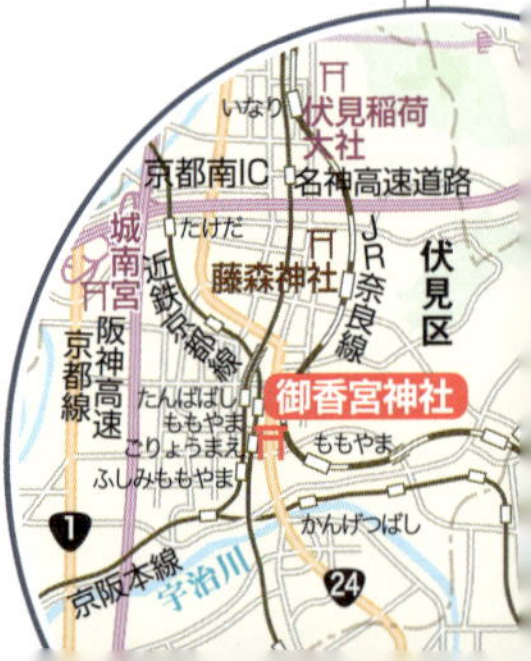

小さな社だけの時代があったらしい。勢いを盛り返すのが、一五九二年（文禄一）、豊臣秀吉の伏見城の建設だった。社領三〇〇石が与えられた。現在残る表門・拝殿・本殿は、徳川家康と頼房《よりふさ》（水戸《みと》徳川家の初代）・頼宣《よりのぶ》（紀州徳川家の初代）父子の寄進による。いずれも華やかな彩色で桃山建築の枠を伝える。表門と本殿は重文になっている。

　江戸時代の社殿修復には、氏子以外に、常に徳川御三家がその費用の一部を負担した。明治維新の鳥羽《とば》・伏見の戦いでは、薩摩《さつま》藩の屯所になったが、幸い兵火をまぬがれた。神社名の由来となった御香水は、明治以降涸《か》れていたのを一九八二年（昭和五七）に復元、一九八五年（昭和六〇）に環境庁（現・環境省）による名水百選に認定された。

・表門

城《じょう》南《なん》宮《ぐう》

Jonangu

主祭神 国常立尊(くにのとこたちのみこと)
八千矛神(やちほこのかみ)
息長帯比売命(おきながたらしひめのみこと)

所在地 京都市伏見区中島鳥羽離宮町7

電話 075-623-0846

「方除《ほうよけ》の大社」として知られる城南宮は、平安遷都の際に平安城の南に祀《まつ》られたお宮で、国土安泰、王城鎮護が祈願された。当時、朱雀大路《すざくおおじ》を羅城門《らじょうもん》から南に延長した「鳥羽《とば》の作り道」が、城南宮にほど近い、鴨《かも》川と桂《かつら》川の合流地にあった鳥羽の津《つ》まで続いていた。このように交通の要衝《ようしょう》であり、景色に優れたこの地に、白河《しらかわ》上皇や鳥羽上皇は「鳥羽の水閣」ともよばれた城南離宮を築いて院政を敷いた。

城南宮はその中央に位置し、上皇は熊野詣《くまのもうで》の精進《しょうじん》屋を当地に設けて道中の安全を祈願し、貴族は悪い方角を避けるために「方違《かたたが》え」の宿所を定め、方除の信仰が高まった。また、雅《みやび》やかな歌会や宴《うたげ》が催され、離宮内の御堂《みどう》や九体阿弥陀《あみだ》堂、上皇の陵墓の三重塔で仏事が重ねられた。城南宮は離宮の鎮守、城南寺明神《みょうじん》ともよばれて祭礼は賑《にぎ》わい、競馬《くらべうま》や流鏑馬《やぶさめ》も行なわれて都の年中行事に数えられた。

一二二一年(承久三)、後鳥羽上皇は城南流鏑馬の武者揃《ぞろ》えと称して兵を集め、倒幕を図ったが、戦に敗れ隠岐《おき》に流される。のち、応仁《おうにん》の乱を経て離宮は荒廃したが、城南宮は近郷の氏神《うじがみ》と崇《あが》められ、「餅《もち》祭り」とも称された秋の城南祭では、今も神輿渡御《みこしとぎょ》が賑やかに行なわれる。境内の菊水若水《きくすいわかみず》の下に、

交通アクセス:地下鉄・近鉄竹田駅から徒歩15分。または京都駅よりバス、城南宮下車すぐ。
時間:9時～16時30分

若狭《わかさ》国(福井県)の遠敷《おにゅう》川と東大寺二月堂の若狭井を結ぶ水脈が位置すると伝えられ、江戸時代の随筆に、若水を服用した霊元《れいげん》上皇の歯痛が治り人々が群参したとあり、上皇の御幸や皇女和宮《かずのみや》東行の方除・道中無事の祈禱《きとう》、正月・五月・九月の宮中安泰の祈願を重ねた。

一八六八年（慶応四）の鳥羽・伏見の戦い勃発《ぼっぱつ》の地であり、明治時代に城南宮は『延喜《えんぎ》式《しき》』の「山城《やましろ》国紀伊《きい》郡真幡寸《まはたき》神社」に公定され、今も境内摂社にその名を留《とど》めている。

息長帯比売命《おきながたらしひめのみこと》の旗印に因《ちな》む三光の御神紋は日月星を象《かたど》り、照りわたる方除の神徳を象徴する。平安時代の建築様式で一九七八年(昭和五三)に造営された社殿を中心に神苑《しんえん》「源氏物語　花の庭」が広がり、春秋の「曲水の宴」は平安貴族の風流な遊びを再現して有名。

・本殿

教《きょう》王《おう》護《ご》国《こく》寺《じ》（東《とう》寺《じ》）

Kyoogokokuji (Toji)

宗派　東寺真言宗
本尊　薬師如来（やくしにょらい）
所在地　京都市南区九条町1
電話　075-691-3325

平安京の表玄関として造営された羅城門《らじょうもん》の東西に、西の西寺《さいじ》とともに、東に東寺が建てられた。正式には教王護国寺。京都の人々の呼称は、「弘法《こうぼう》さん」。嵯峨《さが》天皇からこの寺を賜った弘法大師空海にちなんだものである。

毎月二一日の弘法さんの縁日には、境内で「市」が開かれ、古道具や古着、植木などの露店には、お参りの人ばかりでなく、一般・内外の観光客も混じって賑《にぎ》わう。新年の初《はつ》弘法、年末の終《しまい》弘法には二〇万人余りがつめかける。

東寺は、桓武《かんむ》天皇による平安遷都の二年後の七九六年（延暦一五）、官寺として創建された。造東寺長官に大納言《だいなごん》藤原伊勢人《いせんど》が任命される。東寺の歴史書『東宝記《とうぼうき》』によれば、当初の伽藍《がらん》は金堂一宇であった。嵯峨天皇は、八二三年（弘仁一四）正月、信望厚かった空海に勅令で東寺を下し、規模拡大を命じた。空海は、「真言密教の純粋な寺」という確たる意図をもって八二四年（天長一）、造東寺別当となり、翌年国家鎮護の場としての講堂造営に着手。堂内には、大日如来を中心とする五智《ごち》

交通アクセス：近鉄東寺駅から徒歩5分。またはJR京都駅から徒歩15分。
時間：8時30分～17時30分（3月20日～9月19日。他の期間は16時30分まで）

如来、向かって右に金剛波羅蜜多《はらみった》を中心とする五大菩薩《ぼさつ》、左には不動明王を中心とする五大明王など二一体の密教像を配した「立体曼《まん》荼羅《だら》」を現出させる。講堂着工の翌年には五重塔の造営にも着手。しかし、空海がその落慶を見ることはなかった。講堂内諸仏の開眼供養は、入定《にゅうじょう》の四年後だった。

　空海の伽藍構想は、代々長者に受け継がれ、灌頂《かんじょう》院、食堂《じきどう》などが竣工《しゅんこう》。元慶《がんぎょう》年間（八七七～八八五）には、五重塔の竣工がなって、ここに主要な伽藍が整う。のち戦乱や火災で一時、衰微したこともあるが、宣陽《せんよう》門院、後醍醐《ごだいご》天皇に続く各時代の為政者の強力な外護《げご》によって甦《よみがえ》る。伽藍をはじめ寺宝の国宝は二五件、重文五二件。一九九四年（平成六）、世界遺産に登録された。

・五重塔（国宝）

善《よし》峯《みね》寺《でら》

Yoshiminedera

宗派	天台宗単立
本尊	千手観音菩薩（せんじゅかんのんぼさつ）
所在地	京都市西京区大原野小塩町1372
電話	075-331-0020

西山連峰の釈迦岳《しゃかだけ》の東麓《とうろく》に建つ。向日《むこう》町から東に竹藪《たけやぶ》の道を経て阿智坂《あちさか》を登れば、楼門前に至る。石段の先に本堂の観音堂をはじめ経堂《きょうどう》、多宝塔が斜面に連なって配される。

創建は、一〇二九年（長元二）。比叡山《ひえいざん》の恵心僧都《えしんそうず》源信《げんしん》の弟子の源算《げんざん》が堂宇を建てたのをはじまりとする。源算は、因幡《いなば》国（鳥取県）の生まれ。九歳のときに恵心僧都に師事。西山に入って修行道場の建立を思い立つが、岩石に妨げられ、苦難していたところ、夜、夢に異僧（一説に阿智坂明神《みょうじん》の化身）が現われ、援助を告げた。次の夜、猪《いのしし》の大群が岩を穿《うが》って基壇を造り、源算は一宇を建てて十一面千手観音《じゅういちめんせんじゅかんのん》を安置した。一〇四二年（長久三）に、洛東《らくとう》の鷲尾寺に安置されていた本尊千手観音が後朱雀《ごすざく》天皇の夢告により遷《うつ》される。平安中期、後三条天皇皇后茂子は懐妊にあたってこの観音に祈り、のちの白河《しらかわ》上皇を出産したという伝承がある。

歴代足利将軍の保護があって境内は拡張され、堂塔・僧坊は五〇余りを数え、西山随一の寺容を誇った。しかし、応仁《おうにん》の乱の兵火で全焼。元禄《げんろく》年間（一六八八～一七〇四）、五代将軍徳川綱吉《つなよし》の生母

交通アクセス：阪急東向日駅よりバス、善峯寺下車徒歩8分。
時間：8時～17時

桂昌院《けいしょういん》が麓《ふもと》の大原野の出身であることから深く帰依《きえ》、一山の七堂のすべてを改築、整備した。現在残っている堂塔はほとんどが桂昌院の寄進による。

楼門をくぐって、目を引くのは北の五葉松。桂昌院の手植えと伝える。全長四〇メートルにわたって低く幹を横に伸ばし、その姿から「遊龍《ゆうりゅう》の松」とよばれ、天然記念物である。

本尊千手観音立像を安置する観音堂から諸堂を巡る境内の道は、回遊式庭園の趣で、薬師堂前からは東に遠く比叡山が望め、眼下に京都市内を一望できる。五月・一〇月第二日曜日の縁日には薬湯が沸かされ、巡拝者は入湯することができる。

・山門

大《おお》原《はら》野《の》神《じん》社《じゃ》

Oharanojinja

主祭神 建御賀豆智命（たけみかづちのみこと）
伊波比主命（いわいぬしのみこと）
天之子八根命（あめのこやねのみこと）
比咩大神（ひめのおおかみ）

所在地 京都市西京区大原野南春日町1152

電話 075-331-0014

西山連峰の南の一峰で、歌枕でも知られた小塩山《おしおやま》の東麓《とうろく》にある。『延喜式《えんぎしき》』神名《じんみょう》では式外《しきげ》社であるが、本朝十六社、ならびに二十二社に列せられて高い格調をもつ。

社伝によれば、七八四年（延暦三）、長岡《ながおか》京遷都にあたって藤原氏出身の桓武《かんむ》天皇の皇后・藤原乙《おと》牟漏《むろ》が、氏神《うじがみ》の春日《かすが》社への参詣《さんけい》が容易でなくなり、この地に春日明神《みょうじん》を勧請《かんじょう》したのが当社の起源である。平安遷都後の八五〇年（嘉祥三）、左大臣藤原冬嗣《ふゆつぐ》が社殿を造営して、地名をとって大原野神社とした。のち皇太后藤原順子《じゅんし》が行啓、円融《えんゆう》天皇の行幸とともに摂関家をはじめとする尊崇が高まり、繁栄をみた。一〇〇五年（寛弘二）、一条天皇の中宮彰子《しょうし》の行啓は有名で、父藤原道長《みちなが》をはじめ紫《むらさき》式部《しきぶ》らが供奉《ぐぶ》し、華やかな行列が人々の眼を見張らせた。『源氏物語』行幸《みゆき》の巻には、そのさまが華麗に描かれている。

境内は一の鳥居から長い参道が北に延びる。途中、右に奈良の猿沢池を模した鯉沢《こいさわ》池があり、左に古歌に詠まれる「瀬和井《せがい》の清水」跡が向かい合う。鯉沢池の杜若《かきつばた》は名にしおう美しさだ。二の鳥居か

交通アクセス：阪急東向日駅・桂駅・JR向日町駅よりバス、南春日町下車徒歩10分。
時間：9時～16時

らは両側を深い樹林に包まれた参道で、その最奥にあでやかな朱の中門、本殿四棟が並ぶ。中門前には、奈良の春日大社にちなんで一対の石の神鹿《しんろく》が、狛犬《こまいぬ》のように向かい合う。手水舎《ちょうずしゃ》にも一頭、水守《みずも》りしている。

本殿は、春日大社と同じ檜皮葺《ひわだぶ》きの、四連の春日造り。一六四九年（慶安二）に後水《ごみずの》尾《お》天皇によって造営されたと伝える。

例祭は、桜花爛漫《らんまん》の四月八日。「大原野祭」と称し、八五一年（仁寿一）にはじまった起源をもつ。長く中断していたが、一八六五年（慶応一）に勅により賀茂《かも》、石清水《いわしみず》の両神社に次いで復興された。九月第二日曜日の御田《みた》刈祭《かりさい》は、秋の収穫を感謝する神事で、神事のあとに江戸時代から伝わる神相撲という子どもたちの奉納相撲もある。

・本殿

松《まつ》尾《お》大《たい》社《しゃ》

Matsunootaisha

嵐山の南、松尾山を背に、桂《かつら》川を前にして東面する。『延喜式《えんぎしき》』神名《じんみょう》では名神《みょうじん》大社に定められ、二十二社の四番目に列せられた。太古、この地方一帯に住んでいた住民が、松尾山の神霊を守護神としたのが起源といわれ、五世紀ころ秦《はた》氏がこの地に移住し、松尾の神を一族の総氏神《うじがみ》として信仰した。七〇一年（大宝一）、文武《もんむ》天皇の勅命により、秦忌寸都理《はたのいみきとり》が現在地に社殿を創建したのがはじめで、平安遷都後は賀茂《かも》両社（上賀茂《かみがも》・下鴨《しもがも》）と並んで皇域鎮護の社として篤《あつ》く信仰された。仁明《にんみょう》天皇が都の安泰を祈願して勅使を派遣したのをはじめ、歴代天皇の行幸は一〇度にもおよび、以後も各幕府によって社領を安堵《あんど》されてきた。

社殿背後の「亀《かめ》の井」より湧《わ》き出る霊泉をもって酒を醸《かも》すと腐らない、とも言い伝えられ、中世以降は酒造家から醸造祖神としても信仰されてきた。神輿庫《みこしぐら》の前には各地の醸造元から奉納された酒樽《さかだる》が並び、境内を南北に流れる一ノ井川岸は、春になると山吹《やまぶき》の花で埋め尽くされる。

現在の社殿は室町時代の一三九七年（応永四）に建立され、一五四一年（天文一一）に大修理を施

主祭神 大山咋神（おおやまぐいのかみ）
中津島姫命（なかつしまひめのみこと）
所在地 京都市西京区嵐山宮町3
電話 075-871-5016

交通アクセス：阪急松尾駅から徒歩2分。または京都駅よりバス、松尾大社前下車徒歩2分。
時間：9時～16時

・本殿

したもの。屋根は両流《りょうながれ》造りで千木《ちぎ》・鰹木《かつおぎ》を置かず、箱棟の両端が唐破風《からはふ》形をしており、その特殊な造りから「松尾造り」と称せられる（重文）。

長い歴史を伝える祭儀は多いが、四月二〇日以降最初の日曜日から行なわれる「松尾祭」は、壮麗かつ勇壮な祭で、かつては「松尾の国祭」とよばれていた。また、神幸祭（おいで）は松尾七社の神輿が、拝殿廻しのあと、松尾・桂の里を通って桂離宮前から桂川を船で渡り、左岸堤防下で古例の団子神饌《しんせん》を献じたのち、各御旅所に駐輦《ちゅうれん》される。三週間後の還幸祭（おかえり）が松尾祭の中心で、本殿をはじめ神輿から神職の冠・烏帽子《えぼし》に至るまで葵《あおい》と桂で飾るので、古くから「葵祭」ともいわれてきた。

天《てん》龍《りゅう》寺《じ》

Tenryuji

宗派 臨済宗天龍寺派
本尊 釈迦如来（しゃかにょらい）
所在地 京都市右京区嵯峨天龍寺芒ノ馬場町68
電話 075-881-1235

名勝で名高い嵐山の北に建つ巨刹《きょさつ》である。京福《けいふく》電鉄嵐山本線の終着駅「嵐山」を下車、すぐ右手に総門が東面する。正しくは霊亀山天龍資聖禅寺《れいきざんてんりゅうししょうぜんじ》。総門からは、塀を連ねる塔頭《たっちゅう》を左右にして、真っすぐな参道が諸堂参拝入口の堂々たる庫裏《くり》本玄関に連なり、大方丈、書院へと巡る。

天龍寺は、一三三九年（暦応二）、吉野《よしの》で亡くなった後醍醐《ごだいご》天皇の菩提《ぼだい》を弔い、南北両朝の戦いで死んだ兵を悼んで建てられたのが創建。開山には建立を説いた夢窓疎石《むそうそせき》を請じた。この地はもと嵯峨《さが》天皇の檀林《だんりん》皇后が開いた檀林寺で、のち後嵯峨上皇の仙洞《せんとう》御所・亀山殿《かめやまでん》であった。後醍醐天皇は幼少時、ここで過ごしている。建立の費用捻出《ねんしゅつ》のため、夢窓疎石の進言により、中断していた中国・元《げん》との貿易船「天龍寺船」を再開。一三四三年（康永二）までには七堂伽藍《がらん》のほとんどを整えた。塔頭・子院一五〇ヶ寺を数えて、京都五山の第一を誇る最盛期を迎える。

こうした伽藍《がらん》群も、一三五六年（延文一）を最初に一八六四年（元治一）までに八度の火災を受けた。そのたびに再建され、一九三四年（昭和九）に後醍醐天皇像を安置する多宝殿が完成して現在に至る。

交通アクセス：京福電鉄嵐山駅から徒歩1分。またはJR嵯峨嵐山駅から徒歩10分。
時間：8時30分～17時30分

・大方丈

「選仏場《せんぶつじょう》」の扁額《へんがく》を掲げた法堂《はっとう》は、内部正面の須弥壇《しゅみだん》に釈迦三尊像《しゃかさんぞん》を安置、天井には日本画家・加山又造《かやままたぞう》筆の雲龍図が描かれる。

後醍醐天皇の魂魄《こんぱく》を秘める大らかな境内にあって、創建時の姿と法風を伝えるのが、大方丈西面に広がる「曹源池《そうげんち》」（特別名勝）である。夢窓が池の泥を上げたとき、「曹源一滴」の文字を刻した石が現われ、名づけられた。あらゆるものの原初、根源の意味がある。『太平記』に「此開山国師、天性水石に心を寄せ、浮萍《ふへい》の跡を事とし給ひしかば、水に傍《そ》ひ山に依《よ》り十境の景趣を作られたり」と記されている。

多宝殿の周りには回遊路があって、四季折々に変化する嵯峨野の自然にひたることができる。

大《だい》覚《かく》寺《じ》

Daikakuji

宗派　真言宗大覚寺派
本尊　五大明王（ごだいみょうおう）
所在地　京都市右京区嵯峨大沢町4
電話　075-871-0071

旧嵯峨《さが》御所大覚寺門跡《もんぜき》は、嵯峨天皇の造営した離宮「嵯峨院」が前身。嵯峨天皇は淳和《じゅんな》天皇に譲位後、嵯峨院を仙洞《せんとう》（上皇の御所）とし、崩御までそこに暮らした。その後、皇女の正子《せいし》内親王（淳和天皇大后）の願いにより、八七六年（貞観一八）、清和天皇から、仙洞嵯峨院を大覚寺と号する定額寺《じょうがくじ》に改めることが勅許された。その上奏文は、大覚寺の俗別当になる菅原道真《みちざね》の起草によるもの。淳和天皇の皇子の恒寂《ごうじゃく》入道親王（仁明《にんみょう》天皇皇太子の恒貞《つねさだ》親王）を開山《かいさん》とした。

始祖である嵯峨天皇は、弘法大師空海に高野山《こうやさん》や東寺を賜るなど、真言宗立宗開教の絶大な外護者《げごしゃ》であり、八一八年（弘仁九）の大旱害《だいかんがい》時には、空海の勧めにより『般若心経《はんにゃしんぎょう》』の書写を行なった。その『心経』は現在も大覚寺に奉安されている。恒寂入道親王の遷化《せんげ》後、代々皇統によって門跡が継がれる。

大覚寺で院政を執った後宇多《ごうだ》法皇の皇統は大覚寺統とよばれ、皇位継承をめぐり後深草《ごふかくさ》上皇の持《じ》明院統《みょういんとう》と対立、南北朝分立の原因ともなった。一三三六年（建武三）、足利尊氏の戦火により伽藍《がらん》はことごとく灰燼《かいじん》に帰し、翌年から再建がはじまるも、前営の半ばにも及ばなかった。一三九二年（元

交通アクセス：京福・JR嵯峨嵐山駅から徒歩約20分。またはJR京都駅・嵯峨嵐山駅、嵐電・阪急嵐山駅よりバス、大覚寺下車。
時間：9時～16時30分

中九）には両統講和が大覚寺で行なわれ、徐々にではあるが、輪奐《りんかん》の美が甦《よみがえ》る。応仁《おうにん》の乱でも兵火を受けるが、乱後に復興。寛永年間（一六二四～四五）、後水尾《ごみずのお》天皇より京都御所から宸殿《しんでん》が下賜され、同時期に桃山時代に建立の正寝殿（客殿）を改造し、本堂、唐門《からもん》が次々に整備された。一九〇〇年（明治三三）、古義真言宗大覚寺派として独立。

大覚寺は、いけばな「嵯峨御流《ごりゅう》」発祥の花の寺でもある。嵯峨天皇が、嵯峨院を造営した際に作庭した大沢池の菊ヶ島に咲く野菊を手折《たお》り、器に生けたのをはじまりとする。

また、『般若心経』写経の根本道場として、参拝客による熱心な写経が続けられている。ここにも、嵯峨天皇の『般若心経』書写に因《ちな》む心が、脈々と受け継がれている。

・勅使門

◆90◆
京都10番

神《じん》護《ご》寺《じ》

Jingoji

宗派　高野山真言宗
本尊　薬師如来（やくしにょらい）
所在地　京都市右京区梅ケ畑高雄町5
電話　075-861-1769

「雨晴れて　白雲深し　紅葉山」　高浜虚子《たかはまきょし》

文人が好んで訪れた高雄山《たかおさん》神護寺は、京都市の北西に位置し、古くから紅葉の名所として知られる。正式名は神護国祚真言寺《じんごこくそしんごんじ》。

和気清麻呂《わけのきよまろ》が宇佐八幡《うさはちまん》の神託で道鏡《どうきょう》の天皇位継承を阻止してのち、七八一年（天応一）、桓武《かんむ》天皇に神願寺の建立を願い出て許され、河内《かわち》に伽藍《がらん》を建てた。しかしこの地は新寺に適さず、清麻呂の子の真綱《まつな》らが高雄にあった高雄山寺《たかおさんじ》を神願寺と合併し、八二四年（天長一）、「神護国祚真言寺」と改めた。

これより先の八〇二年（延暦二一）、高雄山寺で最澄《さいちょう》が法華会《ほっけえ》を修し、八一二年（弘仁三）には唐から帰国した空海《くうかい》が金剛界灌頂《かんじょう》、胎蔵灌頂を最澄らに授けている。空海は一四年間この寺に住持し、その後弟子の真済《しんぜい》が宝塔を建立して五大虚空蔵菩薩《ごくうぞうぼさつ》を安置、八七五年（貞観一七）、和気彝範《つねのり》によって梵鐘《ぼんしょう》も完成し、寺観も整う。

一一四九年（久安五）に火災で諸堂を焼失、衰退するが、文覚《もんがく》上人が源頼朝や後白河《ごしらかわ》法皇の厚い庇

交通アクセス：JR・地下鉄京都駅よりバス、山城高雄下車徒歩20分。または阪急烏丸駅・地下鉄四条駅よりバス、高雄下車徒歩20分。
時間：9時～16時

護を受け再興する。応仁の乱では再び兵火を受け大師堂を残し焼失するも、一六二三年（元和九）、龍厳《りゅうげん》上人のとき所司代板倉勝重《いたくらかつしげ》の奉行によって、楼門、金堂（現在の毘沙門堂）、五大堂、鐘楼を再建。一九三五年（昭和一〇）には山口玄洞《げんどう》氏の寄進により、金堂、多宝塔などが新築され、今日の美観を備えた。

本尊薬師如来《やくしにょらい》は創建当時より国家の安泰を祈願するために祀《まつ》られ、今も目の当たりに拝することができる。空海の住坊跡には、桃山時代に柿葺《こけらぶ》きの大師堂が再建され、内陣には鎌倉時代の板彫弘法大師像が安置される。

その他多くの文化財を蔵し、毎年五月一日から五日まで「宝物虫払行事《ほうもつむしばらいぎょうじ》」が開催され、国宝「伝源頼朝像」「伝平重盛《しげもり》像」など六十数点が神護寺の書院にて公開される。

・金堂

車《くるま》折《ざき》神《じん》社《じゃ》

Kurumazakijinja

主祭神 清原頼業公(きよはらよりなりこう)
所在地 京都市右京区嵯峨朝日町23
電　話 075-861-0039

京福《けいふく》電鉄嵐山本線に乗って車折神社駅で下車。駅前正面の、緑に包まれた神社である。古くこの地は、天武《てんむ》天皇の皇子舎人《とねり》親王に連なる清原《きよはら》氏の菩提寺宝寿《ぼだいじほうじゅ》院の境内で、本殿は、清原真人頼業《まひとよりなり》の墓所であったと伝えられている。頼業は、一二世紀、後白河《ごしらかわ》法王の近臣で、儒学者。律令《りつりょう》制下で重んじられた論語などの明経道《みょうぎょうどう》にすぐれ、高倉《たかくら》天皇の侍読《じとう》をつとめた。九条兼実《かねざね》から「明経道の棟梁《とうりょう》」と称された。『春秋左氏伝』にも精通した。一一八九年(文治五)薨去《こうきょ》。

「車折」の名は、後嵯峨《ごさが》天皇が大堰《おおい》川行幸の途中、この前で、突然、牛車《ぎっしゃ》の轅《ながえ》が折れたために、天皇からその社号を贈られたのがはじまりと伝える。次いで亀山《かめやま》天皇の嵐山行幸があったとき、社前の石の前で牛車が停《と》まり、牛は一歩も動こうとしない。供奉《ぐぶ》の者が怪しんで、はじめてこの社があることを知り、天皇も牛車から降りて、「車折明神《みょうじん》」の神号と、正一位を贈り号したという。『都名所図会《ずえ》』『拾遺《しゅうい》都名所図会』は、「下《しも》嵯峨・車折明神社」と記し、本殿と並んで阿弥陀《あみだ》堂を描いている。

本殿前の楓《かえで》の木の傍らに、信者が御礼に持参した大小さまざまな石がうず高く盛られる。古くから

交通アクセス：京福車折神社駅から徒歩すぐ。または市バス・京都バス車折神社前下車徒歩すぐ。
時間：8時30分～17時30分

京都の人々は願を掛けて社務所の祈念神石を持ち帰り、満願とともに石の数を倍にして返納するのが慣《なら》わし。近ごろは、受験の合格や恋愛成就を願う石もある。

境内には、天宇受売命《あめのうずめのみこと》を祀《まつ》る芸能神社があり、芸能上達の神として信仰がある。日本映画発祥の太秦《うずまさ》に近く、さまざまな芸術・芸能にかかわる人々が奉納した二〇〇〇枚を超える朱塗りの玉垣が、ずらりと並んでいる。

平安時代の優雅な船遊びを再現した三船《みふね》祭は、毎年五月一四日に行なわれる例祭の延長行事。五月の第三日曜日、嵐山渡月橋《とげつきょう》付近の大堰川に、御座船《ござぶね》を先頭に龍頭《りゅうとう》船・鷁《げき》首《す》船・詩歌船など二十数隻の船を浮かべ、様々な芸能や芸術を奉納（披露）。平安王朝をしのぶ、雅《みやび》な船遊びが繰り広げられる。

・拝殿前

仁《にん》和《な》寺《じ》

Ninnaji

宗派　真言宗御室派（おむろは）
本尊　阿弥陀三尊（あみださんぞん）
所在地　京都市右京区御室大内33
電話　075-461-1155

洛西《らくせい》・双ヶ《ならびが》丘《おか》の北に建ち、御室《おむろ》と尊称される雅《みやび》な寺である。御室は、仁和寺第一世となった宇多《うだ》法皇の御座所を意味し、現在、周辺の地名も、この寺のゆかりで御室とよばれる。壮大な二王門をくぐると、参道は、北へ真っすぐに中門を経《へ》て金堂に至る。境内は広々と、左右の堂塔までもが大きくゆったりとした構えである。

八八六年（仁和二）、光孝《こうこう》天皇が鎮護国家祈願のため、この地の大内山の麓《ふもと》に御願寺《ごがんじ》として造営をはじめたが、志半ばで亡くなり、宇多天皇がその遺志を継いで八八八年（仁和四）に金堂を完成、空海の弟子の東寺長者真然《しんぜん》を導師に落慶法要が営まれた。寺名は、創建の年号によった。八九七年（寛平九）、宇多天皇は譲位、二年後の八月に出家し、東寺長者の益信《やくしん》から戒を受けて仁和寺第一世となり、寺内に「室」を設けて在所とした。第二世は三条《さんじょう》天皇の皇子師明《もろあきら》親王がなり、以後、代々、皇子・皇孫によって継がれ、法皇門跡《もんぜき》寺院のなかの首位にある。

幾たびか火災に見舞われたが、仁和寺に大打撃を与えたのが応仁《おうにん》の乱であった。西軍の山名《やまな》氏によ

交通アクセス：嵐山電鉄御室仁和寺駅から徒歩3分。または京都駅よりバス、御室仁和寺下車すぐ。
時間：9時～16時30分

・二王門

って一山のほとんどが焼失。本格的な復興は、後水尾《ごみずのお》天皇の兄の二一世覚深法親王《かくじんほっしんのう》の時代であった。徳川幕府の援助を受け、一六四〇年(寛永一七)、京都御所の改築にともない、金堂に紫宸殿《ししんでん》、御影《みえ》堂に清涼殿、宸殿に常《つね》御殿等が移築される。今の伽藍《がらん》群の優美な外観は、この移築による。あわせて二王門、五重塔なども完成した。

明治維新で、第三〇世純仁《じゅんにん》法親王が還俗《げんぞく》し、皇族が門跡になる宮《みや》門跡が途絶える。一九九四年(平成六)、世界遺産に登録される。境内の御室桜は、遅咲きで花が低く、京都の花見の締めくくりとして賑《にぎ》わう。

寺宝に、本尊阿弥陀三尊《あみださんぞん》像や、孔雀明王《くじゃくみょうおう》画像、『三十帖冊子』(いずれも国宝)など多数がある。

◆93◆
京都13番

鹿苑寺《ろくおんじ》（金閣寺《きんかくじ》）

Rokuonji (Kinkakuji)

宗派 臨済宗相国寺派（しょうこくじは）
本尊 聖観世音菩薩（しょうかんぜおんぼさつ）
所在地 京都市北区金閣寺町1
電話 075-461-0013

盂蘭盆会《うらぼんえ》の夜、京の町をとりまく五山に火を点じて精霊《しょうりょう》を送る「五山の送り火」。その五山のひとつ、左大文字山の南麓《なんろく》に鹿苑寺がある。山号を北山《ほくざん》といい、臨済《りんざい》宗相国寺《しょうこくじ》派の別格地。鏡湖池《きょうこち》の前に建つ三層の楼閣「舎利殿《しゃりでん》」が二、三層に金箔《きんぱく》が押されているので、一般には「金閣寺《きんかくじ》」とよばれ、世界的にもこの呼称で名高い。一九九四年（平成六）には世界遺産に登録された。

室町幕府第三代将軍の足利義満《よしみつ》が、西園寺公経《さいおんじきんつね》の山荘であったこの地を譲り受け、一三九七年（応永四）から造営工事に着手、楼閣（金閣）を建て、林泉を築いた「北山殿《でん》」がはじまり。義満はここに北山文化を花開かせた。中国明《みん》の使節の送迎など公的な場として使われ、後小松《ごこまつ》天皇の行幸もあった。一四〇八年（応永一五）に病死した義満の遺言によって、一四二〇年（応永二七）ごろ、四代将軍義持《よしもち》が北山殿を、禅僧夢窓疎石《むそうそせき》の開山として禅刹《ぜんさつ》に改め、義満の法号「鹿苑院殿」から鹿苑寺と号した。その後、永く修禅の道場となる。ちなみに、「金閣」とよばれる楼閣は、夢窓国師が中興した西芳寺《さいほうじ》（苔寺《こけでら》）に建てられた二層の殿閣「西来《さいらい》堂」がモデルといわれる。

交通アクセス：阪急河原町駅・京阪三条駅よりバス、金閣寺前下車すぐ。またはJR京都駅よりバス、金閣寺道下車徒歩3分。
時間：9時～17時

鹿苑寺は、応仁《おうにん》の乱で兵火をあびるが、金閣は残った。しかし一九五〇年（昭和二五）、放火で焼失、五年後に復元再建された。

総門をくぐり順路に沿って進むと、突然に金閣が目の前に、鏡湖池に姿を映すその演出は、衝撃的でさえある。宝形《ほうぎょう》造り、三層の第一層は寝殿造りの「法水院《ほっすいいん》」、第二層は和《わ》様《よう》仏堂風の「潮音洞《ちょうおんどう》」、第三層は禅宗仏殿風の「究竟頂《くっきょうちょう》」と三様の顔を見せる。燦然《さんぜん》と輝く金箔は一九八七年（昭和六二）秋に貼り替えられた。

大書院の襖絵《ふすまえ》などには、本山相国寺の第一一三代住持・大典《だいてん》和尚《おしょう》（梅荘顕常《ばいそうけんじょう》）と親交があった伊藤若冲《いとうじゃくちゅう》の筆になる秀作が多い。

寺域の大半を占める庭園は、室町時代を代表する庭園で、国の特別史跡・特別名勝。

・金閣

平《ひら》野《の》神《じん》社《じゃ》

Hiranojinja

主祭神 今木皇大神（いまきのすめおおかみ）
久度神（くどのかみ）
古開神（ふるあきのかみ）
比賣神（ひめのかみ）
所在地 京都市北区平野宮本町1
電　話 075-461-4450

衣笠山《きぬがさやま》の東麓《とうろく》に広がる平野《ひらの》の中心をなす神社である。桓武《かんむ》天皇の平安京遷都にともない、平城京の田村後宮から現地に遷祀《せんし》された。『延喜式《えんぎしき》』神名《じんみょう》に「平野祭神四社」とみえる式内社である。社伝によれば、祭神は『記紀』にはみえないが、『延喜式』祝詞《のりと》では「皇大御神《すめおおみかみ》」「皇大神《すめおおかみ》」と尊称され、また同書神祇《じんぎ》では、全国唯一の皇太子御親祭とされた。『東宮坊式』には「神院」「神宮」とあり、宮中神と同一の扱いを受けている。

『今鏡《いまかがみ》』に、「平野はあまたのいえのうじ神にておはす」とあり、皇族から臣籍降下した源・平・高《たか》階《しな》・清原・中原・大江・菅原《すがわら》・秋篠《あきしの》の各氏の氏神とされた。二十二社の五位に列せられ、九八一年（天元四）、円融《えんゆう》天皇の行幸以来、しばしば行幸があり、平安中期には伊勢《いせ》の神宮、賀茂《かも》（上賀茂《かみがも》神社、下鴨《しもがも》神社）、石清水八幡宮《いわしみずはちまんぐう》、松尾《まつのお》大社に次ぐ名社に数えられた。

社殿の本殿は重文。檜皮葺《ひわだぶ》き、一間社春日《いっけんしゃかすが》造りの四殿を二殿つづきに繋《つな》ぎ、正面に向拝を付け、三間社のように見える独自の構造は、「比翼《ひよく》春日造り」の名がある。「平野造り」とも。一六二六年（寛永三）、

交通アクセス：JR京都駅・京阪三条駅・阪急四条大宮駅よりバス、衣笠校前下車徒歩1分。
時間：5時～17時（境内自由）

藤原氏北家《ほっけ》につながる西洞院時慶《にしのとういんときよし》が復興。一六四九年（慶安二）には、後水尾《ごみずのお》天皇の中宮東福門院《とうふくもんいん》により拝殿などが建てられた。

例祭は平野祭とよばれ、古く四月と一一月の初申《はつさる》の日に行なわれた。当日は参議以上が参集し、皇太子の奉幣があって盛大を極めたという。紫式部の夫藤原宣孝《のぶたか》も勅使を務めたことが『御堂《みどう》関白記』にみえる。現在は四月二日をもって例大祭とされる。

四月一〇日には桜花祭がある。花山《かざん》天皇のお手植えの桜に因《ちな》み、花山天皇御陵に奉告、各時代の衣装をまとった約二五〇人の神幸列が巡幸する。江戸時代から名高い桜は、境内におよそ五〇種、四〇〇〇本が植えられ、「平野の夜桜」は京都を代表する花の名所となっている。

・本殿

北《きた》野《の》天《てん》満《まん》宮《ぐう》

Kitanotenmangu

主祭神 菅原道真公（すがわらのみちざねこう）
所在地 京都市上京区馬喰町
電　話 075-461-0005

「天神さん」といえば、京都では「北野天満宮」である。祭神の菅原道真《すがわらのみちざね》は、学問の神様として篤《あつ》い信仰を受けている。毎月二五日は縁日であり、境内には露店が軒を並べ、多くの参拝者で賑《にぎ》わう。

宇多《うだ》、醍醐《だいご》天皇から重用され右大臣として活躍した道真は、九〇一年（昌泰四）、藤原時平《ときひら》の讒言《ざんげん》で大宰権帥《だざいのごんのそち》に左遷され、二年後に大宰府で薨去《こうきょ》した。道真の死後、内裏清涼殿《せいりょうでん》の落雷や、時平が急死するなど都には天変異変が続いた。九二三年（延長一）、時平の娘の生んだ保明《やすあきら》親王が没したが、世を挙げて道真の怨霊《おんりょう》のなせることと恐れた。道真の霊魂を鎮めようとして、右大臣に復して正二位を贈り、さらに正一位左大臣、太政大臣を追贈した。

九四二年（天慶五）、右京七条四坊に住む多治比文子《たじひのあやこ》が「（道真の御霊《ごりょう》を）北野右近の馬場に祀《まつ》れ」との託宣を受け、当初は家の辺りに小祠を建てて祀っていたが、九四七年（天暦一）、再度託宣を受け、北野に祠を移した。北野天満宮の創建である。

九五九年（天徳三）には、藤原忠平《ただひら》の子である右大臣藤原師輔《もろすけ》が社殿を増築し、九八七年（永延一）

交通アクセス：京福電車北野白梅町駅から徒歩5分。またはJR京都駅・京阪出町柳橋駅・地下鉄今出川駅よりバス、北野天満宮前下車徒歩1分。
時間：9時～17時

八月には一条《いちじょう》天皇が勅祭の執行を命じた。社格は九九一年（正暦二）の奉幣に際し、二十二社に加列された。また、曼殊院《まんしゅいん》を創建した僧是算《ぜさん》が菅原氏の出身であったことから北野社の別当《べっとう》職に補せられた。

中世には連歌、猿楽、舞楽が盛んに行なわれ、一五八七年（天正一五）には豊臣秀吉が北野大茶湯を催し、一六〇三年（慶長八）、出雲《いずも》の阿国《おくに》が念仏踊《ねんぶつおどり》とともに歌舞伎《かぶき》踊を演じている。北野天満宮が広く篤い信仰を集めていたことがうかがわれる。

現在の社殿は、一六〇七年（慶長一二）、豊臣秀頼《ひでより》が片桐且元《かたぎりかつもと》を奉行として造営したもの。境内には、道真が愛した梅の木が数多くあり、祥月命日の二月二五日に行なわれる「梅花祭」のころは馥郁《ふくいく》たる香に包まれる。

・社殿（国宝）

今《いま》宮《みや》神《じん》社《じゃ》

Imamiyajinja

主祭神 大己貴命（おおなむちのみこと）
事代主命（ことしろぬしのみこと）
奇稲田姫命（くしなだひめのみこと）

所在地 京都市北区紫野今宮町21

電　話 075-491-0082

平安京造営にあたって、南北の中心軸・朱雀《すざく》大路の北の基点とされた船岡山《ふなおかやま》。清少納言《せいしょうなごん》が『枕草子《まくらのそうし》』に「岡は船岡」と、ことあげしてよく知られるが、今宮神社はこの岡の北にある。東南には臨済《りんざい》宗大徳寺《だいとくじ》派の大本山大徳寺がある。

船岡山では、平安時代から疫病が流行《はや》るたびに、御霊会《ごりょうえ》が行なわれた。九九四年（正暦五）には神輿《みこし》を造って御霊会を行ない、あとで神輿を難波津《なにわづ》に流したことが『日本紀略』にみえる。

一〇〇一年（長保三）の疫病流行のおり、船岡山の北に新しく神殿を建立して今宮社と称し、勅使を遣わし東遊《あずまあそび》、走馬《はしりうま》（競馬《くらべうま》）を奉納した。今宮神社の創建である。以後、都に疫病が流行るたびに朝野をあげて御霊会が行なわれ、ことに民衆の篤《あつ》い信仰に支えられた。本殿は一九〇二年（明治三五）の再建で、西隣に摂社の疫《えやみ》社があり、祭神は素盞嗚尊《すさのおのみこと》を祀《まつ》る。さらに西には、氏子《うじこ》町に絹織物の産地で知られる西陣をひかえ、その機業家に祀られた織姫《おりひめ》神社がある。

例祭は一〇月八、九日。五月五日からは約一〇日間にわたって今宮祭がある。四月第二日曜日に行な

交通アクセス：JR二条駅・京福四条大宮駅より市バス、今宮神社前下車すぐ。またはJR京都駅より市バス、船岡山下車徒歩7分。
時間：9時～17時

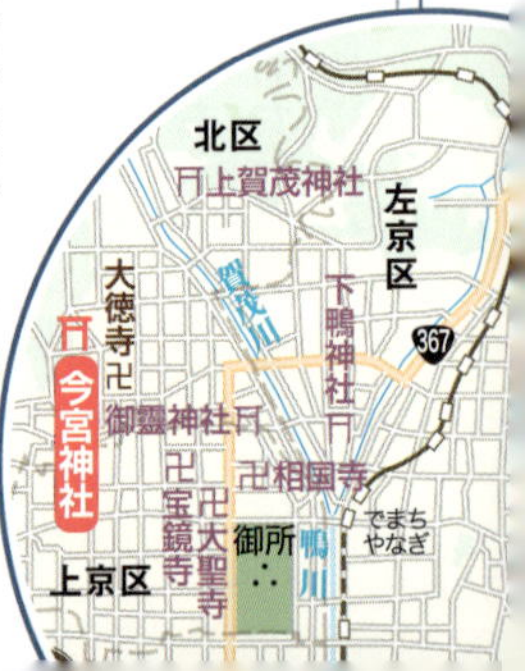

われる「やすらい祭」は、『梁塵秘抄《りょうじんひしょう》』にも記される疫病鎮めの鎮花祭《ちんかさい》で、太秦《うずまさ》・広隆《こうりゅう》寺《じ》の牛《うし》祭、鞍馬《くらま》の火祭とともに名高い京の三奇祭のひとつ。烏帽子《えぼし》・素襖《すおう》に身を調えた氏子の翳《かざ》す松・桜・椿《つばき》・山吹・柳で飾った緋《ひ》の花傘《はながさ》を中心に、黒毛・赤毛の四人の鬼が、氏子の家の前で笛・鉦《かね》・小太鼓の囃子《はやし》に合わせて「やすらい花や」と踊る。花傘に入ると、厄が除かれる。その装いがあまりに華美に過ぎ、一時、勅令で禁じられたりしたが、徳川綱吉《つなよし》の母桂昌院《けいしょういん》が西陣の出であったこともあって再興された。

東門前に向かい合う茶屋で売られる「あぶり餅《もち》」は、斎竹《いみだけ》を用いた串《くし》に餅片を刺して火であぶり、味噌《みそ》風味のたれをつけたもので、疫病除けとして親しまれる。

・楼門

宝《ほう》鏡《きょう》寺《じ》

Hokyoji

宗派　臨済宗
本尊　聖観世音菩薩（しょうかんぜおんぼさつ）
所在地　京都市上京区寺之内通堀川東入
電話　075-451-1550

「人形の寺」の通称名がある宝鏡寺は、京都御所北の東西通、寺之内《てらのうち》通りの堀川東にある。「百々《どど》御所《ごしょ》」ともよばれる。東側に架けられた「百々橋」には、応仁《おうにん》の乱で西軍の山名宗全《やまなそうぜん》と東軍の細川勝元《かつもと》がにらみ合って戦った故事がある。東に茶道の表千家・不審庵《ふしんあん》と裏千家・今日庵《こんにちあん》が隣接する。

開山は景愛寺《けいあいじ》第六世であった光厳《こうごん》天皇の皇女華林宮恵厳《かりんのみやえごん》禅尼であり、応安年間（一三六八〜七五）に御所で祀《まつ》られていた聖観世音菩薩《しょうかんぜおんぼさつ》像を、五辻《いつつじ》通大宮にあった景愛寺支院の建福尼寺に奉納安置して、名前を改めて開山したのがはじまり。この観音像は、伊勢の二見ヶ浦《ふたみがうら》で漁網にかかったものと伝えられ、膝《ひざ》の上に小さな「宝鏡」を持っていることから宝鏡寺の寺名ともなる。

一六四四年（寛永二一）、後水尾《ごみずのお》天皇の皇女仙寿院宮理昌《せんじゅいんのみやりしょう》禅尼が住持となって以後、相次いで天皇皇女が入寺し、再び朝廷とのゆかり深い尼門跡《あまもんぜき》となる。一七八八年（天明八）の、「どんぐり焼け」とよばれる大火で類焼。光格《こうかく》天皇が皇女欽宮《はやのみや》を入寺させるなど復興に心をよせた。

本堂は、光格天皇の発願で、勅作堂には光格天皇の作像という阿弥陀《あみだ》如来立像を安置し、傍らに

交通アクセス：JR京都駅より市バス、堀川寺之内下車徒歩5分。または地下鉄今出川駅・鞍馬口駅から徒歩15分。
時間：10時～16時

・本堂

足利義政《よしまさ》夫人の日野富子《ひのとみこ》坐像《ざぞう》がある。中庭には、奈良の八重桜で、花弁が大きい牡丹《ぼたん》桜が有名だ。桂《かつら》離宮の園林《おんりん》堂建立のとき、堂前とここに移植された。

寺宝に、孝明《こうめい》天皇遺愛の人形や遊戯具を多く伝える。「人形の寺」の別称は、このゆかりによる。徳川家茂《いえもち》に降嫁した仁孝《にんこう》天皇の皇女和宮《かずのみや》も幼少のころに住まいし、その遺品が伝えられる。これら所蔵の人形を中心に「宝鏡寺人形展」が春秋に一般公開される。春は三月一日から四月三日まで、秋は一一月一日から三〇日まで。毎年一〇月一四日には、「人形供養祭」がある。毎月納められる人形の総供養の日で、人形塚前でお経が唱えられ、献茶・献花や焼香が行なわれ、本堂では島原太夫の舞の奉納などがある。

◆98◆
京都18番

大《だい》聖《しょう》寺《じ》

Daishoji

京都御所の北西隣、烏丸《からすま》通に面して白壁の塀がとりまく清浄な門跡《もんぜき》寺院である。尼五山のひとつ。山号は岳松山《がくしょうざん》と号する。もと聖護院《しょうごいん》の地で、聖護院が一六七五年（延宝三）に火災に遭って現在地に移転、その跡に一六九七年（元禄一〇）、一条東洞院《ひがしのとういん》から移された。

開基は無相定円《じょうえん》禅尼。禅尼は光厳《こうごん》天皇の妃《きさき》であったが、一三六八年（貞治七）、光厳天皇の法事が嵯峨《さが》・天龍寺《てんりゅうじ》で営まれたとき、春屋妙葩《しゅんおくみょうは》について出家した。のち足利幕府第三代将軍義満《よしみつ》から室町御所の岡松殿《おかまつどの》に迎えられ、禅尼はここを住居としたが、没後、遺言によって寺とし、法名の大聖殿無相定円禅尼にちなみ、大聖寺と号したのがはじまりという。『普明《ふみょう》国師（春屋妙葩）語録』には一三八二年（永徳二）七月一九日に、大聖寺で、七日の斎会《さいえ》が行なわれたことがみえる。禅尼のあと、悟心《ごしん》尼が開山となり、五辻《いつつじ》大宮の尼五山一位の景愛寺《けいあいじ》の住持も兼ねた。

後円融《ごえんゆう》天皇の皇女理栄宮が入ってから大聖寺は、御寺御所ともいい、寺伝によれば、正親町《おおぎまち》天皇の皇女が入室したときには比丘尼《びくに》御所第一位の綸旨《りんじ》を賜り、以来、光格天皇皇女の永潤宮《えいじゅんのみや》に至るまで、

宗派　臨済宗
本尊　釈迦如来（しゃかにょらい）
所在地　京都市上京区烏丸通り今出川上ル
電話　075-441-1006

交通アクセス:地下鉄今出川駅からすぐ。または市バス烏丸上立売から徒歩5分。
時間:通常は非公開(拝観希望は事前に連絡を)

歴代内親王が後継する慣《なら》わしとなり、門跡《もんぜき》寺院とされた。明治維新後は、御所の上臈《じょうろう》役を務めた華族の息女が住持することになった。

開基以来、所在は、一四三〇年（永享二）に北山、一四七二年（文明四）に比叡山西麓《ひえいざんせいろく》の八瀬《やせ》に近い長谷《ながたに》に移っている。一四七九年（文明一一）八月に、毘沙門《びしゃもん》町に移転。現黒門通元誓願寺《もとせいがんじ》下ルで、大聖寺辻子《ずし》の地名が残っている。その後も移転を繰り返して、一六九七年（元禄一〇）現在地に移る。子院に大歓喜寺《だいかんぎじ》、蓮華清浄寺《れんげしょうじょうじ》本光院、西福田寺の尼寺を擁した。

現在の本堂は、一九四三年（昭和一八）、東京・青山御所から移築した建物で、書院は永潤宮が住持のときに、宮中から下賜されたという。

・宮御殿

相国寺《しょうこくじ》

Shokokuji

宗派	臨済宗相国寺派
本尊	釈迦如来（しゃかにょらい）
所在地	京都市上京区相国寺門前町701
電話	075-231-0301

京都御所の今出川《いまでがわ》御門から今出川通を北に渡って、真っすぐに参道が総門に向かう。境内は、美しく剪定《せんてい》された赤松林のなかに堂宇が建ち並び、厳格な禅味が鎮まる。正式には萬年山《まんねんざん》相国承天禅寺《じょうてんぜんじ》。北山・鹿苑寺《ろくおんじ》（金閣寺）、東山・慈照寺《じしょうじ》（銀閣寺）を含めて全国の末寺は百ヶ寺を数える。

室町第二代将軍足利義詮《よしあきら》の死後、征夷《せいい》大将軍を継いだ三代将軍足利義満《よしみつ》が一三八二年（永徳二）、一大禅院の建立を発議。春屋妙葩《しゅんおくみょうは》や義堂周信《ぎどうしゅうしん》、絶海中津《ぜっかいちゅうしん》らと相談し、その勧めで室町通上立売《かみたちうり》一帯に開いた室町第「花の御所」の東（ほぼ現在地）に着工したのがはじまり。寺号は、春屋らが「左大臣」の唐名の「相国《しょうこく》」にちなんで承天相国寺とした。

翌年、寺号を相国承天禅寺とし、故夢窓《むそう》国師を追請《ついじょう》開山に、春屋を二世とし、やがて仏殿と法堂《はっとう》が立柱。こうしたなかで京都五山の第二に列せられた。一三九二年（明徳三）には、楼門・祖師堂、庫裏《くり》・僧堂などの一大工事も完成する。翌年には画期的な七重大塔に着手する。

義満の権力を誇示した堂塔伽藍《がらん》は、しばしば火災に見舞われる。一三九四年（応永一）、新造なっ

交通アクセス：地下鉄烏丸線今出川駅から徒歩7分。または市バス同志社前下車徒歩5分。
時間：10時～16時（春秋の特別拝観期間のみ公開）

・法堂

た堂塔伽藍のほとんどを焼失したが、義満はただちに再建に着手した。翌年には早くも、仏殿・崇書院の立柱が終わり、次いで昭堂が成った。さらに一三九九年（応永六）には大宝塔が建てられた。一五八四年（天正一二）、西笑承兌《せいしょうじょうたい》の入寺で本格的な再建が進められ、中興となった。一七八八年（天明八）、京都を焼き尽くす大火で類焼したのを最後にして、大小一七回の火災を数える。

諸堂のなかで最古の建物として残るのが法堂。京都の五山禅院のなかでも最大である。中央須弥壇《しゅみだん》に本尊釈迦如来《しゃかにょらい》、脇《わき》に阿難《あなん》・迦《か》葉《しょう》尊者を安置。高さ一一メートルの鏡天井は三百平方メートルの広さで、八方睨《にら》みの蟠《ばん》龍《りゅう》図が描かれる。狩野光信《かのうみつのぶ》筆。下で手を打つと音が反響するので、「鳴き龍」の名がある。

御《ご》靈《りょう》神《じん》社《じゃ》（上《かみ》御《ご》霊《りょう》神社）

Goryojinja(Kamigoryojinja)

主祭神 早良親王（さわらしんのう）以下八柱
所在地 京都市上京区上御霊竪町495
電話 075-441-2260

京都御所の北、地下鉄烏丸《からすま》線鞍馬口《くらまぐち》駅の東にある。辺りは古くより鞍馬街道の京への出入り口とされた。この地には、かつて最澄（伝教《でんぎょう》大師）によって開かれ、平安京遷都以前からこの地域で勢力を誇った出雲《いずも》氏の氏寺と伝わる上出雲寺《かみいずもでら》（小山寺）があった。上出雲寺は『延喜式《えんぎしき》』七寺のひとつ。御靈神社はその鎮守社で、『延喜式』神名《じんみょう》にある「出雲井於社《いずもいのへのやしろ》」とする説もある。

創建年月は不明だが、社伝によれば七九四年（延暦一三）、桓武《かんむ》天皇が長岡《ながおか》京から平安京に遷都したとき、弟の早良親王《さわらしんのう》の霊を祀《まつ》ったのがはじまりとされる。平安京遷都に先立つ長岡京遷都のとき、推進者の藤原種継《たねつぐ》の暗殺事件があり、早良親王に、事件に連座したという嫌疑がかけられた。流罪となった親王は食を絶ち、流刑地の淡路《あわじ》島に向かう途中で亡くなり、遺骸《いがい》は淡路島に葬られた。

やがて、桓武天皇の周辺には不幸や悪疫が次々に起こり、早良親王の祟《たた》りとされた。そこで桓武天皇は親王に「崇道《すどう》天皇」の名を追贈し、その御霊を祀り、鎮魂を祈ったといわれる。さらに、大和《やまと》国宇智《うち》郡霊安寺に祀られていた光仁《こうにん》天皇皇后・井上《いのえ》内親王とその子の他戸《おさべ》親王が合祀《ごうし》され、のちに桓武

交通アクセス：地下鉄鞍馬口駅から徒歩3分。または市バス出雲路俵町から徒歩10分。
時間：6時～日没（夏季）、7時～日没（冬期）

天皇夫人の藤原吉子《きっし》や、「三筆」のひとりである橘逸勢《たちばなのはやなり》なども祀られた。井上内親王は、桓武天皇の即位をめぐり起こった皇位継承事件で非業の死を遂げ、合祀はその名誉回復であったともいえる。

一三八四年（至徳一）九月には正一位の神階が贈られ、一四二三年（応永三〇）三月には足利三代将軍義満《よしみつ》が参詣《さんけい》して太刀を奉納した。一四六七年（応仁一）、室町幕府管領《かんれい》の畠《はたけ》山政長《やままさなが》が御霊の森に立てこもり、畠山義就《よしなり》と家督を争ったのが、応仁《おうにん》の乱の発端となった。

例祭である御霊祭は、毎年五月一八日に行なわれ、剣鉾《けんぼこ》や牛車《ぎっしゃ》、三基の神輿《みこし》が氏子周辺を巡幸する。剣鉾は御霊会《ごりょうえ》のシンボルで疫神を祓《はら》うとされ、祇園《ぎおん》祭などの山鉾の原形ともいわれる。

・鳥居と楼門

路傍の神仏

新木直人　賀茂御祖神社宮司

桃山時代の終わりごろに編纂《へんさん》された『室町殿日記』という将軍足利義晴《あしかがよしはる》の伝記に「京、今出川に、大宗坊といふ客僧、伊勢講中の懸銭《かけせん》方々より借用」と伊勢講のことを記している。「かけ銭」とあるようにすでに講形式がなりたち、掛け金によって、伊勢参りが盛んであったことを知ることができる。

京都、北山、大森の賀茂神社に日待《ひまち》講がある。日待講とは、物忌みし、潔斎をして神の来臨を迎えるという村落の人々の祭事であった。日待は、日の出の直前に神事がおこなわれるという、古代の太陽信仰の遺制を伝える共同体の祭事であった。ところが、江戸時代になると、伊勢講の影響をうけ村人の代表が伊勢参りをすることに変換し、今日まで続いているという。

『嬉遊笑覧《きゆうしょうらん》』という、江戸末期に喜多村信節《きたむらのぶよ》という人の書いた随筆に「まづ、京、大坂、大和めぐりすめり。神仏にまゐるは傍はらにて、遊楽をむねとす。伊勢は順路なればかならず参宮す」とある。旅すがら、神さんや仏さんはついでにお参りをして、お楽しみが先という気ままな伊勢参りもあった。江戸時代は、様々なタイプの伊勢参りで賑《にぎ》わったようである。

先日、伊勢の神宮へお参りした帰路、念願の鴨《かも》神社へお参りした。伊勢の神宮には、別宮《べっくう》など所管の神社が一二五社まつられている。そのうちの摂社・鴨神社のことである。三重県度会《わたらい》郡玉城《たまき》町山神、という所であった。近隣には神仏習合時代の神宮寺旧跡がある。

昭和五十七年刊行の、皇學館大学考古学研究会の報告書『玉城町南部の遺跡』によると、鴨神社の西方、玉城町矢野字ヒムロ一帯を「ヒムロ遺跡」として発掘調査の結果を報告している。この地域は、『日本書紀』や『古事記』によると、崇神《すじん》天皇の時代に皇女を伊勢の神宮の斎宮《さいぐう》として定められたとき、斎宮寮とともに宮中の主殿《とのも》寮から水主司《もいとりのつかさ》の鴨氏の系流が差遣され居住した地域ではないかと推定している。

『賀茂神宮鴨氏系図』の譜文に、鴨県主《かもあがたぬし》大二目命の子孫等は、鴨建角身命《かもたけつぬみのみこと》の社を祭祀《さいし》し、宮中の主殿寮の水主司にも仕えている、とある賀茂御祖神社氏人の系流のことである。近くには、氷を貯蔵した氷室《ひむろ》跡を推定して地名となっている。また、三重県多気郡明和町の斎宮跡が国の史跡に指定された昭和五十六年、旧跡の発掘調査報告書に、奈良時代後期と思われる溝の跡から「水司鴨口」とヘラ書きのある土師器《はじき》が出土したとある。斎宮寮に水部司として鴨氏が関わっていたことが確認されたとあった。

伊勢参りの道中には、まだまだ人々の信仰の歴史が秘められている。道すがら、あちら、こちらを見て歩くのも楽しみである。

賀《か》茂《も》御《み》祖《おや》神《じん》社《じゃ》（下鴨《しもがも》神社）

Kamomioyajinja (Shimogamojinja)

主祭神 玉依媛命（たまよりひめのみこと）
賀茂建角身命（かもたけつぬみのみこと）
所在地 京都市左京区下鴨泉川町59
電話 075-781-0010

賀茂《かも》川と高野《たかの》川の合流する三角地に、古代から変わらぬ植生を伝える広大な社叢《しゃそう》「糺《ただす》の森」のなかに包まれるように鎮座する賀茂御祖神社は、一般には下鴨神社とよばれる。賀茂川上流に鎮座する賀茂別雷《わけいかづち》神社を、上賀茂《かみがも》神社、上社《かみしゃ》とよぶのにならって、下社《しもしゃ》ともよばれる。玉依媛命《たまよりひめのみこと》がある日、瀬見《せみ》の小川で川遊びをしているとき、上流から流れてきた丹《に》塗りの矢を持ち帰って身籠《みごも》り、上賀茂神社の祭神賀茂別雷大神《おおかみ》を産んだことに因《ちな》む。

『延喜式《えんぎしき》』の名神《みょうじん》大社で、山城《やましろ》国一の宮であり、京都最古の神社。世界遺産に登録されている。

平安京遷都前にすでに瑞垣《みずがき》築造の記録があり、遷都以後は、朝廷から上社・下社ともに総社《そうじゃ》として伊勢《いせ》神宮に次ぐ尊崇を受け、行幸や祭礼に奉幣《ほうへい》があり、天皇の斎院《さいいん》が置かれた。平安の古式を伝える本殿を中心に建ち並ぶ殿舎は、平安末期には完全な社頭の景観を整えていたという。鎌倉時代に描かれた「賀茂御祖神社社頭図」を見れば、社殿の配置など全体の景観は、かつて建てられていた斎院や神宮寺《じんぐうじ》を除いて、現状とほぼ一致する。

交通アクセス：JR京都駅よりバス、下鴨神社前下車すぐ。または京阪・叡山電鉄出町柳駅から徒歩10分。
時間：9時～16時

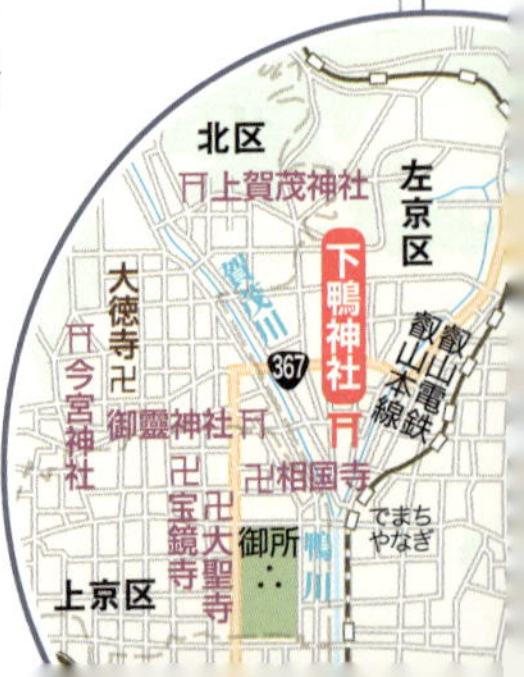

三間社流《さんげんしゃながれ》造り、檜皮葺《ひわだぶ》きの東西本殿は一八六三年（文久三）の建て替えで、国宝。楼門・舞殿《ぶでん》・幣殿・中門・橋殿《はしどの》など、五三棟が重文である。

「糺の森」を入った左にある摂社「河合《かわい》神社」は、神武《じんむ》天皇の母、玉依媛命を祭神とする。小さいながら『延喜式』神名《じんみょう》に「鴨《かも》川小社《おこそ》宅《やけ》神社」とある。鴨長明《ちょうめい》は、河合社の社家《しゃけ》の生まれ。有名な『方丈記《ほうじょうき》』はこのほとりで書かれた。

京の三大祭の「葵祭《あおいまつり》」で、御所から出発した華麗な行列が最初に到着するのが下鴨神社である。三月三日の雛《ひな》流し、七月土用丑《うし》の日の御手洗《みたらし》池の足つけ神事、八月立秋前夜の夏越《なごし》神事等は、春秋の風物詩として親しまれている。

・楼門

賀《か》茂《も》別《わけ》雷《いかづち》神《じん》社《じゃ》（上《かみ》賀《が》茂《も》神社）

Kamowakeikaduchijinja (Kamigamojinja)

主祭神　賀茂別雷大神（かもわけいかづちのおおかみ）
所在地　京都市北区上賀茂本山３３９
電　話　０７５-７８１-００１１

賀茂川《かもがわ》上流に、背後の神山《こうやま》を降臨山として鎮座する。天武《てんむ》天皇の六七八年、社殿の基が造営された。京都最古の神社で、『延喜式《えんぎしき》』の名神《みょうじん》大社である。山城《やましろ》国一の宮。世界文化遺産に登録される。

社伝によると、賀茂玉依媛命《たまよりひめのみこと》が丹塗《にぬ》りの矢に感得して出産した御子が、成人となった宴席で祖父の賀茂建角身命《たけつぬみのみこと》に「父と思うものに杯を捧《ささ》げよ」と促される。御子は杯を天に投げ「私は天神の御子である」と天に昇った。この御子が、賀茂別雷命《かもわけいかづちのみこと》である。

七八四年（延暦三）十一月、長岡京《ながおかきょう》遷都にともない、上・下社に従《じゅ》二位の神位が授与されるなど、朝廷の崇敬《すうけい》篤《あつ》く、平安京遷都の前年の七九三年（延暦一二）、桓武《かんむ》天皇は遷都の奉告をし、遷都にあたってはじめて行幸。八〇七年（大同二）、正一位の神階を受ける。嵯峨《さが》天皇の八一〇年（弘仁一）、伊勢《いせ》神宮にならって未婚の皇女・女王が祭事に奉仕する斎院《さいいん》が置かれる。現在、五月一五日に催行する賀茂祭（葵祭《あおいまつり》）は、三大勅祭のひとつ。六世紀、欽明《きんめい》天皇のおり、風水害に苦しんでいた庶民のため、勅命で卜部伊吉若日子《うらべのいきわかひこ》に占わせたところ、賀茂大神の祟《たた》りであるとわかった。そこで四月吉日、

交通アクセス：地下鉄北大路駅よりバス、上賀茂御薗橋下車徒歩3分。
時間：8時30分～16時（開門時間）

・楼門

馬に鈴をつけて走らせ、祭祀を行なった結果、五穀成就して天下泰平となったので、毎年国家的な行事として祭りが行なわれるようになった。また、賀茂祭に先立って、五月一二日に行なわれる御阿礼《みあれ》神事は、当神社の祭祀のなかで最も古く、かつ最も厳重な、御神霊を迎えるための秘事である。

室町時代に描かれた古絵図の社殿等の配置が現在まで同じという、古《いにしえ》の賀茂の佇《たたず》まいが継承されている。本殿は権殿《ごんでん》とともに、一八六三年（文久三）に造替され、流《ながれ》造りの典型で、国宝。一六二八年（寛永五）造営の楼門・細殿《ほそどの》・橋殿《はしどの》等、三四棟が重文。

境内で目を引くのが、細殿前にある一対の円錐《えんすい》形の立砂《たてすな》（盛砂）。祭神が降臨した神山《こうやま》をかたどった神の依《よ》り代《しろ》（神籬《ひもろぎ》）である。

鞍馬寺《くらまでら》

Kuramadera

宗　派　鞍馬弘教総本山
本　尊　鞍馬山尊天(くらまやまそんてん)
所在地　京都市左京区鞍馬本町1074
電　話　075-741-2003

叡山《えいざん》電鉄の始発駅出町柳《でまちやなぎ》から終着駅の鞍馬《くらま》まで三〇分。駅を出ると、朱塗りの仁王門が鞍馬山中に埋まるように建つ鞍馬寺に導く。中腹の多宝塔前まではケーブルもある。杉木立に囲まれたほの暗い参道はつづら折りの山道で、漲《みなぎ》る自然の霊気を全身に浴びながら、鎮守社の由岐《ゆき》神社を経《へ》て本殿金堂に至る。寺は、松尾山金剛寿命院《しょうびさんこんごうじゅみょういん》と号する。

『鞍馬蓋寺《あんばがいじ》縁起』によると、七七〇年(宝亀一)、苦難一三年を経て来日した唐の高僧鑑真和上《がんじんわじょう》の高弟鑑禎《がんちょう》が、和上の示寂七年目の正月、夢で「山城《やましろ》国北方高山に霊地あり」というお告げを受け、宝の鞍《くら》を置いた白馬に導かれ、途中、毘沙門天《びしゃもんてん》の加護を得て草庵《そうあん》を結んだのを開創とする。さらに延暦《えんりゃく》年間、観音菩薩《ぼさつ》を祀《まつ》る聖山を探していた造東寺長官の藤原伊勢人《いせんど》が、貴船明神《きぶねみょうじん》の教示で放たれた白馬に導かれ、毘沙門天を祀った草堂にたどり着いた夜のこと。夢に「観音と毘沙門天も根本はひとつ」との童子のお告げがあり、堂塔を建て毘沙門天と千手観音をあわせて安置し、白馬の霊夢によって鞍馬寺とした、と伝える。七九六年(延暦一五)、勅して定額寺《じょうがくじ》とされ、山林・寺田を賜った。

交通アクセス：叡山電鉄鞍馬駅より、本殿金堂まではケーブル2分と徒歩10分。または徒歩のみ30分。
時間：9時～16時30分

都の北にあたることから、王城鎮護の寺として古くから広く朝野の篤《あつ》い尊崇を集め、かつて一〇院九坊の伽藍《がらん》を誇り、特別な位置を占めてきた。清和《せいわ》天皇が八六三年（貞観五）に楼門を建立した。夏のはじまりを告げて毎年六月二〇日、本殿で「竹伐《たけき》り会式《えしき》」がある。中興の峯延《ぶえん》上人が法力で大蛇を退治したという故事にちなむ。また、一〇月二二日夜に繰り広げられるのが、京都の奇祭のひとつ由岐神社の祭礼「鞍馬の火祭」。九四〇年（天慶三）、御所に祀られた由岐明神が鞍馬に遷座されたおり、麓《ふもと》の里人が松明《たいまつ》を焚《た》いて迎えたのが起源。霊宝殿では、観音菩薩立像《りゅうぞう》・兜跋《とばつ》毘沙門天立像（ともに重文）などを拝観できる。

・奥の院魔王殿

貴《き》船《ふね》神《じん》社《じゃ》

Kifunejinja

主祭神 高龗神(たかおかみのかみ)
所在地 京都市左京区鞍馬貴船町180
電話 075-741-2016

京都の市中を貫流する鴨《かも》川を遡《さかのぼ》って三〇分余り。左手に、朱色の大鳥居を前にして橋が架かる。鴨川の源流は、ここで左右に鞍馬《くらま》川と貴船《きぶね》川とに分かれる。左の貴船川をたどれば、森に包まれた清流の傍らに貴船神社がある。『延喜式《えんぎしき》』神名《じんみょう》に、愛宕郡《おたぎごおり》「貴布禰《きふね》神社」とみえる名神《みょうじん》大社。貴船は、古く「黄船」「木船」「気(木)生嶺(根)」とも表記された。

主神の高龗神《たかおかみのかみ》の高は山峰をさし、龗は竜神で雨を司《つかさど》る神である。伝承によれば、神武《じんむ》天皇の母にあたる玉依姫命《たまよりひめのみこと》が黄船に乗って難波津《なにわづ》から淀《よど》川を経て鴨川を遡り、この地に上陸し一宇の祠《ほこら》を建て、地主神の水神を祀《まつ》ったのが創建という。貴船の名は、この黄船にちなむ。創建はまた、神代の昔、丑《うし》の年・丑の月・丑の日・丑の刻に山中の鏡岩に神霊が降臨したことによるともいわれる。

鴨川の源流にあることから「河上《かわかみ》社」とよばれ、平安京遷都後から治水の神・祈雨祈晴の神として尊崇され、そのたびに朝廷から奉幣使《ほうへいし》が派遣されている。貴船神社から川の上流五〇〇メートルにある奥宮が元の鎮座地で、一〇四六年(永承一)の出水で社殿が流され、一〇五五年(天喜三)、現在地

交通アクセス:叡山電鉄貴船口駅から徒歩30分。
または京都バス(自由乗降バス)貴船下車。
時間:6時～20時

・参道

に本社を遷《うつ》した。

情熱の歌人和泉式部《いずみしきぶ》が参詣《さんけい》して詠んだ「物おもへば沢のほたるもわが身より　あくがれいづる魂《たま》かとぞみる」の歌はよく知られる。ゆかりの蛍石が、大鳥居から貴船川のとっかかりにある。謡曲『鉄輪《かなわ》』は、嫉妬《しっと》の怒りから貴船神社へ丑の刻詣《もう》でをする女の壮絶なストーリーだ。

奥宮の境内に、玉依姫が乗った黄船を覆い隠したという石積みの舟形石《いわ》がある。長さ一〇メートル、幅三メートル、高さ一・五メートル。六月一日の例祭には、地元の子どもたちが「忌《い》み串《ぐし》」を手に舟形石の周囲を回る。

本社境内の「水占みくじ」は、参拝者に人気がある。水の神を祀る神社らしく、御神水におみくじを浸して吉凶の卦《け》を受ける。

寂《じゃっ》光《こう》院《いん》

Jakkoin

宗派 天台宗
本尊 地蔵菩薩（じぞうぼさつ）
所在地 京都市左京区大原草生676
電話 075-744-2545

比叡山《ひえいざん》の西北麓《せいほくろく》に位置した大原。古くから朝廷とのゆかりが深く、さらに延暦寺《えんりゃくじ》の影響を受けた山里である。都の貴顕が隠棲《いんせい》し、山上の僧たちがここに草庵《そうあん》を結んで修行三昧《ざんまい》に過ごし、別所とよばれた。平安後期には、融通《ゆうずう》念仏宗の祖として知られる良忍《りょうにん》（聖応《しょうおう》大師）が道場を開いて、声明《しょうみょう》の響く里となった。

寂光院は、そんな大原の西、大原川を隔てて翠黛山《すうたいさん》の麓《ふもと》にある。山号は清香山《せいこうさん》。以前は延暦寺に属した尼寺だが、創建は古い。寺伝では、五九四年（推古天皇二年）、聖徳太子が父の用明天皇の菩《ぼ》提《だい》を弔うために建てたと伝える。本尊も、太子自作の地蔵菩薩《じぞうぼさつ》立像《りゅうぞう》であったという。

この山里の寂光院がなによりもよく知られるのは、源平による壇の浦の合戦のあと、平清盛の娘で、高倉天皇中宮の建礼門院徳子《とくこ》が、一一八五年（文治一）、ここに庵《いおり》を結んで平家一門とわが子の安徳天皇の菩提を弔う日々を過ごしたことによる。女院の念仏三昧の日々は、『平家物語』の灌頂《かんじょう》巻に語られ、能の『大原御幸《おはらごこう》』は、その最後の語りの部分で、義父の後白河《ごしらかわ》上皇がお忍びで訪ねる名曲である。

交通アクセス：JR京都駅、または京阪出町柳駅より京都バス、大原下車徒歩10分。
時間：9時～17時

のちに寺は衰退するが、一六〇三年（慶長八）に豊臣秀頼《ひでより》、母の淀君《よどぎみ》によって本堂などが再興。そのころすでに、建礼門院徳子の悲話をもとに訪ねる人が多かったらしい。

一六八二年（天和二）、儒医の黒川道祐《どうゆう》が訪ねて記した『北肉魚山《ぎょさん》行記』によれば、江戸期に近江《おうみ》守山《もりやま》西郷氏の女子が尼となって以来、代々、尼公《あまぎみ》が住職を務めたとある。

立ち木の間を、美しい石段に導かれて登る。秀頼と淀君の再建になる本堂は、二〇〇〇年（平成一二）に火災に遭って失われたが、再建が進められて二〇〇五年（平成一七）に竣工《しゅんこう》した。

建礼門院徳子の大原西陵を背にし、『平家物語』に因《ちな》む遺構がある。

・山門

三《さん》千《ぜん》院《いん》

Sanzenin

寺伝では、七八八年（延暦七）、伝教《でんぎょう》大師最澄が比叡山《ひえいざん》に根本中堂《こんぽんちゅうどう》を創建のおり、東塔南谷《とうどうみなみだに》の梨《なし》の大樹の下に一堂を建立したのが起こり。八六〇年（貞観二）、清和天皇の勅を受け、最澄自刻の薬師如来を本尊として、一念三千院、円融院《えんにゅういん》と称した。また、比叡山麓《さんろく》の東坂本《さかもと》に移って円徳院《えんとくいん》と称する。院内にあった加持井《かじい》（修法に用いる井戸）から、「梶井門跡《かじいもんぜき》」の名が起こる。堀河《ほりかわ》天皇皇子最雲法親《さいうんほっしん》王《のう》が住んだのを最初の門跡とし、以来、皇族の住持する寺となり、三門跡のひとつと定められ、さらに五箇室門跡に数えられた。「宮中懺法講《せんぼうこう》」のときは、本院《ほんいん》法親王が導師を務めた。

一二三二年（貞永一）、本坊を焼失して以来、寺院は洛中《らくちゅう》を転々とする。東小坂にはじまって西の京、東山白川《しらかわ》などを経《へ》て、一三三二年（元弘二）には北山紫野《むらさきの》（船岡《ふなおか》山東）に落ち着くが、応仁《おうにん》の乱で焼失。大原の政所《まんどころ》を仮御殿とし、一六九七年（元禄一一）、御所近くの河原町《かわらまち》御車《おくるま》小路（河原町広小路）に本殿を構える。

明治の神仏分離によって、一八七一年（明治四）に大原に移った。三千院が大原にあって「三千院」

宗派 天台宗
本尊 薬師瑠璃光如来（やくしるりこうにょらい）
所在地 京都市左京区大原来迎院町540
電話 075-744-2531

交通アクセス：京都バス大原下車、徒歩約10分。
時間：8時30分～16時30分

と号するのはこのときからだ。一八九六年（明治二九）、大原にあった常行三昧《じょうぎょうざんまい》堂の往生極楽院を本堂として、その阿弥陀如来《あみだにょらい》を本尊とする。

往生極楽院は、杉木立のなかの入母屋《いりもや》造りの小さな御堂で、安置される丈六の本尊阿弥陀如来と脇侍《わきじ》の観音・勢至菩薩《ぼさつ》（国宝）は、この世の極楽を表わす。狭い堂内を広く見せるのは、中央を山形にした船底天井という構造による。両脇侍は、蓮台上にやや前屈《かが》みに、正座のような「大和坐《やまとすわ》り」が特徴である。

有清園《ゆうせいえん》とよばれる庭から石段を登れば、奥の院に至る。順路には、三〇〇〇株を数える紫陽花《あじさい》や石楠花《しゃくなげ》・桜が植えられ、庭の所々で愛らしい表情をみせるわらべ地蔵とともに、参観者の眼を楽しませている。

・往生極楽院

赤《せき》山《ざん》禅《ぜん》院《いん》

Sekizanzenin

宗派　天台宗
本尊　赤山明神（せきざんみょうじん）
　　　泰山府君（たいざんふくん）
所在地　京都市左京区修学院開根坊町18
電話　075-701-5181

比叡山《ひえいざん》の西隣、赤山の麓《ふもと》の幽邃《ゆうすい》の地にある。赤山は東山三十六峰に連なる一峰で、山名は、赤山禅院からの命名である。赤山明神《せきざんみょうじん》を祀《まつ》り、赤山明神社、赤山明神ともよばれる。比叡山・延暦寺《えんりゃくじ》の守り神であるとともに、京都御所から表鬼門の方角にあたり、「皇城守護」の寺でもある。

創建は、八八八年（仁和四）。八六四年（貞観六）正月一四日、慈覚《じかく》大師円仁《えんにん》が七一年の生涯を閉じるとき、禅院の建立を弟子の安慧《あんね》に遺言したという。

最後の遣唐船で入唐《にっとう》した円仁の苦節九年の日記『入唐求法《ぐほう》巡礼行記』によれば、円仁は、天台山巡礼を申し出るが許されず、文殊菩薩《もんじゅぼさつ》の聖地・五台山《ごだいさん》に向かう途中、文登県の赤山法華院《ほっけいん》に留《とど》まる。県から不法逗留《とうりゅう》を問われ、厳しい検問のなかで、赤山法華院の僧や人々の温かい支えで五台山にたどり着き、苦難を経《へ》て帰国する。円仁は、この入唐時代の赤山法華院への感謝と仏恩報謝から、ゆかりの寺院建立を悲願としていた。

大鳥居には「大明神」の額が掛かる。円仁が赤山法華院で山の神・泰《たい》（太）山府君《ざんふくん》に祈って法を得

交通アクセス：叡山電鉄出町柳駅より市バス、修学院道下車徒歩15分。
時間：9時～16時30分

・本殿前・正念珠の門

たことから勧請《かんじょう》して、「赤山明神」と称したことに由来する。『太平記』巻一五には、後《ご》醍醐《だいご》天皇のもとに弓矢を持ったひとりの老翁が現われ、「何者か」と質《ただ》したところ、「円宗《えんしゅう》擁護の赤山大明神にて候《そうろう》」と守護した一節がある。

境内に入って眼を引くのが、拝殿の屋根上に乗った陶製の猿像だ。大明神の眷属《けんぞく》で、厄《やく》除《よ》け、疫病除けの神で知られ、遠く御所をにらむ。近世は、商売繁盛の神として、現世ご利益《りやく》の霊験から一般に広く信心された。

不動堂では毎年一月五日、比叡山千日回峰行を終えた大阿闍梨《だいあじゃり》による「八千枚大護摩供《く》」が法修される。また、仲秋名月の日には、喘息《ぜんそく》封じの「へちま加持」が多くの参詣者《さんけいしゃ》で賑《にぎ》わう。境内を覆う秋の紅葉は絶景である。

曼《まん》殊《しゅ》院《いん》

Manshuin

宗派　天台宗
本尊　阿弥陀如来(あみだにょらい)
所在地　京都市左京区一乗寺竹ノ内町42
電話　075-781-5010

修学院《しゅがくいん》山の懐に建つ曼殊院《まんしゅいん》は天台五箇室門跡《ごかしつもんぜき》のひとつで、竹内《たけのうち》門跡、竹ノ内御殿の別称がある。七八五年(延暦四)、伝教《でんぎょう》大師最澄が比叡山《ひえいざん》に国家鎮護の道場として一宇を建てたのがはじまり。以後、慈覚《じかく》大師円仁《えんにん》をはじめ代々住持に引き継がれる。一〇世紀、是算《ぜさん》国師の代に比叡山西塔北谷《さいとうきただに》に移り、「東尾坊《とうびぼう》」と号した。曼殊院となったのは、是算国師から八代後に住持になった忠尋《ちゅうじん》大僧正の天《てん》仁《にん》年間(一一〇八~一〇)からであった。

「曼殊」は、梵語《ぼんご》の「マンジュ」で、妙楽《みょうらく》、愛楽の意味がある。忠尋が北野《きたの》天満宮の別当職を兼ねることになって、北山近くに別院を開設するが、足利義満《よしみつ》が金閣《きんかく》を造営するにあたって、御所の北の相国寺《しょうこくじ》付近に移る。文明年間(一四六九~八七)以降、後土御門《ごつちみかど》天皇の伏見宮貞常《ふしみのみやさだつね》親王の御子大僧正慈運《じうん》、後奈良《ごなら》天皇の皇子覚恕法親王《かくじょほっしんのう》などが住持して、以来歴朝皇子が法統を継ぎ、永く親王の法室となり、門跡に列せられた。やがて一六五六年(明暦二)、第二九代門主を継いだ良尚《りょうしょう》法親王によって現在地に移る。良尚法親王は、桂《かつら》離宮を造営した八条宮初代の智仁《としひと》親王の第二皇子。仏教の内《ない》

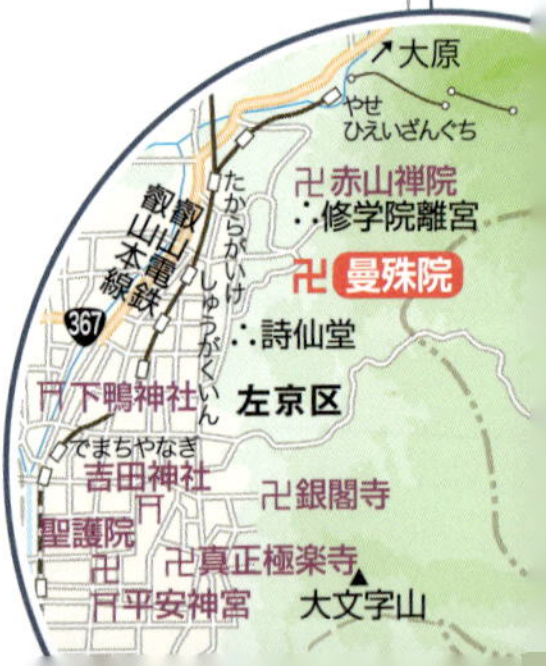

交通アクセス:市バス一乗寺清水町下車徒歩20分。または叡山電鉄修学院から徒歩20分。
時間:9時~ 17時(受付は16時30分まで)

外典《げてん》を学んで学識に通じ、和歌・書画に才を発揮した。茶の湯は自ら「竹ノ内門流」を興し、いけ花は池坊《いけのぼう》二代専好《せんこう》と楽しんだ。

通用門をくぐると、庫裏《くり》の軒に「媚竈《びそう》」の扁額《へんがく》がある。「奥にいる高位の人に媚《こ》びるより、下働きの竈《かまど》の人に感謝せよ」という戒めだ。大書院は柿葺《こけらぶ》きで、内部に「十雪の間」、「滝の間」などが続く。引き手金具、欄間には桂離宮と共通の意匠をうかがわせる。

小書院は優雅な数寄屋《すきや》風書院。良尚法親王の居間という「黄昏《たそがれ》の間」を主室に「八窓軒」などの茶室がある。両書院の前の庭は書院式枯山水。小書院を屋形船に見立てて、悟りの彼岸である蓬莱山《ほうらいさん》に至る趣を表現しているという。国宝の不動明王《みょうおう》画像（黄不動《きふどう》）を蔵する。

・大書院（本堂）

慈《じ》照《しょう》寺《じ》（銀《ぎん》閣《かく》寺《じ》）

Jishoji (Ginkakuji)

宗派　臨済宗相国寺派
本尊　釈迦牟尼如来（しゃかむににょらい）
所在地　京都市左京区銀閣寺町2
電話　075-771-5725

東山三十六峰の一峰で、大文字の送り火で名高い如意ケ岳《にょいがたけ》の懐に建つ。正しくは東山《とうざん》慈照寺。北山《ほくざん》金閣寺と対称して銀閣寺とよばれる。春は門前の小道に沿って植えられた桜並木が花のトンネルを作り、拝観の人々も足を延ばして賑《にぎ》わう。

慈照寺は一四八二年（文明一四）、室町幕府八代将軍足利義政《よしまさ》が荒廃した浄土寺跡に築いた山荘「東山殿」を前身とする。一四九〇年（延徳二）、義政の死去にともない、その遺言から夢窓疎石《むそうそせき》を追請《ついじょう》開山とし、相国寺から宝処周財《ほうしょしゅうざい》を迎えて禅刹《ぜんさつ》とされた。寺号は義政の法名「慈照院喜山道慶」による。

東山殿は、応仁《おうにん》の乱の混乱のなかで、義政が美意識のすべてを傾けた隠居所であった。常《つね》御殿をはじめ、持仏堂としての東求堂《とうぐ》に仏間、書斎の同仁斎《どうじんさい》、泉殿、弄清亭などを次々に完工させる。とくに庭園造りには執心で、自ら築庭にあたったほど。錦鏡池《きんきょうち》を前に「銀閣」の名でよばれる二層からなる観音殿など壮麗を極めた。義政の没後も堂宇や庭は整備が続けられたが、兵火に遭い、一五五八年（永禄一）の三好長慶《みよしながよし》との合戦では東求堂と観音殿を残し大半を失う。一六一五年（元和一）、宮城豊盛《みやぎとよもり》を

交通アクセス：市バス銀閣寺前下車徒歩5分。または市バス銀閣寺道、下車徒歩10分。
時間：8時30分～17時（3～11月）、9時～16時30分（12～2月）

・銀閣

奉行に修復が行なわれる。

明治初年の廃仏毀釈《きしゃく》で痛手を受けるが、第一六世祥州元禎らによって甦《よみがえ》った。

椿の銀閣寺垣に導かれ、唐門脇《わき》の小さな門をくぐると、正面に白砂を高く盛り上げた向《こう》月台《げつだい》と銀沙灘《ぎんしゃだん》が目に飛び込む。慈照寺のシンボルともいえる存在だが、これが置かれるようになったのは江戸時代からだという。

右には国宝・観音殿。銀箔《ぎんぱく》の荘厳の有無の考証にとらわれない、いぶし銀の佇《たたず》まいだ。

東求堂（国宝）は、義政の思い入れ深い書院造りの持仏堂。閑寂ななかに広がる建物、庭の石の配置、植栽のひとつひとつに東山文化の粋が伝えられている。ここばかりは市中の喧騒と無縁である。一九九四年（平成六）、世界遺産に登録される。

吉《よし》田《だ》神《じん》社《じゃ》

Yoshidajinja

主祭神 建御賀豆知命（たけみかづちのみこと）
伊波比主命（いはいぬしのみこと）
天之子八根命（あめのこやねのみこと）
比売神（ひめがみ）

所在地 京都市左京区吉田神楽岡町30

電話 075-771-3788

旧市中の社寺で行なわれる節分会《せつぶんえ》のなかでも、最も賑《にぎ》わうのが吉田神社である。京都の表《おもて》鬼門にあたり、宮中で行なわれてきた古式による追儺式《ついなしき》がある。東大路通から吉田山麓《さんろく》までの広い参道には露店がずらりと並び、厄除詣《やくよけもうで》の参拝者でいっぱいになる。

貞観《じょうがん》年間（八五九〜八七七）、藤原山蔭《やまかげ》が奈良春日《かすが》神を勧請《かんじょう》し氏神《うじがみ》として祀《まつ》ったのにはじまる。九八六年（寛和二）、大原野《おおはらの》神社に準じて官祭の詔《みことのり》を受け、以来、藤原氏の京都における氏神となり、朝廷の尊崇を集めた。一条兼良《かねよし》の『公事根源《くじこんげん》』に「春日の社と同体也《なり》。奈良の京の時は春日社、長《なが》岡《おか》の京のときは大原野、いまの平安城の時は吉田社也」とある。

一〇世紀末、一条天皇の時代から卜部兼延《うらべかねのぶ》が祠官《しかん》となり、代々、卜部氏によって世襲され、のち卜部姓は吉田姓に改められる。応仁《おうにん》・文明の乱で、一時、危機を迎えるが、一四八四年（文明一六）、吉田兼倶《かねとも》が神祇《じんぎ》斎場を神域内に設けて全国の神を合祀《ごうし》し、大元宮《だいげんぐう》と称して神官の統括をはかり、従来の本地垂迹《ほんじすいじゃく》説に対して唯一《ゆいいつ》神道を称《とな》える。「吉田神社に一度参れば、全国の神祇に参る霊験がある」

交通アクセス：京阪出町柳駅から徒歩20分。市バス京大農学部前、または京大正門前下車徒歩5分。
時間：9時〜16時

として、広く一般の信仰を集める。

本殿は春日造りで、一六四八年（慶安一）の再建。向かって右より、一殿・二殿と四棟が横一列に並び四神を祀る。斎場所大元宮は、本殿の東南にある。もと吉田家邸内にあったのを一四八四年（文明一六）、ここに移したもので、神社建築としては珍しい八角形の円堂。現在の社殿は一六〇一年（慶長六）の再建で重要文化財に指定される。境内には、和菓子の京都にふさわしく菓祖《かそ》神社もある。

・斎場所大元宮

節分祭は、節分前日・当日・後日と三日間にわたる。追儺式は、上古《じょうこ》御所で行なわれた神事を復元したものである。

真《しん》正《しょう》極《ごく》楽《らく》寺《じ》

Shinshogokurakuji

宗派 天台宗
本尊 阿弥陀如来(あみだにょらい)
所在地 京都市左京区浄土寺真如町82
電話 075-771-0915

真正極楽寺《しんしょうごくらくじ》は、吉田《よしだ》山の東南に続く、小高い丘の上に建つ。山号は鈴声山《れいしょうざん》。京都に住む人は、親しく「真如《しんにょ》堂さん」とよぶ。

慈覚《じかく》大師円仁《えんにん》が、大津の苗鹿《のうか》明神《みょうじん》から賜った栢《かしわ》の霊木を自刻して延暦寺《えんりゃくじ》の常行堂《じょうぎょうどう》に祀《まつ》った阿弥陀《あみだ》如来《にょらい》を、九八四年(永観二)に戒算《かいさん》上人が東《とう》三条院詮子《せんし》の離宮であった現在地に移したことにはじまる。

九九二年(正暦三)に離宮を捨てて寺院とし、戒算が開山となる。

九九四年(正暦五)、一条《いちじょう》天皇の勅命により本堂を建立し、勅願寺とする。その寺跡は現在の境内地の東北にあり、元真如堂と号する。とくに後醍醐《ごだいご》天皇・後村上《ごむらかみ》天皇の崇信が篤《あつ》く、寺封を寄進された。その後、応仁《おうにん》の乱の兵火に焼かれるなどして、市中を転々とするが、一六九三年(元禄六)、旧地の西南に再建された。

境内には総門・三重塔・鐘楼堂・元三《がんざん》大師堂などがある。本尊阿弥陀如来立像《りゅうぞう》は、重文。とりわけ、女人を救済くださると、女性の参拝者が多い。本堂北西にある新長谷寺《はせでら》は、吉田《よしだ》神社の神宮寺とし

交通アクセス:市バス真如堂前下車徒歩5分。
時間:9時~16時

て吉田山西麓《せいろく》にあった堂宇を明治期に移築したもの。

毎年一一月五日から一五日まで行なわれる盛大な法事「お十夜《じゅうや》」は有名である。堂内に置かれた八つの大鉦《おおがね》を打ち鳴らしながら念仏を唱和する。室町時代、伊勢守《いせのかみ》・平貞国《さだくに》が参籠《さんろう》し、霊験を受けて一〇日一〇夜の念仏を修したのをはじまりとする。阿弥陀如来の御手から伸びる白色の綱が境内に渡され、それにすがって念仏を唱《とな》えると阿弥陀様に直接届くとされる。また、下《しも》の世話を受けずに往生《おうじょう》できるというご利益《りやく》のある「たれこ」止めの小豆粥《あずきがゆ》の接待もある。「お十夜」が終われば、山内の紅葉が本格化する。

・三重塔

聖《しょう》護《ご》院《いん》

Shogoin

宗派　本山修験宗
本尊　不動明王（ふどうみょうおう）
所在地　京都市左京区聖護院中町15
電話　075-771-1880

寺伝によると、はじめ洛北《らくほく》・岩倉《いわくら》の長谷《ながたに》にあり、常光院《じょうこういん》と称した。修験道の祖・役小角《えんのおづぬ》を宗祖とし、一〇代山伏、円珍《えんちん》を経《へ》て一〇九〇年（寛治四）、園城寺《おんじょうじ》の僧・増誉《ぞうよ》が白河《しらかわ》上皇の熊野詣《くまのもうで》の先達をし、その功から「聖体護持」の言葉より二字をとって、聖護院が創建された。この経緯から聖護院は、役行者《えんのぎょうじゃ》を宗祖、円珍を曩祖《のうそ》、増誉を開祖としている。

第四世に後白河《ごしらかわ》天皇の皇子静恵法親王《じょうえほっしんのう》がなってから宮門跡《みやもんぜき》となり、聖護院宮・聖護院御所ともよばれた。応仁《おうにん》の乱（一四六七〜七七）の兵火を受け、足利八代将軍義政《よしまさ》が再建にあたっている。義政は、出家に際して聖護院に入っている。再び焼失し、のち豊臣秀吉が烏丸上立売《からすまかみたちうり》に移し、一六七六年（延宝四）に現在地に再建された。一六〇九年（慶長一四）には、幕府から修験道本山法頭として諸国の本山派山伏の統括権が与えられる。一七八八年（天明八）と一八五四年（嘉永七）の二度の御所炎上にあたって、天皇の仮御所になった。

一八七二年（明治五）の修験道廃止令で本山派法頭の地位を失うが、本山修験宗として再興され、

交通アクセス：京阪丸太町駅から徒歩7分。または京都駅・阪急河原町駅よりバス、熊野神社前下車徒歩3分。
時間：9時〜17時（拝観は事前に予約が必要）

現在にいたる。書院と宸殿《しんでん》は、再建時の殿舎で、狩野《かのう》派による一七〇面におよぶ障壁画も現存する。書院は御所の殿舎を移築した建物と伝えられる重文。

行事は一月八日から一四日に寒中托鉢《たくはつ》がある。鈴懸《すずかけ》衣に結袈裟《ゆいげさ》、頭に頭巾《ときん》という装束の山伏が聖護院に勢ぞろいし、法螺貝《ほらがい》を吹き鳴らして市中を托鉢し、寒の京都の風物詩となっている。二月二、三日の節分会《せつぶんえ》には本尊不《ふ》動明王《どうみょうおう》が開帳され、門主を導師に採燈大護《さいとうおおご》摩供《まく》が執り行なわれる。このとき山伏たちによってなされる、歌舞伎《かぶき》の『勧進帳《かんじんちょう》』でもよく知られる問答は、見る者を圧倒する迫力である。その音声《おんじょう》は、森御殿とよばれた聖護院に春の到来を告げる。四月には葛城《かつらぎ》僧行、九月には大峯奥駈《おおみねおくがけ》修行が行なわれる。

・宸殿

平《へい》安《あん》神《じん》宮《ぐう》

Heianjingu

主祭神 桓武天皇（かんむてんのう）
孝明天皇（こうめいてんのう）
所在地 京都市左京区岡崎西天王町97
電　話 075-761-0221

長岡京から平安京へと遷都《せんと》して以来、一一〇〇年を経《へ》た記念事業として、一八九五年（明治二八）に創建された。その事業費用は、広く一般から募るとともに、朝廷から特別に二万五〇〇〇円（現在の五億円相当）が下賜された。前年七月二日、伊《い》東忠太《とうちゅうた》らの考証設計によるこの社は、平安神社から官幣《かんぺい》大社平安神宮となる。ここに祀《まつ》られる桓武《かんむ》天皇の皇霊は、皇居の皇霊殿から分霊された。

社殿は、平安京大内裏・大極殿の八分の五に縮小して建てられ、正門の応天門《おうてんもん》を楼門、正殿の大極殿を拝殿とする。丹《に》塗《ぬ》り二層の壮麗な楼門には古様の「応天門」の神額を掲げ、くぐると白砂の庭が広がり、龍尾壇《りゅうびだん》とよばれる壇で上段と下段に分けられ、拝殿に導く。五二本の朱塗りの円柱が整然と並ぶ拝殿は、碧瓦葺《へきがわらぶ》き、入母屋《いりもや》造り。棟の両端に鴟尾《しび》を乗せる。左右には歩廊が延びて、右が蒼龍《そうりゅう》楼、左が白虎《びゃっこ》楼である。

本殿後方に広がる神苑《しんえん》は、三万三〇〇〇平方メートルに及ぶ回遊式庭園。白虎楼脇《わき》の門を入口として、文豪谷崎潤一郎《たにざきじゅんいちろう》が絶賛した枝垂れ桜の銘木にはじまり、東、中、西、南の四庭で構成され、創建

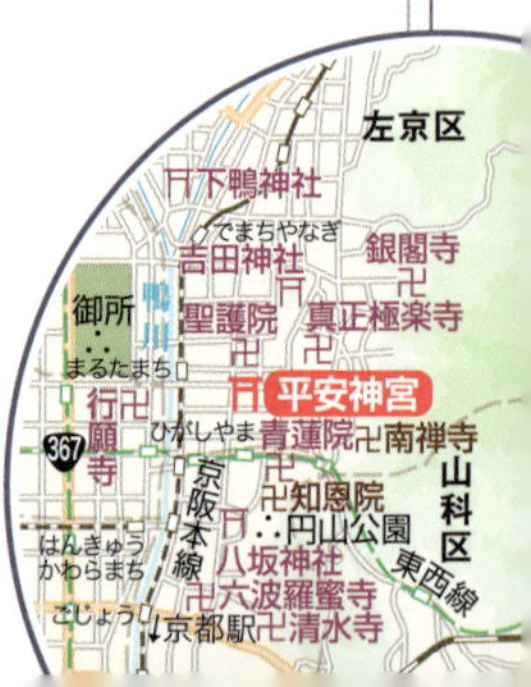

交通アクセス：地下鉄東山駅から徒歩10分。または京阪三条駅・丸太町駅から徒歩15分。
時間：8時30分～17時30分（神苑拝観・夏季）

・応天門

時に〝植治《うえじ》〟小川治兵衛が作庭した。東庭の「栖鳳《せいほう》池」は平安朝の様式を採り入れて舟遊びが配慮される。池を渡して橋殿《はしどの》が架かり、借景の東山の四季の移ろいを目の前にする。

遷都一一〇〇年記念の創建以来、毎年一〇月二二日に催行される「時代祭」は、京都の三大祭のひとつとして名高い。一〇月二二日というのは、桓武天皇が入京した日に因《ちな》む。平安から維新までをそれぞれの時代風俗で綴《つづ》り、歴史上の人物たちが出揃《でそろ》った時代絵巻が、総勢およそ二〇〇〇人もの市民が練り歩く大行列によって繰り広げられるさまは圧巻。

現在、平安神宮には平安京最初の帝・桓武天皇と、最後の帝・孝明《こうめい》天皇の、あわせて二柱が祀られている。新しくはあれども、今も訪れる者を古の平安京へと誘う社である。

行《ぎょう》願《がん》寺《じ》

Gyoganji

宗派　天台宗
本尊　十一面千手観音菩薩（じゅういちめんせんじゅかんのんぼさつ）
所在地　京都市中京区寺町通竹屋町上ル行願寺門前町
電話　075-211-2770

京都御所の東南、寺町通に面してある。

「霊麀山《れいゆうさん》」を山号にした正式な寺号よりも「革堂《こうどう》さん」という俗称で親しまれている。町堂としての歴史から、小さな境内には、今も熱心なお参りの人々による香華が絶えない。

もと一条小川新町にあって一条北辺堂と称した。一〇〇四年（寛弘二）、行円《ぎょうえん》上人が修行の途中に立ち寄り、賀茂明神《かもみょうじん》から授かった神木で千手観音《せんじゅかんのん》像を刻んで堂内に安置し、行願寺と改めて開山となったのをはじまりとする。

行円は豊後《ぶんご》国（大分県）速見《はやみ》郡の人。姓は園部《そのべ》、名は形部といった。あるとき、山中で一頭の鹿《しか》を射る。見ると鹿は、身ごもった雌鹿《めじか》で、行円は殺生を深く悔い、仏心を起こして諸国の霊山で修行する。いつも頭に仏像をいただき、身には経文を書いた鹿皮をまとっていたので、市中の人々から「革《かわ》聖《ひじり》」とも「革《かわ》上人」ともよばれるようになった。山号は仏心を得た鹿のゆかりからで、堂も「革堂」の別称が生まれた。

交通アクセス：JR京都駅よりバス、河原町丸太町下車徒歩5分。または京阪丸太町駅から徒歩10分。
時間：8時～16時30分

中世には、六角堂《ろっかく》（頂法寺《ちょうほうじ》）とともに町堂として多くの人々の信仰を集めた。その後、火災などで市中の移転を繰り返し、一七〇八年（宝永五）の大火に遭い、現在地に移った。

本堂は、文化年間（一八〇四～一八）の再建という。境内の西北隅に、高さ三メートルあまりの巨大な五輪石塔がある。水輪の正面に不動明王《みょうおう》を安置する。行円が建てたと伝えるが、時代は下って鎌倉時代の作である。

毎年八月一五日のお盆だけに見ることができる幽霊絵馬がある。寺伝によれば、文化年間、近くにあった質屋の子守り娘にまつわる悲話をもとに娘の両親が奉納したという。絵馬にはめ込まれた鏡は、娘の愛用の品という説がある。

・本堂

青《しょう》蓮《れん》院《いん》

Shorenin

宗派 天台宗
本尊 熾盛光如来（じじょうこうにょらい）
所在地 京都市東山区粟田口三条坊町69―1
電話 075-561-2345

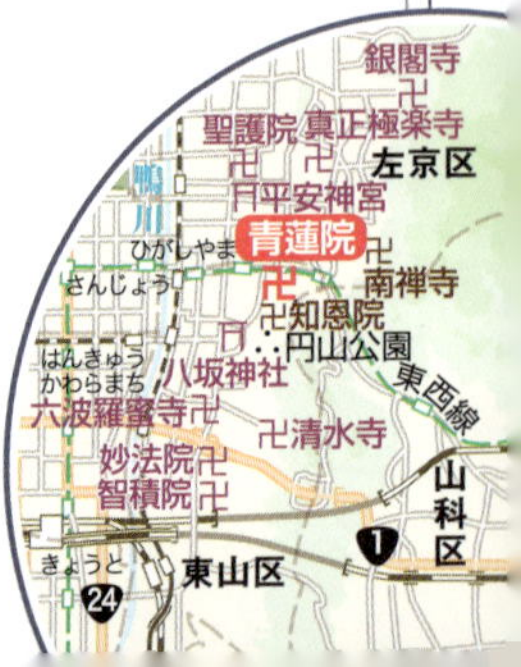

神宮道を南へ三条通を越えると、左手に巨大な楠《くす》にとり囲まれて建つ。何百年という樹齢を重ねた楠はうねるように門前に根を広げる。三千院《さんぜんいん》（梶井門跡《かじいもんぜき》）、妙法院《みょうほういん》と並ぶ天台三門跡《さんもんぜき》のひとつ。山号はなく、粟田《あわた》御所の名がある。

比叡《ひえい》山上にあった三千堂のひとつとして東塔南谷《とうどうみなみだに》に建てられ、はじめ青蓮坊《しょうれんぼう》と号し、のちに天台座主《ざす》行玄《ぎょうげん》大僧正に譲られた。一一五三年（仁平三）、鳥羽《とば》法皇の勅で第七皇子の覚快法親王《かくかいほっしんのう》が三条通と白川《しらかわ》の交差点東北の里坊・三条白川房に住持して青蓮院と改称し、門跡寺院となった。

一二〇五年（元久二）、第六二代天台座主慈鎮《じちん》（慈円《じえん》）に譲られたが、同年、慈鎮はここに最勝四《さいしょうし》天王院《てんのういん》を建立するため、寺を東山大谷《おおたに》の吉水《よしみず》坊に移転、熾盛光堂《じじょうこうどう》（現在の本堂）を建てる。その後、現在地に本尊熾盛光如来《じじょうこうにょらい》を移した。熾盛光如来は除災招福の仏である。

浄土真宗の宗祖・親鸞《しんらん》が九歳のとき、青蓮院で慈鎮から得度を受けたことが知られる。

応仁《おうにん》の乱の兵火に遭うが、豊臣秀吉、徳川家康によって再興。明治維新までは境内地はおよそ六万

交通アクセス：市バス神宮道下車徒歩3分。または地下鉄東山駅から徒歩5分。
時間：9時～17時（受付は16時30分まで）

坪の広さを誇った。
一八九三年（明治二六）の火災では殿舎の大半を失うも、二年後に再建される。塔頭《たっちゅう》に尊《そん》勝《しょう》院がある。境内全域が国史跡に指定されている。
客殿正面の庭園は、室町期の相阿弥《そうあみ》の作で小堀遠州《こぼりえんしゅう》の補作。龍心池《りゅうしんち》を中心にして先《せん》心《しん》滝を落とし、石橋・跨龍橋《こりょうきょう》を渡す。書院の北東には霧島躑躅《きりしまつつじ》の刈り込みが広がり、花の季節には圧巻だ。御殿渡廊《わたろう》には豊臣秀吉の寄進になる一文字手水鉢《ちょうずばち》がある。茶室好文《こうぶん》亭《てい》の周囲にも秀吉寄進の御輿灯籠《みこしとうろう》、蓮華灯籠が配される。
所蔵の不動明王二童子画像は、国宝。「青不動」といわれ、「日本三不動」のひとつとして、つとに知られる。

・薬医門

想い出の熊野詣《くまのもうで》

菅原信海　妙法院門跡門主

大斎原《おおゆのはら》は、冷気が漂っていた。ここは熊野《くまの》本社の旧社地である。熊野川の中州であるここ大斎原にあった本宮大社は、明治二十二年の洪水で流されたため、社地を現在の山側に移したという。旧社地であることを示す小さな祠《ほこら》が、一段高いかつての旧社殿地の真中に残されていた。これが、唯一ここが旧社殿地であったことを示す証《あかし》である。

思えば、もう二十年も前のことである。熊野参詣《さんけい》を思い立って、旅に出たのは、三月半ばの頃であった。新宮で下車し、街中にある徐福《じょふく》の墓を探し求めた。徐福は、東方の海上に、不老不死の仙薬を求めて船出し、この熊野に漂着したと伝える。ここに墓があるのも、伝説化された徐福に思いを馳《は》せる縁になる。新宮、つまり熊野速玉《はやたま》大社に参詣したのち、境内を散策していると、目につくのが、歴代天皇の熊野詣の記録を刻した石碑であった。いかに熊野詣が、盛んであったかが、知られる。新宮を辞して、熊野本宮に向かう。

バスに揺られて、熊野川沿いに、曲がりくねった山道を深く入って行き、本宮大社に着いた。石の階段を登りつめると、古杉のこんもりとした社地に辿《たど》りつく。熊野大社の神殿は、少し開けた神域に、白砂利を敷き詰めた広い庭をはさんで、厳かに建っている。はじめに述べた大斎原には、もと来た道を戻ることになる。大斎原の旧社地で、もうひとつ忘れてならないのは、一遍《いっぺん》のことである。一遍は、ここで神託を得て、念仏札を配り歩く賦算《ふさん》をはじめることになり、全国的に遊行して念仏を勧めることになった。時宗《じしゅう》の開宗である。その因縁の一遍上人神勅名号碑《みょうごう》の建つ場所である。

翌日山を下りて、那智《なち》駅に向かう。駅の前に、補陀洛《ふだらく》渡海で有名な補陀洛山寺がある。補陀洛とは、梵語《ぼんご》のポータラカの音訳で、観音浄土のこと。この浄土は、南方海上にあるといわれ、ここを目指して、補陀洛山寺の浜辺から船出したのが、渡海上人なのだ。再びこの地を踏むことのない、観音浄土への求願《ぐがん》の船出であった。補陀洛山寺の裏手には、渡海上人の供養塔が、立ち並んでいる。しばし、想いを渡海上人の渡海船出に馳せ、生死を越えたなみなみならぬ観音信仰の篤信さに驚かされた。

やがて、那智に向かう。那智の滝が、ご神体である。那智大社と青岸渡寺《せいがんとじ》を参拝し、三重塔越しに見える滝を拝んだ。遠くから見る滝もいいが、やはり近くで見る滝に魅せられて、滝つぼに向かった。「飛流直下三千尺」と李白《りはく》が詠じた、廬山《ろざん》の瀑布《ばくふ》を望む、の詩を思い出しながら、那智滝を間近に見て、滝という自然の造形の荘厳さに打たれた。

熊野は、まさに神仏習合の霊地であって、熊野三所権現《ごんげん》は、古くからその本地仏を配している。平安末、源師時《もろとき》の『長秋記』に本宮は阿弥陀《あみだ》如来、新宮は薬師如来、那智は千手観音と記されていて、これは本地仏を記録した最も古い資料のひとつである。

神仏霊場会の発足を機に、再び熊野詣でこの地を訪れてみたいものである。

八《や》坂《さか》神《じん》社《じゃ》

Yasakajinja

主祭神 素戔嗚尊（すさのおのみこと）
櫛稲田姫命（くしいなだひめのみこと）
八柱御子神（やはしらのみこがみ）
所在地 京都市東山区祇園町北側625
電話 075-561-6155

京都の人々にとっては「祇園《ぎおん》さん」「八坂《やさか》さん」である。七月一日からほぼ一ヶ月にわたって繰り広げられる日本三大祭のひとつ「祇園祭」、大晦日《おおみそか》の深夜に年越しの火縄が境内で授与される「おけら詣《まい》り」などの祭儀は、京都の季節の節目を刻む行事として、町に暮らす人々の生活のなかに完全にとけ込んでいる。

八坂神社の創祀《そうし》は、社伝によれば、六五六年（斉明天皇二）、八坂の地に素戔嗚尊《すさのおのみこと》を祀《まつ》る社殿を建てたことが起こりとされる。長らく「祇園感神院《かんじんいん》」「祇園社」「祇園天神」などとよばれたが、一八六八年（明治一）に現在の「八坂神社」と改められた。

祭神は、本殿中御座に素戔嗚尊、東御座に櫛稲田姫命《くしいなだひめのみこと》が奉祀され、西御座に八柱御子神《やはしらのみこがみ》が祀られている。摂社の疫《えき》神社には疫病を除《よ》ける蘇民将来《そみんしょうらい》、末社の蛭子《えびす》神社には事代主神《ことしろぬしのかみ》を祀る。『延喜式《えんぎしき》』神名《じんみょう》の式外社だが、「二十二社」に列せられ、一〇七二年（延久四）の後三条《ごさんじょう》天皇以降、天皇の行幸もたびたびあり、朝野から篤《あつ》い信仰を集めた。

交通アクセス：京阪四条駅から徒歩5分。または阪急河原町駅から徒歩8分。
時間：境内自由（祈禱受付は9時～16時）

　祇園の街に向かって建つ美しい姿の門は西楼門（重文）で、正門は南の下河原通に面する南楼門。広い境内には、本殿（重文）・舞《ぶ》殿《でん》のほか、疫神社をはじめとする多くの摂社・末社、絵馬堂などがある。一六五四年（承応三）に再建された入母屋《いりもや》造り、檜皮葺《ひわだぶ》きの大きな本殿は、祇園造りとよばれる独特の構造である。

　神事祭礼は多いが、なかでも有名な祇園祭は壮大華麗なものである。八六九年（貞観一一）、勅を奉じて神泉苑に六六本の鉾《ほこ》を立て、祇園の神を祀って疫病を退散させたことにはじまる。神事である三座の神輿渡御《みこしとぎょ》の神《しん》幸《こう》祭と還幸祭、各鉾町の飾る室町時代以来の三二基の山鉾巡行などは、神人和楽の祭典である。

・西楼門

清《きよ》水《みず》寺《でら》

Kiyomizudera

宗派 北法相宗(きたほっそうしゅう)大本山
本尊 十一面千手観音菩薩(じゅういちめんせんじゅかんのんぼさつ)
所在地 京都市東山区清水1―294
電話 075―551―1234

「蒲団《ふとん》着て寝たる姿」と詠まれる東山三十六峰の、さしずめ膝《ひざ》あたりが音羽《おとわ》山（清水山）で、その山懐に抱かれたのが清水寺である。参拝の道は、五条通を東へ京焼の窯元《かまもと》が並ぶ五条坂を登り、軒を連ねる土産物店を抜けると、急に目の前が開け、豪壮な仁王門が目に飛び込んでくる。広い境内は、四季を通じて修学旅行生から内外の観光グループ、霊場めぐりの巡礼者で賑《にぎ》わう。

七七八年（宝亀九）、大和《やまと》の子島《こじま》寺の僧賢心《けんしん》（のちの延鎮《えんちん》）が夢告により淀《よど》川を遡《さかのぼ》って音羽山の滝に至り、白髪の行者行叡《ぎょうえい》に出会う。延鎮は土地を譲り受け、そこに庵《いおり》を結んだ。その後、この地に鹿《しか》狩りにきた坂上田村麻呂《さかのうえのたむらまろ》が延鎮に出会って殺生を諭されて帰依し、堂宇を建立。十一面千手観《じゅういちめんせんじゅかん》音《のん》・地蔵菩薩・毘沙門天《びしゃもんてん》を安置した。清水寺のはじまりである。八四七年（承和一四）、三重塔が建てられて七堂伽藍《がらん》を整え、十一面千手観音の信仰は貴顕から一般までの篤《あつ》い信仰を集める。『枕草《まくらのそう》子《し》』『梁塵秘抄《りょうじんひしょう》』『今昔《こんじゃく》物語集』『平家物語』など多くの文学作品に清水詣《もうで》が登場する。

創建から江戸時代にかけて一四度ばかり火災に遭い、南都興福寺《こうふくじ》と延暦寺《えんりゃくじ》の抗争から焼かれたが、

交通アクセス：市バス清水道または五条坂下車徒歩10分。京阪五条駅から徒歩25分。
時間：6時～18時

観音信仰は微塵《みじん》も揺らぐことなく、そのつど再建された。一九一四年（大正三）、興福寺貫主で、法相宗管長であった大西良慶《おおにしりょうけい》和上を迎えて堂塔を整備、一九六五年（昭和四〇）に「北法相宗」による一宗一山一寺の総本山として独立した。

本堂は徳川家光の寄進で一六三三年（寛永一〇）に完成した建物で、国宝。内々陣の須《しゅ》弥壇《みだん》上には、秘仏の本尊を祀《まつ》る厨子《ずし》を守るように多くの仏像が並ぶ。二十八部衆は千手観音の従者で、本尊の両脇《わき》には毘沙門天・勝軍地蔵も控える。本堂前方に張り出した懸《かけ》造りとよばれる舞台は、「清水の舞台から飛び降りた気持ちで」の比喩《ひゆ》で名高い。

本堂北側には、鎮守社の地主《じしゅ》神社があり、縁結びの神様として知られる。

・本堂と舞台

六《ろく》波《は》羅《ら》蜜《みつ》寺《じ》

Rokuharamitsuji

宗派 真言宗智山派（ちさんは）
本尊 十一面観音（じゅういちめんかんのん）
所在地 京都市東山区松原通大和大路東入2丁目轆轤町
電話 075-561-6980

鴨《かも》川東岸、松原通と七条通の間の、六波羅（六原）とよばれる地の町家のなかにある。六波羅は、東山山麓《さんろく》にあって麓原とよばれたとも、六波羅蜜寺の所在からともいわれる。付近は轆轤《ろくろ》町とよばれ、京都の地誌『京都坊目誌』によれば六波羅蜜寺の境内地であった。

寺は、山号を補陀落山《ふだらくさん》と号し、『元亨釈書《げんこうしゃくしょ》』によれば、九五一年（天暦五）、町に疫病が流行したとき、「市《いち》の聖《ひじり》」とよばれた遊行《ゆぎょう》僧空也《くうや》上人が一体の十一面観音《じゅういちめんかんのん》像を刻み、これを市中に曳《ひ》き回して平穏を祈願。一〇年余りをかけて金泥『大般若経《だいはんにゃきょう》』六〇〇巻の書写をなし、鴨川で供養をなした九六三年（応和三）、十一面観音像をこの地に安置して西光《さいこう》寺と号したのが創建になる。

空也の没後の九七七年（貞元二）、弟子の大法師中信があとを継ぎ、六波羅蜜を修したので、西光寺を六波羅蜜寺に改め、天台宗の別院とした。『大鏡《おおかがみ》』には、「平安の三筆」のひとり、藤原佐理《さり》が寺号の扁額《へんがく》を書したと伝える。しばしば兵火に遭って堂宇は焼失するが、そのたびに再興。江戸初期の境内は現在より広く、本堂を取り囲んで地蔵堂、開山堂、鎮守社（松尾社）、十輪院、祥寿《しょうじゅ》院、弁

交通アクセス：京阪五条駅から徒歩7分。または阪急河原町駅から徒歩15分。
時間：8時～17時

天社、不動堂などが並び、総門は北の松原通に面して建てられた。一八七一年（明治四）に境内地が上知され、現在の規模となる。

本尊十一面観音は、創建のゆかりをもつ空也の自刻像といわれて重文。阿弥陀《あみだ》の名号を唱《とな》える空也上人の姿を映し、口から六体の小像を吐き出した立像《りゅうぞう》は有名で、運慶《うんけい》の四男康勝《こうしょう》の造像という。

秘儀の空也踊躍《ゆやく》念仏が、一二月一三日から大晦日《おおみそか》まで行なわれる。「かくれ念仏」といい、九五一年（天暦五）に京都に疫病が流行《はや》ったとき、空也がはじめた。内陣で導師以下職衆が、金鼓《こんく》に合わせて「モーダ・ナンマイト」と念仏を唱えながら踊躍する。正月には、若水を汲《く》んで梅干と結《むすび》昆布を入れた皇服茶《おうぶくちゃ》が、参拝客に振る舞われる。

・本堂

妙《みょう》法《ほう》院《いん》

Myohoin

宗派　天台宗
本尊　普賢菩薩（ふげんぼさつ）
所在地　京都市東山区妙法院前側町447
電話　075-561-1744

京都国立博物館の東、東大路通に西面して総門が開かれる。南隣には智積院《ちしゃくいん》が並んで建つ。

妙法院は、南西の千一体の千手観音で名高い蓮華王院《れんげおういん》（三十三間《げん》堂）と一体であることはあまり知られていない。山号の南叡山《なんえいざん》が示すように、もとは比叡山《ひえいざん》にあり、天台座主《ざす》となった快修《かいしゅう》が住した比叡山西塔《さいとう》の本覚院《ほんがくいん》（別名、妙法院）にはじまる。一一五九年（平治一）、譲位した後白河《ごしらかわ》上皇は東山の阿弥陀ケ峰《あみだがみね》西麓《せいろく》に院の政庁・法住寺殿《ほうじゅうじどの》を造営、紀州熊野本宮《くまのほんぐう》と比叡山の鎮守社・日吉山王《ひえさんのう》のご神体を勧請《かんじょう》し、今《いま》熊野社と新《いま》日吉社を創建した。このとき、快修の弟子で、かねて帰依《きえ》する比叡山妙法院の昌雲《しょううん》を、法住寺殿に隣接した新日吉社の検校《けんぎょう》職（別当《べっとう》）に任じた。ここに比叡山の一坊の妙法院は、里坊として市中に下りたことになる。

のちに、妙法院は、祇園《ぎおん》の西の綾小路《あやのこうじ》小坂に移転。後高倉《ごたかくら》天皇の皇子尊性法親王《そんしょうほっしんのう》が入って綾小路宮を号し、一二二七年（安貞一）に天台座主に上任、その後、後醍醐《ごだいご》天皇の皇子尊澄《そんちょう》法親王が門主となり、天台座主に任ぜられている。妙法院は、青蓮院《しょうれんいん》、梶井門跡《かじいもんぜき》（三千院）とともに宮門跡寺院

交通アクセス：京都駅より市バス、東山七条下車すぐ。
時間：※通常は非公開（三十三間堂は8時～17時：075−561−0467）

である。
一三四〇年（暦応三）、ばさら大名・佐々木道誉《ささきどうよ》の焼き払い、応仁《おうにん》の乱の兵火を受けるが、一五八六年（天正一四）、豊臣秀吉が東山に大仏殿方広寺《ほうこうじ》の造営にあたり、妙法院を「大仏経堂《きょうどう》」として隣に移転させて復興、さらに徳川家康は、方広寺、蓮華王院、新日吉社の管轄を決める。一六九二年（元禄五）の記録によれば、境内には末寺の専定寺《せんじょうじ》、専称寺《せんじょうじ》、浄心寺、称名寺《しょうみょうじ》、西福寺《さいふくじ》、末社の三島明神《みしまみょうじん》が並び、御所の東福門院の旧殿も移築されて寺観が整えられた。
明治維新前夜の一八六三年（文久三）、公武合体派に敗れた尊攘《そんじょう》派の三条実美《さねとみ》ら七人の公卿《くげ》が長州（山口県）に脱出した「七卿《しちきょう》落《お》ち」は、妙法院からはじまった。

・大玄関

智《ち》積《しゃく》院《いん》

Chishakuin

宗派 真言宗智山派（ちさんは）
本尊 大日如来（だいにちにょらい）
所在地 京都市東山区東大路通七条下ル東瓦町964
電話 075-541-5361

東山三十六峰の阿弥陀ケ峯《あみだがみね》を背にし、東大路通に面して総門が開かれ、高い石積みをもった厳格な塀をめぐらす。

起源は、一一三〇年（大治五）、覚鑁《かくばん》上人が鳥羽《とば》法皇の帰心により、高野山《こうやさん》に大伝法院《だいでんぽういん》を建立したことにはじまる。一二八八年（弘安一一）、学頭頼瑜《らいゆ》僧正が高野山より紀州根来寺《ねごろじ》に大伝法院と密厳《みつごん》院《いん》を移転し、新義真言宗を別立した。その後、根来寺の学頭眞憲房《しんけんぼう》長盛《ちょうせい》が室町時代の初頭（一三九二～）に根来寺境内に塔頭《たっちゅう》の智積院を建立する。智積院は諸学匠を相次いで輩出した塔頭であったが、一五八五年（天正一三）、豊臣秀吉の根来寺焼き討ちにより炎上。当時智積院に住し、根来寺の学頭であった玄宥《げんゆう》僧正は、一時京都の高雄《たかお》に難を逃れ、法灯を守った。

秀吉没後、玄宥僧正は徳川家康に再興を願い入れ、東山の阿弥陀ケ峯山麓《さんろく》の豊国《とよくに》神社の一部と堂宇三区を賜《たまわ》り、紀州の根来寺に因《ちな》んで五百仏山《いおぶさん》根来寺智積院とし、中興第一世となる。その後、一六〇三年（慶長八）には幕府から智積院法度と寺領の朱印を賜り、智積院の基礎を確立した。

交通アクセス：京都駅よりバス、東山七条下車すぐ。または京阪七条駅から徒歩10分。
時間：9時～16時

一六一五年（慶長二〇）、第三世日誉《にちよ》僧正の代には、地続きの祥雲寺《しょううんじ》を徳川幕府より賜ることとなる。祥雲寺とは、一五九一年（天正一九）に水死した愛児棄丸《すてまる》（鶴松《つるまつ》）の菩提《ぼだい》を弔うために秀吉により建立された寺である。都《みやこ》一とよばれたその建物は、穹窿《きゅうりゅう》の重閣造りにして金碧《きんぺき》の障壁画を配していた。しだいに、皇室や幕府の御前にて論議を行なうなど学山として世に名をとどろかし、学徒も増えて、一二〇〇人余りに達した。境内も拡張して、一七〇八（宝永五）年ころには七十余棟の学寮をもつ寺院となる。

　桃山時代を代表する大書院の絢爛《けんらん》たる金碧障壁画は、現在一括して国宝である。東に広がる庭も祥雲寺時代の作庭。一六七四年（延宝二）に七世運敞《うんしょう》が手を加えた。

・金堂

泉《せん》涌《にゅう》寺《じ》

Sennyuji

宗派 真言宗泉涌寺派
本尊 釈迦如来（しゃかにょらい）
阿弥陀如来（あみだにょらい）
弥勒菩薩（みろくぼさつ）
所在地 京都市東山区泉涌寺山内町27
電話 075-561-1551

東山三十六峰を第一峰の比叡山《ひえいざん》から南へ数えて三三峰目が泉山《せんざん》。月輪山《がちりんざん》ともいわれる。泉涌寺はその懐に建つ皇室ゆかりの寺で、山号は東山《とうざん》と称した。今は泉山。皇室の菩提寺《ぼだいじ》にあたる香華院《こうげいん》として「御寺《みてら》」と称される。

東大路の泉涌寺道を東に坂道を登ると、途中に「拝跪《はいき》聖陵」の石碑。それを過ぎれば四脚大門がある。「東山」の扁額《へんがく》は南宋《なんそう》の書家・張即之《ちょうそくし》の筆で、大門からは玉砂利の道を下り、仏殿に至る。

泉涌寺は、天長年間（八二四〜八三四）、弘法《こうぼう》大師空海が草庵《そうあん》を結んで法輪寺と称したのがはじまりである。八五五年（斉衡二）、左大臣藤原緒嗣《おつぐ》の帰依した神修《じんしゅう》上人が仙遊寺としたが、一二一一年（建暦一）の入宋から一二年を経《へ》て帰朝した僧俊芿《しゅんじょう》が一二一八年（建保六）に入り、泉涌寺と改称したという。翌年、俊芿は一〇万檀越《だんおつ》の喜捨を仰ぐため「泉涌寺勧縁疏《かんえんそ》」（国宝）を書いて後鳥羽《ごとば》上皇に献上、大伽藍《だいがらん》を建立して勅願寺となった。

一二四二年（仁治三）、四条《しじょう》天皇が一二歳で亡くなるにあたって山内の御陵が造営される。『増鏡《ますかがみ》』

交通アクセス：JR・京阪東福寺駅から徒歩20分。
または市バス泉涌寺道下車徒歩3分。
時間：9時〜16時30分

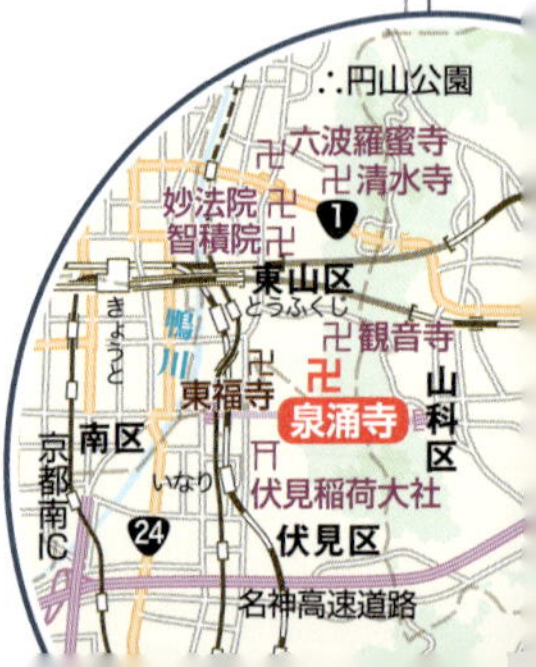

・仏殿

には、四条天皇と泉涌寺のかかわりを示す記事がある。四条天皇がまだ幼児のころに「自分の前世は、開山俊芿であった」と。以来、天皇の御陵となって、皇室の菩提所としての香華院となる。現在、四条、後水尾《ごみずのお》から後《ご》桃園《ももぞの》天皇までの月輪陵《つきのわのみささぎ》と光格《こうかく》・仁孝《にんこう》天皇の後月輪陵、孝明《こうめい》天皇の月輪東山陵がある。

応仁《おうにん》の乱で全山が焼亡。一五七四年（天正二）、織田信長が再建、一六六九年（寛文九）には、後水尾天皇が仏殿をはじめ諸堂を再建する。今の伽藍は、このころの建立である。

仏殿は、禅宗様仏殿のなかでは最大の規模である。毎年春の涅槃会《ねはんえ》に一般公開される明《めい》誉《よ》古《こ》礀《かん》筆「絹本著色涅槃図」（江戸中期）は、縦一六メートル、横八メートルという日本最大の涅槃図で、参拝者も多い。

観《かん》音《のん》寺《じ》

Kannonji

宗派 真言宗泉涌寺派（せんにゅうじは）
本尊 十一面観音菩薩（じゅういちめんかんのんぼさつ）
所在地 京都市東山区泉涌寺山内町32
電話 075-561-5511

観音寺《かんのんじ》と号する寺院は、観音正寺《しょうじ》、観音院を含め、全国にきわめて数が多い。京都の観音寺は、東山三十六峰の南に連なる今熊野山《いまくまのさん》の麓《ふもと》に位置することもあって、通称「今熊野観音寺」、より親しくは「今熊野の観音さん」である。

山号は新那智山《しんなちさん》と号し、現在は、南に隣り合う真言宗泉涌寺派総本山泉涌寺《せんにゅうじ》の塔頭《たっちゅう》である。

弘法《こうぼう》大師空海が、天長年間（八二四〜八三四）、熊野権現《ごんげん》の化身に会い、嵯峨《さが》天皇の御願によって開山したと伝える。その後、藤原緒嗣《おつぐ》が伽藍《がらん》を建立して規模が定まった。

緒嗣は、藤原北家《ほっけ》の祖・宇合《うまかい》の八男百川《ももかわ》の長男。父の功により桓武《かんむ》天皇のもとで栄進し、桓武天皇に平安京建設の中止を強く主張したという。八〇二年（延暦二一）に参議となり、八二五年（天長二）に右大臣となり、八三二年（天長九）に左大臣となった。『日本後紀《こうき》』の編修の主宰を務めている。

熊野権現を深く信仰した後白河《ごしらかわ》上皇は一一六〇年（永暦一）、この地にあった法住寺殿《ほうじゅうじでん》に熊野権現を勧請《かんじょう》して平清盛に命じて社殿（今熊野神社）を建てたとき、観音寺の山を本地仏《ほんじぶつ》に擬して、新那

交通アクセス：JR・京阪東福寺駅から徒歩15分。
または市バス泉涌寺道下車徒歩10分。
時間：8時〜17時

智山と称した。

寺運は興隆して広大な寺域を占めたようで、藤原定家の日記『明月記』の一二三四年（文暦一）八月一一日の条には、現在の泉涌寺の参道である泉涌寺道が「観音寺道」と記されていて、その規模をうかがうことができる。同年には後堀河《ごほりかわ》天皇が葬られ、観音寺陵とされた。一四七〇年（文明二）六月、泉涌寺をはじめ一帯の来迎院《らいごういん》、善能寺などとともに兵火を受けたが、再建。泉涌寺の塔頭となった。

本尊十一面観音《じゅういちめんかんのん》像は、弘法大師の作と伝わる秘仏。知恵の観音、頭痛封じの観音として、近年はぼけ封じとして信仰を集める。

本堂横の斜面には、日本の医学の発展に尽くした人を祀《まつ》る医聖堂《いせいどう》とよぶ多宝塔が建つ。

・本堂

伏見稲荷大社《ふしみいなりたいしゃ》

Fushimiinaritaisha

主祭神　宇迦之御魂大神（うかのみたまのおおかみ）
佐田彦大神（さたひこのおおかみ）
大宮能売大神（おおみやのめのおおかみ）
田中大神（たなかのおおかみ）
四大神（しのおおかみ）

所在地　京都市伏見区深草藪之内町68

電話　075-641-7331

正月が終わると、京都の伏見稲荷大社の参詣《さんけい》者数や賽銭《さいせん》開きが、よくニュースになる。その年の景気を占う指標となるからだ。三ヶ日の人出は、例年関西でも屈指の神社。稲荷神は、元来農耕神だったが、中世以後工業が興り、商業が盛んになると、殖産興業神、商業神、屋敷神などと仰がれるようになった。全国で最も多く祀《まつ》られる神で、三万社を超えると推定される。当社はその総本宮。

奈良時代の七一一年（和銅四）二月の初午《はつうま》の日に、稲荷神が現在の本殿（重文）の東にある稲荷山（二三三メートル）に鎮座したことがはじまりと伝える。渡来系氏族の秦《はた》氏によって奉祀《ほうし》された神だったが、秦氏の勢力拡大とともに、神威も増していった。わが国は農業国で、もともと農耕神に対して信仰心は篤《あつ》く、稲荷神を豊穣《ほうじょう》の神として受け入れたようだ。

平安時代の初期に、東寺の鎮守神となった。真言密教の教理や弘法《こうぼう》大師信仰と融合して、仏教擁護の神となったのである。とりわけ荼吉尼天《だきにてん》と習合したことで、大衆の間に稲荷信仰が根付いていった。荼吉尼天は『大日経《だいにちきょう》』で大黒天と同体と説かれており、単なる農耕神を超え、現世利益《げんぜりやく》の全能

交通アクセス：JR稲荷駅からすぐ。または京阪伏見稲荷駅から徒歩5分。
時間：8時30分～16時（祈禱）　7時～18時ごろ（授与所）

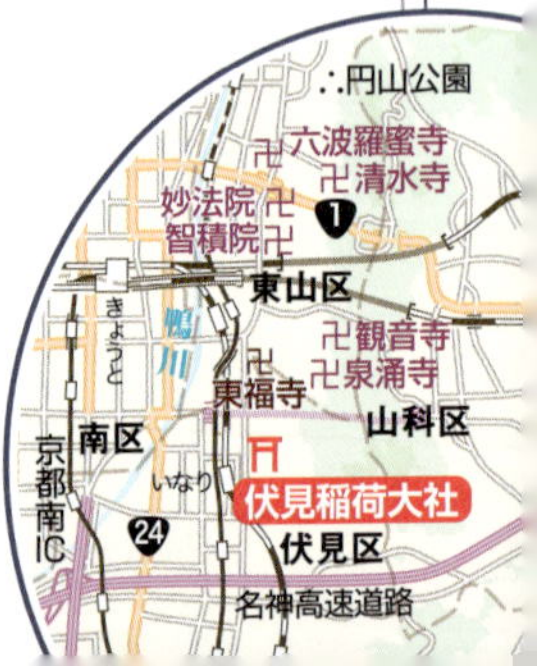

の福の神イメージが増幅したのである。

記録への初見は淳和《じゅんな》天皇の八二七年(天長四)だが、その後、朝廷の篤《あつ》い尊崇を受け続け、一世紀ほどの間に「正一位」の極位にのぼりつめた。やがて武士の世になっても、時の権勢家たちの庇護《ひご》による寄進が相次ぎ、今日では八六ヘクタールもの広大な境内を所有するようになる。

一時、面積が一〇分の一以下に減ったこともあったが、信仰の強い後押しで、やがて元に戻された。その広大な境内地にある稲荷山を巡る約四キロの参道には朱塗りの鳥居が並び、ご利益を求めてお山巡りをする参詣者は、終日跡を絶たない。

・鳥居と楼門

三《み》室《むろ》戸《と》寺《じ》

Mimurotoji

宗派 本山修験宗
本尊 千手観世音菩薩（せんじゅかんぜおんぼさつ）
所在地 宇治市菟道滋賀谷21
電話 0774-21-2067

京阪《けいはん》宇治線の三室戸駅から歩いて一五分で山門前に至る。山門右手から境内の谷沿いに庭園が広がる。手前から紫陽花《あじさい》・躑躅《つつじ》・石楠花《しゃくなげ》などの花が約一万五〇〇〇平方メートルにわたり植栽され、なかでも紫陽花は三〇種、一万本を数え、紫陽花寺としても知られる。山門をくぐり、本道への石段下に、踊るような字体の「ようおまいり」の石柱が立っている。山号は明星山《みょうじょうさん》。

寺伝によれば、奈良末期に光仁《こうにん》天皇の夢告から藤原犬養《いぬかい》が宇治に出向き、宇治川支流の渓流淵《ふち》で千手観音菩薩《せんじゅかんのんぼさつ》に出会い、水中にあった一尺二寸の尊像を持ち帰ったのがはじまり。大安寺《だいあんじ》僧の行《ぎょう》表《ひょう》は勅命で御室《みむろ》を移して安置、名前も御室戸寺とした。平安時代には皇族・貴族の信仰篤《あつ》く、桓武《かんむ》天皇は父帝ゆかりの寺で法要を営み、以降、三三年ごとの開扉が慣例になったという。光仁、三条《さんじょう》、白河《しらかわ》三帝の離宮にもなり、三室戸寺に改められた。園城寺《おんじょうじ》の僧が入寺し、寺運高まるが、中世には火災と兵火が重なり、寺地の移転を重ね、本堂は江戸時代（文化一一）、現在地に再建された。

所蔵文化財には、木造阿弥陀《あみだ》如来・両脇侍《りょうわきじ》坐像《ざぞう》（重文・平安）などがある。本堂左には室町時代

交通アクセス：京阪三室戸駅から徒歩15分。
時間：8時30分～16時（年末29、30、31日は休み）

・三重塔

の特徴を備えた十八神社があり、十八明神《みょうじん》が祀《まつ》られている。

本堂前の「勝運の牛」は江戸時代、地元夫婦の飼う牛が観音のご利益《りやく》で強い牛になり、財をなした故事からきている。口のなかに小さな仏像をつけた玉石（牛玉）があり、この石を指で転がし、仏像に触れると、勝運がつくという言い伝えから、参拝者に人気がある。

鐘楼脇に『源氏物語』宇治十帖古跡めぐりの「浮舟《うきふね》之《の》古蹟《こせき》」の石碑が立つ。これは二五〇年前の寛保年間（一七四一～四四）、「浮舟古蹟社」を石碑に改めたもので、この社の本尊浮舟観音は、女主人公・浮舟の念持仏といわれ、今に伝わる。浮舟の碑は、四季を彩る花と観音に見守られている。

平《びょう》等《どう》院《いん》

Byodoin

宗派　単立
本尊　阿弥陀如来（あみだにょらい）
所在地　宇治市宇治蓮華116
電話　0774-21-2861

鳳凰《ほうおう》堂の名で知られる平等院の阿弥陀堂（国宝）は、内部に収められた彫刻・絵画・工芸品のどれもが、仏教美術が最も栄えたといわれる藤原文化の最高水準の技と美を今に伝える。創建したのは平安中期の関白藤原頼通《よりみち》。一〇五二年（永承七）、別荘だった宇治殿《うじどの》を平等院という寺院に改め、大日如来を安置した。翌年、その南に阿弥陀如来《あみだにょらい》を本尊とする阿弥陀堂を新しく建立し、浄土式とよばれる借景庭園を造った。

この時期、貴族たちの間に末法《まっぽう》思想が浸透し、極楽浄土への憧《あこが》れから、競ってその教主である阿弥陀如来を安置する御堂を建てた。平等院もそのひとつだった。頼通は当時の最高権力者であったことから、比類ない技術者・芸術家を動員、今日残る国宝・史跡名勝を集めた寺が完成したのである。

平等院には鳳凰堂のほか、法華《ほっけ》堂、多宝塔、五大堂、不動堂などもあった。それらの造営主は頼通の子どもたちで、いずれも華麗な建物だったと伝わる。しかし、一三三六年（建武三）の兵火をはじめたびたび災害に遭い、当時の堂宇は鳳凰堂を残して壊滅してしまった。その鳳凰堂も江戸時代の

交通アクセス：京阪宇治駅から徒歩10分。またはJR宇治駅より徒歩15分。
時間：8時30分～17時30分

一六七〇年（寛文一〇）以来、一九〇三〜〇七年（明治三六〜四〇）、一九五〇〜五六年（昭和二五〜三一）と大規模修理を繰り返したことで、創建時の姿を保っている。

近年は、天蓋《てんがい》や本尊阿弥陀如来坐像《ざぞう》（定朝《じょうちょう》作。国宝）の平成大修理が話題になったが、なかでも画期的だったのは、庭園の保存整備事業。発掘調査を基にして、池の水際に小石を置いた洲浜《すはま》や、鳳凰堂に向かう小橋が復元され、鳳凰堂を取り巻く景観も当時の姿に近づいている。

また、至宝の数々を眼前に鑑賞でき、映像による解説を備えたミュージアム「鳳翔館《ほうしょうかん》」が二〇〇一年（平成一三）にオープン。時空を超えて保たれた文化遺産を、これまで以上に親しみ、学べる場所となっている。

・鳳凰堂

醍醐寺《だいごじ》

Daigoji

宗派　真言宗醍醐派
本尊　薬師如来（やくしにょらい）
所在地　京都市伏見区醍醐東大路町22
電話　075-571-0002

醍醐山一山を寺域とする醍醐寺。山号を深雪山《みゆきさん》と称し、世界文化遺産に登録される古刹《こさつ》である。旧奈良街道に面して総門が建ち、塔頭《たっちゅう》、三宝院《さんぼういん》を左に見て進む境内は下《しも》醍醐、見上げる山が醍醐寺開創の地、上《かみ》醍醐だ。寺歴によれば、八七四年（貞観一六）、大峰山《おおみねさん》修験道場の中興の祖といわれる、空海の実弟、真雅《しんが》に学んだ聖宝《しょうぼう》が笠取山《かさとりやま》（醍醐山）に登り、老翁と出会う。翁は谷の水を飲み、「醍醐味かな」と誉《ほ》めたあと、地主の神・横《よこ》尾明神《おみょうじん》と名乗り、仏法を修め、衆生救済を託した。この霊水は今も湧《わ》き出ており、醍醐寺の源である。「醍醐」の語源は「最高の味」を意味し、仏教では「最高の真理」にたとえられる。聖宝は草庵《そうあん》を結び、准胝《じゅんてい》・如意輪《にょいりん》観音の両像を彫り、堂宇に安置する。

九〇七年（延喜七）、醍醐天皇の御願寺になり、九二六年（延長四）、下醍醐に釈迦《しゃか》堂（金堂）が建立され、真言密教、修験道の寺として隆盛を極める。室町～戦国期にかけて兵火に見舞われるが、豊臣秀吉が再興。金堂、三宝院の再建、堂塔の修理改築を行ない、植えた桜は七〇〇本を数えた。一五九八年（慶長三）に秀吉が開いた花見の宴は、醍醐花見図屏風《びょうぶ》（重文・桃山）などに描かれる。

交通アクセス：JR山科駅・六地蔵駅よりバス、醍醐三宝院下車すぐ。または地下鉄醍醐駅から徒歩10分。
時間：9時～17時

秀吉没後は秀頼《ひでより》、北政所《きたのまんどころ》に受け継がれ、上醍醐の諸堂も甦《よみがえ》った。現在の寺観は桃山期のまま残り、堂塔の大半は、国宝、重文に指定され、五重塔（国宝・平安）は創建当初の姿を残す。

三宝院は、多くの国宝・重文を擁し、特別名勝・特別史跡の庭園には、歴代の武将に引き継がれてきた天下の名石、藤戸石《ふじといし》があり、築山の祠《ほこら》には秀吉が祀られる。

・五重塔（国宝）

上醍醐へは歩いて約六〇分。途中の不動の滝から急な山道になる。山中に准胝堂を中心に五大堂、薬師堂、清瀧権現《せいりゅうごんげん》が祀《まつ》られる清瀧宮本殿・拝殿などが点在する。五大堂は五大明王を祀り、毎年二月二三日に行なわれる「五大力尊仁王会《ごだいりきそんにんのうえ》法要」は金堂で厳修される。

毘《び》沙《しゃ》門《もん》堂《どう》

Bishamondo

宗派　天台宗
本尊　毘沙門天（びしゃもんてん）
所在地　京都市山科区安朱稲荷山町18
電話　075-581-0328

琵琶湖疏水《びわこそすい》に沿う道を歩くと、極楽橋という小さな橋が架かり、渡れば参道である。老楓《ろうふう》が桜・檜《ひのき》と高さを競い、紅葉の名所で知られる。参道は異なるふたつの顔をもっている。幅も狭く、やや急な石段上の仁王門に至る参道は山寺の趣があり、親しみを込めていう「毘沙門さん」の石段が続く。石段を通り過ごして隣の毘沙門坂、勅使門への参道は広く、天台宗五門跡《もんぜき》のひとつとしての寺格が漂う。山号は護法山といい、正式には安国院出雲寺《いずもじ》という。

七〇三年（大宝三）、行基《ぎょうき》が勅願で開基、と寺伝にあり、平安京遷都前の出雲路（現上京区）が最初の地だ。平安期には最澄自作と伝わる毘沙門天《びしゃもんてん》を本尊にし、藤原定家は『明月記』で桜の名所と記している。平安末期には荒れ、鎌倉期に復興するも、寺運傾き、徳川時代になって家康と親交の深い日光山輪王寺《りんのうじ》座主《ざす》天海《てんかい》僧正により、再び復興の途につく。

幕府は山科《やましな》の現在地に寺領を与え、一六六五年（寛文五）、天海弟子の公海の代で本殿が完成した。その後、後西《ごさい》天皇の皇子、公弁法親王《こうべんほっしんのう》が入寺し、毘沙門堂門跡と称するようになった。本尊の毘沙

交通アクセス：JR・地下鉄・京阪山科駅から徒歩10分。
時間：9時～17時

門天は、七福神のひとつとして信仰されるが、天海は天下を治めた家康を七福神にたとえ、復興の道を開いた逸話が残る。

　仁王門をくぐり、朱塗りの唐《から》門、その奥の本堂は極彩色の彫刻を随所に施し、内陣には夜叉《やしゃ》に護《まも》られた秘仏の本尊が安置されている。本堂から廊下でつながる宸殿《しんでん》は、公弁法親王が後西天皇の旧殿を移築。上段の間には玉座を敷き、雅《みやび》な門跡の暮らしぶりがうかがえる。各間の襖絵《ふすまえ》は狩野益信《かのうますのぶ》の筆による。逆遠近法という手法を取り入れ、見る角度で描かれた人物・風景が動的になるのが特徴だ。宸殿前庭の樹齢一五〇年という枝垂れ桜の老樹は「毘沙門しだれ」とよばれ、枝ぶりは三〇メートルの広がりをもつ。霊殿・宸殿の北の池泉回遊式庭園には晩翠園《ばんすいえん》の名がある。

・仁王門

浄瑠璃寺《じょうるりじ》

Joruriji

宗派　真言律宗
本尊　九体阿弥陀如来（あみだにょらい）
（根本本尊）薬師如来（やくしにょらい）
所在地　木津川市加茂町西小
電話　0774-76-2390

浄瑠璃寺は、京都の最南端、奈良県との県境に広がる丘陵台地当尾《とうのお》にある。寺院やその塔頭《たっちゅう》・子院などの堂塔があって、多くの塔婆が並んだところから塔尾、のち「当尾」の字があてられたという。浄瑠璃寺周辺は、古くは小田原《おだわら》といい、興福寺の迎接房教懐《ごうしょうぼうきょうかい》はこの地の別所で修行のあと、高野山《こうやさん》に入って小田原聖《ひじり》という念仏集団を形成し、高野聖のもとになったことはよく知られる。JR関西本線加茂《かも》駅からバスで十数分。参道が導く山門は、堀辰雄《たつお》の『大和路《やまとじ》・信濃路《しなのじ》』に描かれるように、小さく慎み深い。

正式には、小田原山法雲院《ほううんいん》浄瑠璃寺。『浄瑠璃寺流記事《るきのこと》』によれば、一〇四七年（永承二）七月、當麻寺《たいまでら》の義明《ぎみょう》上人の本願により本堂が建てられた。創建をめぐっては、七三九年（天平一一）、聖武《しょうむ》天皇の勅願による行基《ぎょうき》の開基という説などもある。

一一〇八年（嘉承三）には旧本堂を新しく阿弥陀堂として建立、安置した阿弥陀如来《あみだにょらい》の開眼法要が営まれる。導師は「小田原聖」とよばれた僧経源《きょうげん》が務めた。次いでのち、興福寺の別当となる恵信《えしん》

交通アクセス：JR・近鉄奈良駅、またはJR加茂駅よりバス、浄瑠璃寺前下車すぐ。
時間：9時～17時（12月～2月は10時～16時）

が浄瑠璃寺を興福寺の一乗院の祈願所として、境内に池を掘って整備、阿弥陀堂も現在地に移す。文献には、このころはじめて浄瑠璃寺の名前が登場し、それまでは西小田原寺とよばれていたようである。一一七八年（治承二）には、京都の一条大宮にあった三重塔が移築され、景観が整えられる。

　境内はひときわ大きな阿字池《あじいけ》を中心に、本堂の九体《くたい》阿弥陀堂が西に、三重塔（ともに国宝）が東に建つ。平安時代の阿弥陀浄土信仰の様式を唯一残す配置である。また、本堂に安置される吉祥天立像《きちじょうてんりゅうぞう》（秘仏）は名高い。

　あたりは念仏行者の霊地とあって、道すがら磨崖仏《まがいぶつ》、野仏が多く残っている。初春には、馬酔木《あせび》の花が可憐《かれん》に咲きこぼれ、古寺の佇《たたず》まいを深める。

・本堂

岩船寺《がんせんじ》

Gansenji

宗派 真言律宗
本尊 阿弥陀如来（あみだにょらい）
所在地 木津川市加茂町岩船上ノ門43
電話 0774-76-3390

岩船寺《がんせんじ》は京都府の最南端、奈良県との県境に位置する。かつては南都仏教文化の影響を強く受け、興福寺《こうふくじ》や東大寺の僧が隠棲《いんせい》の地とし、瞑想《めいそう》や思索の聖地として栄えた。岩船寺の石段のそばに石の風呂（岩舟）が置かれてあり、修行の僧はここで身を清めて行を行なったという。石段を上ると山門にさしかかり、門前から木立の向こうに三重塔が仰がれる。豊かな自然の樹木に包まれた境内には、阿字池《あじいけ》を中心にして堂塔が建ち並ぶ。

岩船寺は山号を高雄山《こうゆうざん》といい、報恩院と称する。寺伝には、七二九年（天平一）、聖武《しょうむ》天皇の出雲《いずも》行幸に際して夢告があり、大和《やまと》国鳴川《なるかわ》の善根寺に籠居《ろうきょ》していた僧行基《ぎょうき》に勅して阿弥陀《あみだ》堂を建立したのを創建とする。当尾《とうのお》を霊場とする修験者にとって、寺はその一拠点となり、七四九年（天平勝宝一）には、背後の山中に柿本人麻呂《かきのもとのひとまろ》が寺の鎮守社として白山《はくさん》神を勧請《かんじょう》したといわれ、現在、岩船《いわふね》区の産《うぶ》土《すな》神として祀《まつ》られている。

八〇六年（大同一）、寺内に灌頂《かんじょう》堂と報恩院を建立した弘法《こうぼう》大師空海の姉の子の智泉《ちせん》に、嵯峨《さが》天皇

交通アクセス：JR加茂駅よりバス、岩船寺下車すぐ。
時間：8時30分～17時

皇后の橘嘉智子《たちばなのかちこ》が帰依。皇子懐妊を祈って、のちに仁明《にんみょう》天皇を生む。この功によって八一三年（弘仁四）、堂塔が下賜され、岩船寺と号した。

盛時には水田一〇町、青山三六〇町、寺坊は三九を数えたと伝える。しかし、一二二一年（承久三）の承久《じょうきゅう》の乱をはじめとして堂塔のほとんどを兵火で焼失。再建後も再び兵火で失い、寛永年間（一六二四〜四四）に徳川家康、秀忠《ひでただ》らにより堂塔は修繕された。

岩船寺は多くの文化的遺産を蔵し、静寂な境内には四季を通じて多くの草花が咲き誇る。周辺の多くの石仏は、岩船寺僧が発願したもので、当尾摩崖仏《まがいぶつ》の一角をなしている。

・三重塔

穴太寺《あなおうじ》

Anaouji

宗派 天台宗
本尊 聖観世音菩薩（しょうかんぜおんぼさつ）
所在地 亀岡市曾我部町穴太大東ノ辻46
電話 0771-22-0605

ＪＲ亀岡《かめおか》駅から西へ摂丹《せったん》街道を約三キロ。街道脇《わき》のバス停穴太口からは六〇〇メートルで仁王門に至る。正しくは菩提山《ぼだいさん》穴太寺。地元の人々や巡礼者からは、親しく「あなおさん」とよばれる。

七〇五年（慶雲二）、文武《もんむ》天皇の勅願により、左大弁大伴古麿《おおとものこまろ》が薬師如来を安置して創建された。札所《ふだしょ》の本尊は聖観音《しょうかんのん》で、本堂の須弥壇《しゅみだん》には、中央に薬師如来像、その左右の厨子《ずし》に聖観音像とお前立ちの観音像が安置されている。聖観音像は九六二年（応和二）、丹波《たんば》国郡司宇治《うじ》（曾我部《そがべ》）宮成《みやなり》が京の仏師に造らせたといい、この像をめぐって平安後期の説話集『今昔《こんじゃく》物語集』巻一六が不思議な因縁を伝えている。

——かねてから観音さまを欲していた宮成は、思い立って京の仏師に造像を頼んだ。三ヶ月後、像は完成。その素晴らしい出来栄えに、宮成は自慢の黒毛の馬を与えたが、惜しくなり、先回りして弓矢で仏師を射殺《いころ》してしまった。帰ってきた宮成は、観音さまの胸に矢が突き刺さっているのを見て驚く。京に人を遣わして尋ねると、仏師も馬も無事であるという。宮成は自らの罪を悔いて出家した。

交通アクセス：JR亀岡駅からバス、穴太口下車徒歩10分。
時間：8時～17時

後日、宮成の夢枕に観音が立ち、「胸の傷を治したい。薬師さまのところへ連れてゆけ」とお告げ。さっそく、穴太寺に納めた。——これが聖観音の由来である。

伽藍《がらん》は応仁《おうにん》の乱で兵火を浴び、再建後も明智光秀《あけちみつひで》の丹波平定のときに焼失し、現在の堂宇は、江戸期の再建になる。

本堂に、等身大の木造釈迦涅槃像《しゃかねはん》が安置される。一八九六年（明治二九）に発見された釈迦像で、「なで仏」の俗称がある。信者が自らの病んでいる部分を釈迦像に託して手で撫《な》で、治癒を祈るのである。寺宝に説経節《せっきょうぶし》「さんせう太夫《だゆう》」にまつわる寺宝がある。山椒《さんしょう》太夫の追っ手を逃れた厨子王に姉の安寿《あんじゅ》姫が手渡したという、肌守りの観音小像である。

・本堂

籠《この》神《じん》社《じゃ》

Konojinja

主祭神 彦火明命（ひこほあかりのみこと）
所在地 宮津市字大垣430
電話 0772-27-0006

日本三景のひとつ、「天橋立《あまのはしだて》」の北端に鎮座する。『延喜式《えんぎしき》』では山陰道八か国中第一の名神《みょうじん》大社に列し、丹後《たんご》国の一の宮で名高い。北近畿《きたきんき》タンゴ鉄道（KTR）天橋立駅の駅頭から対岸に延びる天橋立を渡って、徒歩なら三〇分、観光船なら一五分。歩くにしても船で渡るにしても、参道が天下の名勝・天橋立という華やかな神社は、全国、この神社をおいてほかにない。

社伝によると、創建は、神代に遡《さかのぼ》る。北の奥宮の地・真名井原《まないがはら》に匏宮《よさのみや》として豊受大神《とようけのおおかみ》が鎮座していたが、紀元前五五年（崇神天皇三九）、天照大神《あまてらすおおみかみ》が大和《やまと》国笠縫邑《かさぬいむら》から遷《うつ》って吉佐宮《よさのみや》（与謝宮）と称した。やがて六四五年（大化一）の大化改新ののち、吉佐宮時代から奉仕する海部《あまべ》家の五佰道祝《いほじはふり》が六八三年（天武天皇一一）、吉佐宮を籠神社として彦火火出見命《ひこほほでみのみこと》を祀《まつ》ったが、七一九年（養老三）、真名井原の本宮を現在地に移し、彦火明命《ひこほあかりのみこと》を主祭神としたという。宝物の「海部氏系図」（国宝）は、現存する日本最古の系図といわれ、歴史学界においてもつとに名高い。

画聖雪舟《せっしゅう》の晩年作の国宝「天橋立図」（京都国立博物館蔵）には、籠神社が多くの坊とともに克明

交通アクセス：KTR天橋立駅から徒歩30分。またはKTR天橋立駅より汽船、一宮駅から徒歩2分。
時間：8時30分～16時30分

に描かれている。「天橋立」は、神代、伊射《いざ》奈岐大神《なぎおおかみ》が真名井原の奥宮の伊射奈美《いざなみ》大神の磐座《いわくら》に天から通う梯子《はしご》で、ある日女神の傍《かた》えに降り、それが一夜にて倒れ伏して、地上にできた跡と伝える。室町後期、籠神社の境内には四八坊が並んだ。

　白肌の大鳥居をくぐって見える社殿本宮は、伊勢神宮とほぼ同じ造りで、勝男木《かつおぎ》は一〇本、千木《ちぎ》は内削《そ》ぎになっている。高欄上の五色の座玉《すえたま》は伊勢《いせ》神宮と籠神社だけのもの。社頭の狛犬《こまいぬ》は鎌倉時代の石造りで重文。夜な夜な橋立に出て人々を困らせたのを、狒々《ひひ》退治で名高い岩見重太郎《いわみじゅうたろう》が足を切り、悪戯《いたずら》は治まった。魔除《まよ》けの霊験がある。

　四月二四日の例祭は、「葵祭《あおいまつり》」とよばれ、古式豊かな太刀振《たちふり》神事が奉納される。

・神門

松尾寺《まつのおでら》

Matsunoodera

宗派　真言宗
本尊　馬頭観世音菩薩（ばとうかんぜおんぼさつ）
所在地　舞鶴市松尾532
電話　0773-62-2900

福井県と京都府をまたぐ標高六九九メートルの青葉山《あおばさん》の中腹に建つ。奥の院は山頂にある。若狭《わかさ》富士の別名もある青葉山は、早くから修験道の修行場であり、松尾寺の山号もまた青葉山である。白《はく》山《さん》信仰で名高い泰澄《たいちょう》上人が祀《まつ》った妙理大権現《だいごんげん》が、山上にある。JR小浜《おばま》線松尾寺駅からは徒歩で五〇分。七曲がりの坂を登る参道はかなりきつい。

開創は、七〇八年（和銅一）。唐の威光《いこう》上人が青葉山を眺め、中国にその姿が似た馬耳山《ばじさん》という霊山のあることを思い登山。はたせるかな、松の大樹に馬頭観音《ばとうかんのん》を感得し、草庵《そうあん》を結んだのがはじまり。正暦《しょうりゃく》年間（九九〇〜九九五）に漁夫の春日《かすが》為光が出家し、光心と名乗り、海上で霊木を得て馬頭観音を刻んで祀《まつ》ったのを中興としている。

一一一九年（元永二）には鳥羽《とば》天皇の行幸、美福門院《びふくもんいん》の行啓があり、寺坊は六五を数えて繁栄した。その後、織田信長の兵火で一山のほとんどを焼失。一五八一年（天正九）に細川幽斎《ゆうさい》が復興、京極《きょうごく》家による修築が行なわれ、さらに一七三〇年（享保一五）、牧野英成《まきのひでしげ》が現状の姿に整えたという。

交通アクセス：JR松尾寺駅から徒歩50分。JR東舞鶴駅からタクシー（2時間より貸切の便あり）。
時間：8時〜17時

山門の「青葉山」の扁額《へんがく》を仰いで、三二一段の苔《こけ》むした石段を登ると、宝形《ほうぎょう》造りの本堂が正面に建つ。秘仏の本尊馬頭観音は、西国三十三所霊場では、唯一の馬頭観音像。三面八臂《ぴ》で、忿怒《ふんぬ》の姿が特徴である。漁業・農耕の守護仏として、また近年は、競馬にまつわる信仰を集める。本堂右手に心霊殿がある。

二〇〇八年（平成二〇）に創建一三〇〇年を迎え、一〇月から一年にわたって本尊馬頭観音が開扉。国宝の普賢《ふげん》延命菩薩《ぼさつ》画像をはじめ重文の孔雀《くじゃく》明王画像などを収蔵する宝物館の建設が進んでいる。毎年五月七、八日に行なわれる花祭大供養は盛大で、八日に奉納される「仏舞《ほとけのまい》」は、重要無形民俗文化財に指定される。本堂裏は、青葉山への登山口である。

・山門

神前の仏教行事
—千年の時空を超えて

小林隆彰　比叡山延暦寺長臈

日本の山々は神の住まいと信じられており、比叡山も例外ではない。鬱蒼《うっそう》と生い茂った大木の枝を通して太陽の光が洩《も》れる山というので日枝《ひえ》の山と呼んだという。この日枝の山の神が山麓《さんろく》に迎えられて地主の神となり、さらに天智《てんじ》天皇が近江《おうみ》京に遷都されるに及んで三輪《みわ》の大神を迎えて、ここに現在の日吉《ひよし》神社の基礎が確立、現在全国に三千八百を数える神社の総本社として鎮座されている。

神のいます日枝の山に伝教《でんぎょう》大師最澄（七六八～八二二）は十九歳の夏、単身登山して庵《いおり》を結び、修行を始め、薬師如来を自ら刻まれてこの山を仏の山とした。いうまでもなく、伝教大師に神仏の差別はなく、ともに鎮護国家、利生《りしょう》済民を祈誓する、かみ、ほとけ、なのである。さらに伝教大師以来千二百年、比叡山の歴史の中で日吉神社の神々には、比叡山守護、仏法の護法神として篤《あつ》い信仰を捧《ささ》げてきた。現在の社殿の形態が千日回峰行の始祖相応《そうおう》和尚《かしょう》（八三一～九一八）によって始められたことなど、延暦寺の千二百年は日吉神社の存在なくしては語れない。故に、いまも比叡山僧はみな日吉の神の信者のひとりなのである。

その長い神仏習合の歴史の中で特筆すべき行事のひとつに「山王礼拝《さんのうらいはい》講」という神前法楽法要がある。

話は平安時代にさかのぼる。

万寿二年（一〇二三）、後一条天皇、関白藤原頼通《よりみち》のころである。諸国は旱魃《かんばつ》と疫病が流行し、仏教では末法《まっぽう》の時代に入るというので、人々は不安におののき来世極楽往生を希《ねが》う気が満ちみちていた。延暦寺と園城寺《おんじょうじ》（三井寺《みいでら》）は座主《ざす》の任命などで武力抗争、そして僧兵は強訴《ごうそ》をくり返す、そんなころ日吉神社の禰宜石根《ねぎいわね》が神のお告げを聞く。曰《いわ》く、「私はもう比叡山を守らない。僧達の不勉強と悪行には力が及ばぬから古里の松尾（京都）に還《かえ》る。お供せよ」と。石根は驚き、比叡山を見上げると山の木々が赤茶けている。これは神様が悲しんでおられる。

早速、延暦寺の執行所《しゅぎょうしょ》にその旨を伝えると、山僧もまた驚愕《きょうがく》。全山に早鐘を打って衆議し、お詫《わ》びのためにこぞって山王権現の宝前に額突《ぬかず》き、懺悔《さんげ》の法会を営んだという。これが今も行なわれている「山王礼拝講」で、五月二十六日、日吉神社大宮（西本宮）拝殿で、法華《ほっけ》八講が奉修される。天台座主以下が出仕し、法華経八巻の講義を問答形式で行なうのである。

昔、僧達は当日、梵鐘《ぼんしょう》の音を聞いて三塔十六谷から駆け参じて上堂したので、足洗いの儀式が今も行なわれている。遅参すると一年分のお手当てが与えられないという俗説も、真実味を帯びてくる行事である。

法要が終わると上座から下段して、比叡山を仰いで五伽陀《ごかだ》と呼ばれる経文を唱えながら、五体を地に投げて礼拝する。神の悲しみによって山林が枯れ、そしてまた神の恵みによって枯木が生き返った。お詫びとお礼、そして、誓いを新たにする。

神仏霊場会が発足した今日、神前での仏教行事が今も千年の時空を超えて行なわれているところに日本人の心の深さを見るのである。

修験の山念仏

Column

懺悔《さんげ》、懺悔《さんげ》、六根清浄《ろっこんしょうじょう》…。巡礼・巡拝をよくされる人なら、一度はどこかで耳にしたことがあるかもしれない。しかして、その正体は？　といえば、修験道の山伏たちが山岳修行の際に唱《とな》えるのが、この山念仏《やまねんぶつ》（掛《かけ》念仏）である。

六根とは、眼・耳・鼻・舌・身の五官と意の一心の六つ。これらは、俗世の色や欲という煩悩のもと。いわば精神と肉体の垢の発信基地。それを清浄とは、書いて字のごとく、キヨめること。山中での登り道、発頭者《はっとうしゃ》（最初に山念仏を発する人）に導かれながらそれに唱和し、六根を清浄する。

「サーンゲ、サンゲ、ロッコンショウジョウ」。発頭者の声は、導かれる者に迫りくる、肉体の苦痛と精神の苦悩を和らげ、癒しを施す。しかも、さらに、限りなく背中を押す励ましの掛け声であり、修行の集中に導いてくれる。　（神尾登喜子）

滋賀

近江・湖東・湖西・湖南

欣求《ごんぐ》の道

京都と滋賀の境に聳《そび》える比叡山《ひえいざん》。南端は如意ヶ岳にはじまり、主峰の大比叡ヶ岳と次峰の四明ヶ岳などの山々が連なる。その麓《ふもと》には琵琶《びわ》湖《こ》が広がる。東海道五十三次の宿場は、大津から草津・土山、鈴鹿峠を越え、坂下、関を経て桑名に至る。伊勢への道は、関で東海道と別れ、津・松阪・山田へと続く。古く、斎王の伊勢群行もこの道を進んだ。伊勢と京を結ぶ、京街道である。京、大津へは、多賀・愛知川《えちがわ》・守山と湖南を西に回る道もある。いずれも社寺参拝と名所旧蹟巡りの道筋である。近江を代表する比叡山と琵琶湖の周辺には、日吉神社や多賀大社などの神社や、延暦寺《えんりゃくじ》、園城寺《おんじょうじ》、石山寺などの寺院が、各時代にわたって建立された。近江の地は、神と仏を欣求するところである。

多《た》賀《が》大《たい》社《しゃ》

Tagataisha

主祭神 伊邪那岐大神（いざなぎのおおかみ）
伊邪那美大神（いざなみのおおかみ）
所在地 犬上郡多賀町多賀604
電　話 0749-48-1101

お多賀さん参りは、近江《おうみ》鉄道を利用すると、味わい深い。伊勢《いせ》大神の両親を祀《まつ》る多賀大社。「お伊勢参らば、お多賀へ参れ、お伊勢お多賀のお子じゃもの」と、江戸時代はもとより、明治の鉄道開通で全国から参拝者が列をなした。多賀大社駅前に建つ大きな鳥居が「昭和の一の鳥居」。

神門前に太鼓橋が架かる。名称は「太閤《たいこう》橋」で、秀吉の寄進を受けて奥書院・蔵とともに築造されたという。社殿前の境内は広々としており、常緑の神の森が社殿を包む。千木《ちぎ》を載せた檜皮葺《ひわだぶ》き・流《なが》れ造りの本殿の左右に回廊、前に入母屋《いりもや》造りの拝殿がある。社殿の一部は徳川家光寄進の江戸前期に建ち、大半は一九三二年（昭和七）に再建された。鎌倉時代には犬上《いぬかみ》郡総社。

『古事記』に「伊邪那岐大神《いざなぎのおおかみ》は淡海《おうみ》の多賀にまします」とある。伊邪那岐・伊邪那美《いざなみ》の両神は、天《あま》照大神《てらすおおかみ》をはじめ八百万《やおよろず》の神々などを産んだ。その後、伊邪那岐大神は、琵琶湖《びわこ》を西に望む杉坂山に降臨し、多賀の霊地に鎮座した。

『延喜式《えんぎしき》』では小社に列せられた。歴代皇室の尊信はとくに篤《あつ》く、元正《げんしょう》天皇の病気平癒祈願をはじ

交通アクセス：近江鉄道多賀大社前駅から徒歩10分。国道多賀大社バス停から徒歩2分。名神高速道路彦根ICから約10分。
時間：9時～16時

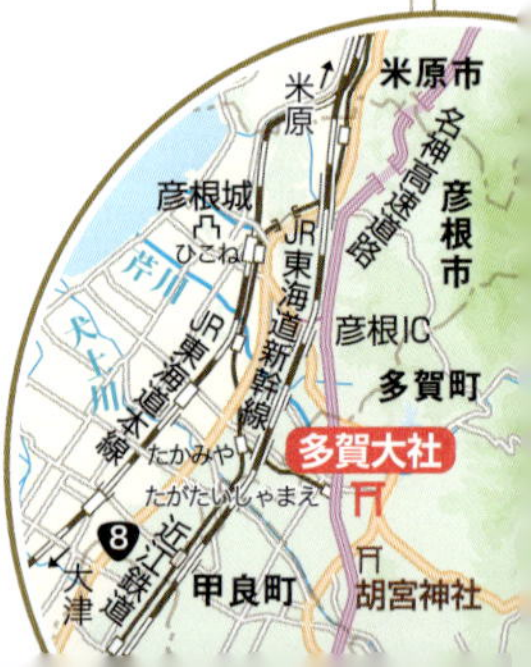

めとして、明治初年に至るまで朝廷の祈願所とされていた。戦国時代には豊臣秀吉の崇敬が深く、大政所《おおまんどころ》のために一万石を寄進し、社殿を造営。一六一五年（元和一）、火災に遭うが、寛永（一六二四～四四）年間に再建された。

現在、年間一七〇万人の参拝客が訪れる。人気のお守りは延命長寿「お多賀杓子《しゃくし》」。八世紀の初め、元正天皇が病にかかった際にシデの木で杓子を作り、強飯《こわめし》を乗せて祈願したところ病が治った、という故事によるが、「おたがしゃくしはオタマジャクシの語源」説で有名になった。多彩な祭のなかで四月の例祭「多賀まつり」、八月の「万灯祭」は名高い。土産の代表は糸を使って餅《もち》を切る糸切り餅。赤と緑の縞《しま》模様は、元寇《げんこう》の役《えき》の戦利品として奉納した「船印」に由来する。

・拝殿と本殿

田《た》村《むら》神《じん》社《じゃ》

Tamurajinja

主祭神 坂上田村麻呂公（さかのうえのたむらまろこう）
所在地 甲賀市土山町北土山469
電　話 0748-66-0018

鈴鹿《すずか》峠の三重県側は急峻《きゅうしゅん》な難所であるが、近江《おうみ》に入るとなだらかな下りになる。野洲《やす》川支流の田村川が国道下を蛇行して流れる。東海道はここにかかる板橋から田村神社参道を経て、土山《つちやま》の宿に入った。東海道の旅人は、神社の前を通るたびに参詣《さんけい》したあと、京への道を急ぐか、鈴鹿越えをした。板橋は江戸中期に架橋され、国道開通で撤去されたが、二〇〇五年（平成一七）に「海道橋」の名で再建され、参道を通る旧街道が復活した。橋を渡ると、うっそうとした森のなかに銅製の二の鳥居が迎える。三の鳥居をくぐると、拝殿がある。一の鳥居は現参道入口の国道に面して建つ。

主祭神坂上田村麻呂《さかのうえのたむらまろ》とともに、倭姫命《やまとひめのみこと》と嵯峨《さが》天皇が祀《まつ》られる。創祀は垂仁《すいにん》天皇の時代、倭姫命が皇大神宮の宮地を求め当所へ下向し、奉斎されたとき、倭姫命の生霊を鎮祭されたのにはじまる。

田村麻呂は、七九一年（延暦一〇）、桓武《かんむ》天皇の勅命を受けて、近江伊勢《いせ》の国境、伊勢参宮の要衝の鈴鹿山道に跋扈《ばっこ》する悪鬼（山賊）を討伐《とうばつ》し、その障害を除いて一路平安を確保した。田村麻呂薨去《こうきょ》の翌八一二年（弘仁三）、その遺徳を仰ぎ、嵯峨天皇の勅命でゆかりの地である土山の二子峰に田村

交通アクセス：JR貴生川駅よりバス、田村神社下車すぐ。
時間：9時～16時

公の神祠を建て、神として祀った。八二三年(弘仁一三)、現社地に遷《うつ》して鈴鹿神社と合祀《ごうし》し、田村神社と称した。

二月一七日から一九日にかけて厄除大祭が催行され、境内に二〇〇もの店が並び、二〇万の人出で賑《にぎ》わう。本殿前には大きな神矢が斜めに交えて掛けられ、参拝者は拝殿と本殿の間を流れる御手洗《みたらい》川に架かる太鼓橋から年齢の数の福豆を流して厄を落とし、祈願する。名物の「かにが坂飴《あめ》」は、鈴鹿峠に近い蟹《かに》ケ坂《がさか》に棲《す》んでいた蟹の化物を退治した比叡山《ひえいざん》の高僧、恵心僧都《えしんそうず》ゆかりの厄除け土産品。例祭は四月八日。

本殿は銅板葺《ぶ》きの流《ながれ》造りで、江戸中期の建立。杉の古木二本が本殿前の平地で空に伸び、あたかも歴史の案内役のようである。

・本殿

金《こん》剛《ごう》輪《りん》寺《じ》

Kongorinji

宗派　天台宗
本尊　聖観世音菩薩（しょうかんぜおんぼさつ）
所在地　愛知郡愛荘町松尾寺874
電話　0749-37-3211

「湖東三山」のほぼ真ん中に位置し、総門からの参道を上ってすぐ、本坊の明寿院《みょうじゅいん》がある。距離にして三〇〇メートル。かつては参道に沿って僧坊が建ち並んでいた。今は、風車を付けた小さなお地蔵さんが両側に連なり、参拝者の足をいたわる。参道を上りつめると、二天門（重文・室町）が迎える。春から夏なら汗をぬぐってたどり着く二天門をくぐり、見上げる本堂は檜皮葺《ひわだぶ》き・入母屋《いりもや》造り、七間《けん》四方の豪壮な建物で、鎌倉時代から南北朝にかけての天台系仏堂の代表作という国宝。「天平《てんぴょう》大悲閣」の名がある。七四一年（天平一三）、聖武《しょうむ》天皇の勅願で行基《ぎょうき》が開山と伝わり、本堂外陣《げじん》の正面には、聖武天皇の勅筆といわれる「金剛輪寺」の額が掛かる。山号は松峯山《しょうぶざん》。一名を松尾《まつお》寺とよぶ。

平安時代に慈覚《じかく》大師円仁《えんにん》が密教の特別道場にして以来、寺運は隆盛し、天台宗に改められた。織田信長の焼き討ちの際、当寺の僧の機知により焼失をまぬがれた。本堂内陣の須弥壇《しゅみだん》を中心に並ぶ阿《あ》弥陀《みだ》如来像・不動明王・四天王立像・十一面観音・慈恵《じえ》大師像など一四体は、藤原・鎌倉期の秀品でいずれも重文に指定。元寇《げんこう》のとき、北条時宗《ほうじょうときむね》の命で戦勝祈願した功績で、近江《おうみ》守護佐々木頼綱《ささきよりつな》の寄

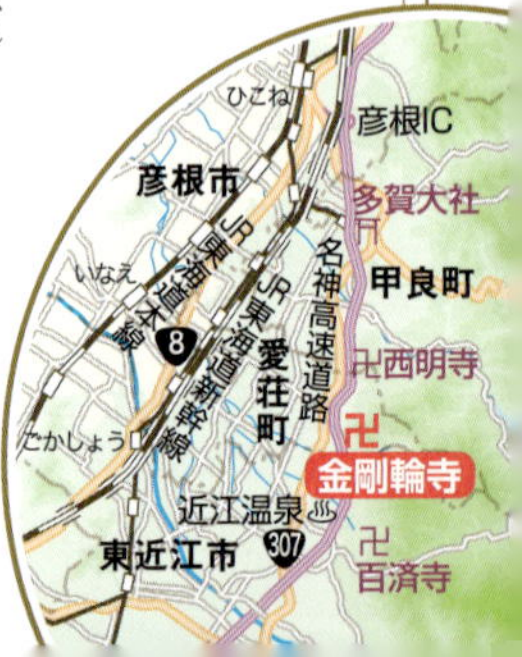

交通アクセス：JR稲枝駅よりバス、金剛輪寺門前下車。またはタクシーで約15分。
時間：8時～17時

進した須弥壇の蓮華唐草《からくさ》金具には弘安《こうあん》一一年（一二八八）の銘が刻まれる。佐々木氏の四《よつ》目結《め》びの銅磬《どうけい》も目を引き、文化財の宝庫とのよび声も高い。本堂に向かって左の三重塔（重文）は、鎌倉期の建立ながら、上層の傷みで解体復元されて三〇年、本堂と楓《かえで》の木立に早くも溶け込んでいる。

参道から本堂まで楓が切れ目なく続き、初夏の若葉は光を浴びて透きとおり、まぶしいばかりに輝く。秋には「血染めのもみじ」といわれ、寺を開いた行基が本尊の観音像を彫るにあたり、木肌から血を流したという伝説の色が紅葉になって甦《よみがえ》る。

本坊明寿院の庭は江戸中期の築庭といわれ、国の名勝指定。桃山、江戸初期、中期の様式が導く池泉回遊式。

・本堂（国宝）

西《さい》明《みょう》寺《じ》

Saimyoji

紅葉の名所で知られる「湖東三山」のなかでは北にある。総門左の有名な不断《ふだん》桜（県指定天然記念物）は、初秋から白い小ぶりの五、六枚の花びらを開き、紅葉最盛期では対照的に楚々《そそ》とした風情をかもしだす。参道の両側は木立に包まれ、夏は緑の回廊を演出する。

総門は西に面し、石段の上に二天門、本堂の配置は三山に共通する。西明寺は八三四年（承和一）に仁明《にんみょう》天皇の勅願で創建、と寺縁起は伝える。伊吹山《いぶきやま》の開山で知られる三修《さんしゅう》上人が琵琶《びわ》湖西岸を歩いていると、東方の山に紫雲がたなびき、訪れて見れば池のなかから紫の光が射し、薬師如来《やくしにょらい》が現われる。立木にその姿を彫り、安置したのが寺の起こりとなる。薬師如来が放った光が西の方角を明るくしたことから、西明寺の名になった。最盛期には寺坊三百余を誇り、天台僧の修行・祈禱《きとう》道場として栄えた。山号は龍応山《りゅうおうざん》。

国宝の本堂は瑠璃殿《るりでん》の名があり、鎌倉初期の建築。釘《くぎ》を一本も使わない七間《けん》四方の豪壮な造りからも、栄華の時代をしのぶことができる。鎌倉後期、室町期に増築され、織田信長の焼き討ちをまぬが

宗　派　天台宗
本　尊　薬師如来（やくしにょらい）
所在地　犬上郡甲良町池寺26
電　話　0749-38-4008

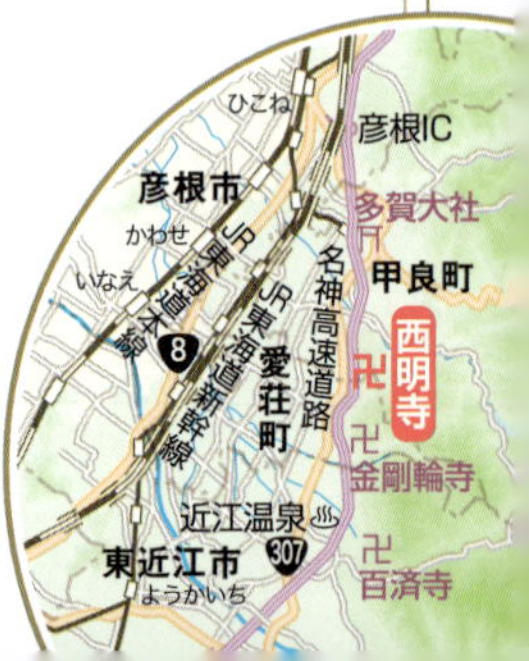

交通アクセス：JR河瀬駅よりバス、金屋下車徒歩20分。またはJR彦根駅・河瀬駅からタクシーで約20分。名神彦根または八日市ICから15分。
時間：8時～17時（16時30分までに入山）

れた三重塔（国宝）、二天門（重文）ともども、寺観の象徴となっている。本堂内陣には、秘仏の本尊薬師如来像（重文・平安）を真ん中に、平安期から室町期の重文の仏像が安置される。珍しいのは、石田三成《みつなり》の居城の佐和山《さわやま》城の天守閣を描いたと思われる絵馬。「幻の城」につながる逸品だ。

湖東の冬は湖西から雪雲の道になり、三重塔の屋根を白く包む。屋根や木立から雪が滑り落ちる瞬間の風景と音に魅了され、何度も訪れる参拝者も少なくない。三重塔内部には大日如来像が安置され、柱や壁面には極彩色で菩薩《ぼさつ》・牡丹《ぼたん》・鳳凰《ほうおう》などが描かれる。荘厳さは時代を重ねて深まり、絵画としても重文の指定を受ける。

・三重塔（国宝）

長《なが》濱《はま》八《はち》幡《まん》宮《ぐう》

Nagahamachimangu

主祭神 足仲彦尊（たらしなかつひこのみこと）
誉田別尊（ほんだわけのみこと）
息長足姫尊（おきながたらしひめのみこと）

所在地 長浜市宮前町13―55

電　話 0749-62-0481

ＪＲ長浜駅から一筋北の大手門通を東へ向かい、宮町《みやまち》通を進むと、市内の中心部に位置する、こんもりした森のなかにある。鳥居・拝殿・本殿が南北に一列に並ぶ境内は東西に長いが、社殿は南面し、八幡宮には珍しい神明造りで、檜皮葺《ひわだぶ》き屋根の頂に千木《ちぎ》・鰹木《かつおぎ》を備える。伊勢《いせ》神宮の造りに似ていることから、伊勢神宮の御饌殿《みけでん》を譲り受けたという説が伝わる。

古くは坂田八幡宮《さかたはちまんぐう》、あるいは将軍山新放生寺《しんほうじょうじ》八幡宮と称した。一〇六九年（延久一）、源義家《よしいえ》が後《ご》三条《さんじょう》天皇の勅願を受け、石清水八幡宮から分霊を迎えて祀《まつ》り、以来庄内十一郷の産土神《うぶすな》として深く敬われた。皇室および武将の尊崇篤《あつ》く、足利義政は社殿を造営し、三重塔を建立、太刀・神馬《しんめ》を奉納した。湖北の浅井氏も社領・太刀・神馬を寄進。社領三千石、一山七三坊と伝え、壮麗な社殿であったが元亀・天正の兵火で焼失。一五七四年（天正二）、長浜城主になった豊臣秀吉が再興に努めた。

四月の曳山《ひきやま》狂言は、秀吉が男子の誕生を喜び、民に砂金をふるまったのをもとに、一二両の曳山（山車《だし》）を造り、町内を曳き回したのが起こりという。曳山は金銀の金具のまばゆい豪華な造りで、

交通アクセス：JR長浜駅から徒歩10分。
時間：境内の拝観自由（祈禱受付は9時～16時）

なかでも鳳凰山《ほうおうやま》と翁山《おきなやま》の背面を飾る見送り幕は一六世紀のベルギー製で、国の重文。四月一四日には、その年の当番の曳山が境内に集結する。シャギリ（囃子《はやし》）の音に惹《ひ》かれる曳山舞台では、一二歳までの男子が浄瑠璃《じょうるり》に合わせて『仮名手本忠臣蔵』『義経千本桜』など子ども歌舞伎《かぶき》（狂言）を演じ、祭自体も重要無形民俗文化財の指定を受け、日本三大曳山祭として名高い。祭りの後は、アジサイの花見客で賑《にぎ》わう。

古文書、武具、能面など社宝も数多いが、別当寺関連の仏像類は、明治期に東隣の舎《しゃ》那院《な》に移された。ここは弘法《こうぼう》大師の開いた真言宗の寺であるが、明治まで八幡宮の別当寺を務めていた。木造愛染明王坐像《あいぜんみょうおうざぞう》（重文・鎌倉）などがある。

・境内

宝《ほう》厳《ごん》寺《じ》

Hogonji

宗派　真言宗豊山派（ぶざんは）
本尊　弁才天（べんざいてん）
所在地　長浜市早崎町竹生島1664
電話　0749-63-4410

琵琶湖《びわこ》に浮かぶ竹生島《ちくぶしま》にある。長浜の湖岸から六キロ沖の島は周囲二キロ、琵琶湖八景のひとつ、「深緑・竹生島の沈影」に数えられ、古くから神の住む島、祖霊の島として敬われてきた。船着場からいきなり一六五段の石段が続き、上りきると、宝厳寺《ほうごんじ》境内になる。山号は竹生島巌金山《がんこんざん》。朱色が目に飛び込む弁才天堂《べんざいてんどう》は昭和の建築で、平安後期の様式を基本に、鎌倉・室町の様式を取り入れており、その姿は島に降り立つ鳳凰《ほうおう》を思わせる。

『竹生島縁起』によると、七二四年（神亀一）、行基《ぎょうき》は勅命で島に渡り、弁才天を刻み、堂を建立する。弁才天はもともとインドの河の神で、琵琶や武器を持つ姿で表わされ、福徳・学問・延寿・戦勝の女神で知られる。創建時は東大寺に属し、平安時代には天台宗になる。古来の水神と弁才天習合の信仰は、『平家物語』巻第七の平経正《つねまさ》の「竹生嶋詣」に登場する。木曾義仲《きそよしなか》討伐の途中に立ち寄った経正は、戦勝祈願ののち、琵琶を奏でると、湖中から明神《みょうじん》が白龍になって現われる。この逸話は謡曲の題材にもなり、芸能の神信仰にもなった。本尊の弁才天は宮島《みやじま》、江ノ島とともに、「日本三弁才天」のひとつ

交通アクセス：今津港・長浜港・彦根港より船。
時間：船の運航時間内

として有名である。七三八年（天平一〇）、四《し》天王《てんのう》像を安置して、国家の鎮護とした。
　本堂から湖へ誘うような石段を下ると、観音堂がある。空海が真言密教の秘法を修めた、と寺伝にあり、中世以来、多くの人々の信仰を集めてきた。現在の建物は、大火で失った堂塔を豊臣秀頼《ひでより》が復興。京都東山の豊国廟《とよくにびょう》の正門だったという桃山様式の唐門《からもん》は国宝。
　この観音堂から渡り廊下を行くと、都久夫《つくぶ》須麻《すま》神社本殿。舞台造りの建物は伏見桃山城から移築したもので、国宝。観音堂、渡廊、本殿とも国宝・重文指定の絢爛《けんらん》豪華な桃山文化が集まる。拝殿から湖岸にある岩場の鳥居にかわらけを投げ、それが鳥居をくぐると願い事がかなうという。竹生島は、神仏一体となった信仰の島である。

・本堂（弁才天堂）

◆139◆
滋賀7番

観《かん》音《のん》正《しょう》寺《じ》
Kannonshoji

宗派	天台宗単立
本尊	千手千眼観世音菩薩（せんじゅせんげんかんぜおんぼさつ）
所在地	蒲生郡安土町石寺2
電話	0748-46-2549

湖東の名峰繖山《きぬがさやま》（標高四三三メートル）は、その形がふんわりとした衣笠《きぬがさ》に似ていることから名づけられた。古代から信仰の山であり、北西には安土《あづち》城跡がある。

参拝の道は、車なら安土側の林道（有料）経由で途中から石段を上るか、石段なしの参拝なら東近江市五個荘《ごかしょう》石馬寺《いしばじ》側の有料道路から山上の駐車場まで行ける。表参道は、石寺口《いしでら》からの山道で、札所《ふだしょ》最大の難所を上る覚悟がいる。石寺は参道沿いに集落が並び、石標が観音正寺まで一二丁（約一・二キロ）と導く。石段道になってすぐ右手にある日吉《ひよし》神社には、観音正寺の守護神、十禅権現《ごんげん》が祀《まつ》られ、本地仏の木造地蔵菩薩（平安前期）が残る。

石段は急であるが、人馬の通行を容易にするため、幅は広くとってある。八丁目から眺望が開け、境内南面からは湖東平野を眼下に万葉の世界、戦国の舞台が広がる。ここは織田信長の近江《おうみ》進攻まで勢力を誇った名門、佐々木《ささき》六角氏の城下で、日本で最初の楽市楽座《らくいちらくざ》が開かれた。

開創については、『日本書紀』に、聖徳太子が「蒲生河《がもうのかわ》に人魚を得る」の記述があり、寺縁起にも、

交通アクセス：JR能登川駅からバス、観音寺口下車徒歩40分。
時間：9時30分～16時30分

苦しむ人魚の願いを聞いた聖徳太子が建立、と記している。天暦《てんりやく》年間（九四七〜九五七）、蒲生郡を領した宇多《うだ》天皇の皇子敦実《あつざね》親王は、当寺に深く帰信した。室町期には、皇子の末《まつ》裔《えい》の佐々木六角氏の観音寺城の築城にともない、麓《ふもと》に移転。江戸時代に元の場所に戻った。一九九三年（平成五）に火災で本堂を焼失、二〇〇四年に再建。本尊も焼け、インドから輸入した白檀《びやくだん》に平成の千手千眼観世音《せんじゆせんげんかんぜおん》菩薩坐像《ぼさつざぞう》が彫られた。

　参道の途中に、奥の院に通じる行者道がある。磐座《いわくら》と思われる岩に磨崖仏《まがいぶつ》が刻まれ、神と仏の信仰が重層する霊地である。日本屈指の山城跡は、谷を隔てた山の上。各郭《くるわ》に石垣をめぐらした遺構からは、近江を統治した佐々木六角氏の威光がしのばれる。

・本堂

永《えい》源《げん》寺《じ》

Eigenji

宗派　臨済宗永源寺派大本山
本尊　世継観世音菩薩（よつぎかんぜおんぼさつ）
所在地　東近江市永源寺高野町41
電話　0748-27-0016

愛知《えち》川に沿って八風《はっぷ》街道が八日市《ようかいち》から三重県・千草《ちぐさ》を結んでいる。この道は、鎌倉・室町期には山賊が横行する鈴鹿《すずか》峠を避け、鈴鹿山脈東の流通路として近江《おうみ》、桑名の物資が行き交った、近江商人の源流の道。応仁《おうにん》の乱で京を逃れ、永源寺に身を寄せていた相国寺《しょうこくじ》の学僧、横川景三《おうせんけいさん》は、二〇〇人余の商人一行との出会いの模様を記録している。

寺は八風街道が山中に入る手前の東岸にあり、川の流れは淵《ふち》になって青々と水をたたえている。山号は瑞石山《ずいせきざん》。紅葉の名所で名高く、関西で三本の指に入る。五月の新緑から夏の木漏れ日のころに、静寂を求める参拝客も多い。愛知川に架かる旦度橋《たんどばし》を渡り、参道の右、岩崖《いわがけ》に十六羅漢像が迎える。幡桃渓《ばんとうけい》に架かる橋から一二〇段の石段を上ると、総門、その奥に重量感あふれる山門がそびえ、総門と山門の間に楓《かえで》の木、という見事な空間を構成する。左手に鐘楼、枯山水庭園の横に方丈が横一列に並び、楓の老樹が隙間《すきま》を埋め、「荘厳静寂」の四字があてはまる。

開基は南北朝時代の一三六一年（康安一）、近江守護の佐々木《ささき》（六角）氏頼《うじより》が名僧の誉れ高い寂室《じゃくしつ》

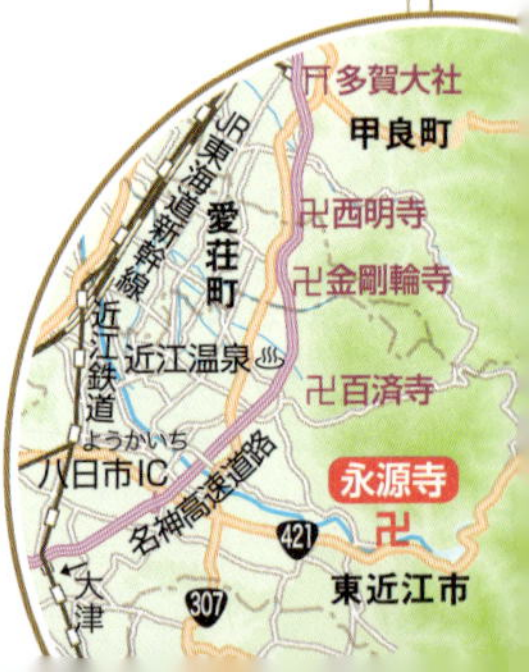

交通アクセス：近江鉄道八日市駅より近江バス、永源寺前下車徒歩5分。
時間：9時～16時

元光禅師《げんこう》に帰依《きえ》、招請して伽藍《がらん》を建立したことにはじまる。寂室は中国に渡り、帰国後は各地を巡歴し、七一歳で氏頼（三四歳）と出会い、愛知川の流れと険しい山々が迫る雷渓の地で生涯、在野を貫いた。永源寺の永は氏頼の法名「（雪江《せっこう》）崇永《すうえい》」、源は近江源氏の「源」に由来するといわれる。三度の火災に遭い、戦国期に寺運は衰退するが、江戸期になると井伊彦根《いいひこね》藩の保護を受けて復興、現在の寺観が整う。本尊は秘仏で、世継観世音《よつぎかんぜおん》といい、永源寺開基後、氏頼に世継ぎが生まれたことに由来する。開山堂に安置の寂室和尚坐像《おしょうざぞう》（重文・南北朝）から、開祖を慕い、学僧が集まった隆盛の歴史がしのばれる。

寺の庭は含空台《がんくうだい》とよび、愛知川を借景に取り入れ、清楚《せいそ》閑雅の趣がある。

・本堂

百済寺《ひゃくさいじ》

Hyakusaiji

宗派　天台宗
本尊　十一面観世音菩薩（じゅういちめんかんぜおんぼさつ）
所在地　東近江市百済寺町323
電話　0749-46-1036

山号は釈迦山《しゃかざん》。「湖東《ことう》三山」の最も南に位置し、ほぼ五キロ間隔で金剛輪寺、西明寺《さいみょうじ》が鈴鹿《すずか》の山麓《さんろく》に並ぶ。旧中山道《なかせんどう》は寺の一〇キロ西の湖東平野を南北に延び、現代は名神高速道路が近くを通る。

六〇六年（推古一四）、聖徳太子の御願により創建。寺伝によると、高句麗《こうくり》の僧、恵慈《えじ》とともにここを訪れた際、山中に不思議な光を見る。近づくと霊木の杉であった。根の付いたまま十一面観音《じゅういちめんかんのん》を彫り、像を囲むようにして堂を建てた。御堂は百済《くだら》の龍雲寺を模したといい、近江《おうみ》最古の由緒を誇る。

比叡山《ひえいざん》に延暦寺《えんりゃくじ》が開宗されると、やがて百済寺も天台宗の寺院となり、湖東の小比叡山と称された。鎌倉時代になると天台別院とよばれ、周辺を含めた一山の寺坊は千を超え、一三〇〇人の僧がいたといわれる。火災、六角氏の内紛に巻き込まれ、さらに織田信長の焼き討ちで一山灰になる波乱の歴史に遭遇。キリシタン宣教師ルイス・フロイスは、焼失した寺を「地上の天国ファクサンジ」と本国に報告し、比叡山炎上とともに当時の衝撃の大きさを物語る。

幸いにも本尊は火難をまぬがれ、天海《てんかい》の高弟亮算《りょうさん》により、再建された。一六五〇年（慶安三）、彦根《ひこね》

交通アクセス：近江鉄道八日市駅より車で約15分。
時間：8時～17時

・仁王門

藩主井伊直孝《いいなおたか》が後ろ盾になり、日光東照宮造営の地元甲良《こうら》大工、甲良宗広《むねひろ》が大旦那《だいだんな》となって建立、復興した。総門からの参道は空《から》堀《ぼり》・土塁が築かれ、歩くこと一〇分で本坊喜《き》見《けん》院に着く。喜見院表門の内側に壮大な池泉回遊式庭園がある。旧庭園を移築拡大したもので、坊周辺から集めた石を巧みに配置し、前に比叡山、背後に鈴鹿山脈を取り込み、「天下遠望の庭園」の名がつく。

　石段を上りきると、大きなわらじを吊《つ》るした仁王門。老杉と古い坊跡が左右に並ぶ参道は、俗塵《ぞくじん》と切り離された寂莫《じゃくまく》清浄の湖東三山を代表する景観である。境内は国史跡に指定されており、文化財には、奈良時代の本尊秘仏十一面観音立像《りゅうぞう》、金銅弥勒半跏《みろくはんか》像が残る。発掘品も多数あり、再調査が進んでいる。

日《ひ》牟《む》禮《れ》八《はち》幡《まん》宮《ぐう》

Himurehachimangu

主祭神 誉田別尊(ほんだわけのみこと)
息長足姫尊(おきながたらしひめのみこと)
比売神(ひめがみ)
所在地 近江八幡市宮内町257
電話 0748-32-3151

一三一年（成務天皇一）、成務《せいむ》天皇が高穴穂宮《たかあなほのみや》に即位のとき、武内宿禰《たけのうちのすくね》に命じて大嶋大神を祀《まつ》ったのがはじめと伝わる。二七五年（応神天皇六）、天皇の近江《おうみ》行幸のおり、奥津島《おきつしま》神社から還る途中で日牟禮社に立ち寄るが、後年、そこで日輪を見る奇瑞があり、祠を建て「日群八幡宮」と称した。一条《いちじょう》天皇の九九一年（正暦二）、法華峰《ほっけみね》（八幡山）に社を建てて宇佐《うさ》八幡宮を勧請し、「上の八幡宮」を祀ったと伝わる。一〇〇五年（寛弘二）、遥拝の社を麓《ふもと》（現在地）に建て「下の社」とした。

一三二七年（嘉暦二）には社殿を修造、神領を付与された。皇室の尊崇《すうけい》が篤《あつ》く、綸旨《りんじ》を下して天下泰平を祈願すること再三におよんだ。足利・徳川両将軍をはじめ、武家の崇敬を受ける。一五八五年（天正一三）、八幡《はちまん》城が築かれ、安土より移住した人々が城下町をつくり、氏神《うじがみ》として崇敬された。

八幡の産土《うぶすな》神として崇敬を集め、近江商人の信仰心深く、社宝のひとつに「安南《あんなん》渡海船額」（重文）がある。江戸時代初期に安南貿易に従事していた西村太郎右衛門《たろうえもん》が、帰国して長崎で画家に描かせ、奉納した額であるが、太郎右衛門は鎖国政策のため、上陸できずに終わる。海外へ雄飛していた近江

交通アクセス：JR・近江鉄道近江八幡駅より近江バス、大杉町下車徒歩5分。
時間：9時～17時

商人の望郷の思いがこもる奉納額だ。このほか、木造神像四体（鎌倉）も重文。

祭礼で有名なのが、湖国三大火祭りの「左義長祭」。左義長とは、十二段祝着とよぶ、一束ごとに揃えた藁《わら》を一二段に重ねて二メートルほどの三角錐の松明《たいまつ》を作り、これを胴体として、その上に杉の葉で作った頭と火のぼりをつけたもの。さらにその年の干支《えと》に因《ちな》んだ豪華な飾りを付ける。担ぎ手は町内ごとに半纏《はんてん》をそろえ、赤白の鼻緒の下駄を履いて「チョウサ、ヤレヤレ」の掛け声勇ましく練り歩く。神社馬場で勢揃いし、五メートル以上にもなる左義長が燃やされ、火の粉が夜空を焦がし、春をよぶ。また、四月一四日にも、八幡まつりで松明太鼓の行事が荘厳に行なわれる。

・楼門

長《ちょう》命《めい》寺《じ》

Chomeiji

宗派　天台宗系（単立）
本尊　千手十一面聖観世音菩薩（せんじゅじゅういちめんしょうかんぜおんぼさつ）
所在地　近江八幡市長命寺町157
電話　0748-33-0031

バスの車窓から見る風景ではわからないが、橋下を水郷《すいごう》巡りの船が行き交う渡合《わたらい》橋の北からは、島である。地名も「島」。長命寺は島地区の琵琶湖《びわこ》に突き出た岬の山の中腹に伽藍《がらん》を構える。湖上から沖島、長命寺山、八幡山《はちまんやま》の景観を望むのは、かつての札所《ふだしょ》巡りの名物であった。湖面に大きな岩が顔をのぞかせ、山肌にもいたるところで露出する。石段は八〇八段を数え、今は車で行けるが、石段上りと長命祈願が人気となっている。山号は姨綺耶山《いきやさん》。

寺伝によると、聖徳太子が当山に伽藍を造営して、自刻の千手十一面聖観音《せんじゅじゅういちめんしょうかんのん》像を安置して、長命寺と号した。九一年（景行天皇二〇）、武内宿禰《たけのうちのすくね》が山に籠《こも》り、柳の木に「寿命長遠《ちょうおん》諸願成就」と刻んで祈願したところ、そのかいあって宿禰は長寿を得て、仁徳《にんとく》帝まで六代の天皇に仕えた。その故事から、宿禰にあやかり長命寺としたのがはじまりになる。平安前期には伽藍の基盤はできあがり、後期になると近江《おうみ》守護佐々木定綱《ささきさだつな》が父の菩提《ぼだい》を弔い、本堂をはじめとする堂塔を建立した。修験道、観音霊場として栄えるが、佐々木氏と、その重臣であった伊庭《いば》氏の謀反による争いで多くを失い、の

交通アクセス：JR近江八幡駅よりバス、長命寺下車徒歩20分。
時間：8時～17時

ちに再建された。

石段を上った右に三重塔（桃山）、護摩堂があり、左に本堂（室町）が並ぶ（いずれも重文）。本尊千手観音立像《りゅうぞう》（重文）は藤原期の作。聖観音立像・十一面観音立像・毘沙《びしゃ》門天《もんてん》像（いずれも重文）なども安置されている。鐘楼から眺める三仏堂、本堂、三重塔は、木立を背景に檜皮葺《ひわだぶ》き屋根を重ね、境内屈指の景観になっている。三重塔には慶長二年（一五九七）の銘文があり、桃山期の傑作といわれる。

時折、鐘楼から参拝者の撞《つ》く音が響く。『信長公記《しんちょうこうき》』には「西より北は湖水満々とし、長命寺観音の鐘の声、訪れて耳に触る」とあり、安土《あづち》まで届いた。焼き討ち後も響く鐘の音。織田信長の顔が思い浮かぶ。

・本堂と三重塔

御《み》上《かみ》神《じん》社《じゃ》

Mikamijinja

主祭神　天之御影大神（あめのみかげのおおかみ）
所在地　野洲市三上838
電　話　077-587-0383

三上山《みかみやま》（四三二メートル）は、大津の琵琶湖《びわこ》岸から眺めると、孤峰のごとくそびえ、近江《おうみ》富士の別名がある。紫式部は「打出《うちいで》て三上の山をながむれば　雪こそなかれふじのあけぼの」と詠んだ。子どもたちには、瀬田《せた》橋まで押し寄せた大百足《おおむかで》を退治した俵 藤太《たわらのとうた》伝説の「百足山」で親しまれてきた。「三上社」「三上明神《みょうじん》」ともいう。『古事記』に、「近つ淡海《おうみ》の御上祝《みかみはふり》がもち斎《いつ》く天之御影神」と記されている。社伝によると、孝霊《こうれい》天皇の六年、三上山に天之御影 命《あめのみかげのみこと》が降臨し、御上祝が三上山を磐境《いわさか》と定めて祀《まつ》った。元正《げんしょう》天皇の七一八年（養老二）、藤原不比等《ふひと》が勅命により現地に社殿を建てさせて奉遷し、内外末社を造営したという。

八〇六年（大同一）、近江の二戸をあて、八七八年（元慶二）には正一位を授けられた。九七四年（天延二）、勅願所に定められた。『延喜式《えんぎしき》』の名神大社。武門の崇敬《すうけい》も篤《あつ》く、源頼朝は三千余貫の神領を、足利尊氏は社領一〇〇町を、豊臣秀吉は四町九段余を、それぞれ寄進した。近江の六角泰綱、佐々木正頼などの武将も社頭や社殿の修理を行なった。

交通アクセス:JR野洲駅よりバス御上神社前下車。
時間:9時～16時

本殿は鎌倉時代の入母屋《いりもや》造り。仏堂要素が融合した神社建築で国宝。本殿回縁《まわりえん》の束《つか》下の礎石にも仏像の台座に見られる蓮弁反花《かえりばな》を刻み、建武《けんむ》四年（一三三七）の銘がある。平安初期の『日本霊異《りょうい》記《き》』には奈良時代のころ、三上の神が白猿の姿になって僧に読《ど》経《きょう》を頼む説話が収められ、この話は文献に出てくる神仏習合の近江初見といわれる。

神社周辺は、古墳群が集中し、鉄工鍛冶《かじ》が発達していた。神社の釘抜紋《くぎぬきもん》に見られる鍛冶祖神としての信仰が、鎌倉・室町期に武士の崇敬を集める一方で、地域では水の神、竜神の信仰が深い。

「ずいき祭」で有名な秋の例祭は、ずいきで作った五基の神輿《みこし》に鶏頭の花、アヤメ、キクの造花などを飾り、神前に奉納する。

・本殿（国宝）

建《たけ》部《べ》大《たい》社《しゃ》
Takebetaisha

主祭神 日本武尊（やまとたけるのみこと）
所在地 大津市神領1―16―1
電　話 077―545―0038

瀬《せ》田《た》の唐橋《からはし》は、古代から壬申《じんしん》の乱をはじめ戦乱の舞台となった。武田信玄《たけだしんげん》は死を前にし、「勢多橋にわが風林火山の旗立てよ」と言い残した。現在の橋より二〇〇メートルほど下流が昔の位置で、織田信長の時代に架け替えられた。唐橋は天下に通じる橋であり、交通の要衝でもあった。

祭神は、日本武尊《やまとたけるのみこと》のほかに天照座大神《あまてらすおおかみ》と大己貴命《おおなむちのみこと》。日本武尊は、景行《けいこう》天皇の四三年、東征の帰途、近江伊吹山《おうみいぶきやま》に入って病にかかり、伊勢能褒野《いせのぼの》に薨去《こうきょ》した。同四六年、神勅によって、御子建部《たけべ》稲《いな》依別王《よりわけのみこ》は淡海《おうみ》国神崎《かんざき》郡建部郷《ごう》千草岳《だけ》に神宮を創建して、尊の神霊を祀《まつ》り、建部大神と称したと伝えられている。天武天皇の白鳳《はくほう》四年、建部連安麿《むらじやすまろ》は、勅を奉じて同国瀬田郷大野山の峰に遷祀《せんし》した。『延喜式《えんぎしき》』の名神《みょうじん》大社に加えられた。一一九一年（建久二）、源頼朝は瀬田郷三〇〇の封戸を寄進し、一二二三年（貞応二）、鎌倉幕府は本社と摂末社を造営し、太刀・神馬《しんめ》を奉献した。

一二二一年（承久三）、後鳥羽《ごとば》上皇が鎌倉幕府打倒のため挙兵した承久《じょうきゅう》の乱では、敗走する京勢の最後の陣が瀬田になり、兵火で焼け、のちに再興された。

交通アクセス：JR石山駅から徒歩15分。またはバス建部大社前下車徒歩3分。
時間：9時～16時

組石を敷いた参道北の楼門をくぐると、拝殿前に神木の三本杉が空に伸びる。本殿は流《ながれ》造りで、権殿《ごんでん》には大己貴命が祀られる。社宝の木造女神坐像《ざぞう》三体は重文で平安時代の作。高さ四〇センチの木彫りで、袂《たもと》を口にあてた、恥じらう女性の姿とも悲嘆の表情ともいわれる珍しい形をしており、日本武尊の妃《きさき》、布多遅比売命《ふたじひめのみこと》と伝わる。

境内前庭の石灯籠《どうろう》には文永七年（一二七〇）の銘がある。鎌倉中期の様式から国の重文に指定され、銘のある石灯籠では近江最古といわれる。

祭礼で著名なのは、八月一七日の「船幸《せんこう》祭《さい》」。日本武尊の海路東征に由来し、大神輿《おおみこし》を乗せた御座船が神楽《かぐら》船などを従え、瀬田川を巡航する。

・神門

石山寺《いしやまでら》

Ishiyamadera

宗派 東寺真言宗
本尊 如意輪観世音菩薩（にょいりんかんぜおんぼさつ）
所在地 大津市石山寺1-1-1
電話 077-537-0013

平安時代の石山詣《いしやまもうで》は、京都から逢坂山《おうさかやま》を越え、打出浜《うちではま》から船で瀬田《せた》川を下った。船で行く風雅な参詣《さんけい》は今、クルーズ船に姿を変え、継承されている。山門（重文・鎌倉）には大提灯《おおちょうちん》が掛かり、両翼には仁王像が拳《こぶし》を振り上げる。境内は参道が真っすぐに延び、突き当たりの石段を上ると、珪灰石《けいかいせき》の岩場の前に至る。石灰岩が花崗岩《かこうがん》マグマとの接触によって熱変性した後に露出した、この奇岩怪石（国天然記念物）は石山寺の名の起こりにもなった。山号は石光山《せっこうざん》。

『石山寺縁起絵巻』（重文）には、七四七年（天平一九）、良弁《ろうべん》僧正（のちに東大寺別当《べっとう》）が岩山で釣り糸を垂れる老翁、比良明神《ひらみょうじん》の化身から観音霊地の啓示を受け、聖武《しょうむ》天皇の念持仏の如意輪観音《にょいりんかんのん》像を安置したのがはじまりとある。開創時は東大寺末の華厳宗《けごんしゅう》の道場、学問寺であったというが、平安中期に理源《りげん》大師聖宝《しょうぼう》により、真言宗に改められた。

真言密教の修行道場である一方で、平安期には観音信仰の霊場として信仰を集め、石山寺参籠《さんろう》は王朝文学のテーマになり、『枕草子《まくらのそうし》』『源氏物語』『更級《さらしな》日記』などにその模様が描写される。伽藍《がらん》は硅灰

交通アクセス：京阪石山寺駅から徒歩10分。またはJR石山駅から京阪バス乗り換え、石山寺山門前下車すぐ。
時間：8時～16時

・多宝塔（国宝）

石の岩場を中心に、本堂、多宝塔、鐘楼、御影《みえい》堂、蓮如《れんにょ》堂、毘沙門《びしゃもん》堂が配置されている。

本堂（国宝・平安）は正堂《しょうどう》と礼堂《らいどう》からなり、懸《かけ》造りの礼堂の床部下の束《つか》は岩盤まで延びて、堂を支える。内陣には、本尊の秘仏如意輪観音半跏《はんか》像（重文・平安）が自然の岩を台座にした厨子《ずし》のなかに安置され、両堂の接続部にある小部屋には紫式部ゆかりの「源氏の間」の名がつく。そこから見える高い地には国宝の多宝塔（鎌倉）がそびえ、真言宗独特の優美な姿は国内屈指の多宝塔との評が高い。

寺は仏教典籍の宝庫である。境内の賑《にぎ》わいは一年を通して切れ目なく続き、年始、桜、紅葉のころにピークを迎える。

園城寺《おんじょうじ》(三井寺《みいでら》)

Onjoji (Miidera)

宗派　天台寺門宗
本尊　弥勒菩薩(みろくぼさつ)
所在地　大津市園城寺町246
電話　077-522-2238

明治の建築物がこれほどまでに古代からの歴史に溶け込んだ景観は、琵琶湖疏水《びわこそすい》沿いに行く園城寺《おんじょうじ》への道をおいてない。

園城寺は三井寺が一般の呼称になるが、山寺号は長等山《ながらさん》園城寺で、天台寺門宗総本山。「園城」は天智《てんじ》天皇没後の壬申《じんしん》の乱に敗れた大友皇子の子、大友与多王が、六七二年（弘文一）に田園城邑《じょうゆう》を寄進した創建の歴史からきている。寺運は衰微したが、八五八年（天安二）、比叡山《ひえいざん》の智証《ちしょう》大師円珍が、唐土《もろこし》より帰朝ののち再建、八六〇年（貞観二）、当寺に入り、供養。御井寺を三井寺と改めた。延暦《えんりゃく》寺《じ》を山門《さんもん》、園城寺を寺門とする宗派の争いに加え、源氏との深いつながりから激動の時代の波をかぶるが、多くの学僧を生み、延暦寺・東大寺・興福寺と並ぶ四大寺の一角を占めた。

境内は長等山の山腹にあり、広大な敷地を有している。国宝・重文の寺宝を多く蔵し、文化財の宝庫の趣がある。一二三回におよぶ焼失と再建の歴史が時代の異なる建築物を生み、建築博物館にたとえられる。建築・絵画・彫刻の国宝は六〇を超え、重文は七〇〇に近い。

交通アクセス：京阪三井寺駅から徒歩10分、別所駅から徒歩12分。またはJR大津駅・大津京駅よりバス、三井寺下車すぐ。
時間：8時～17時

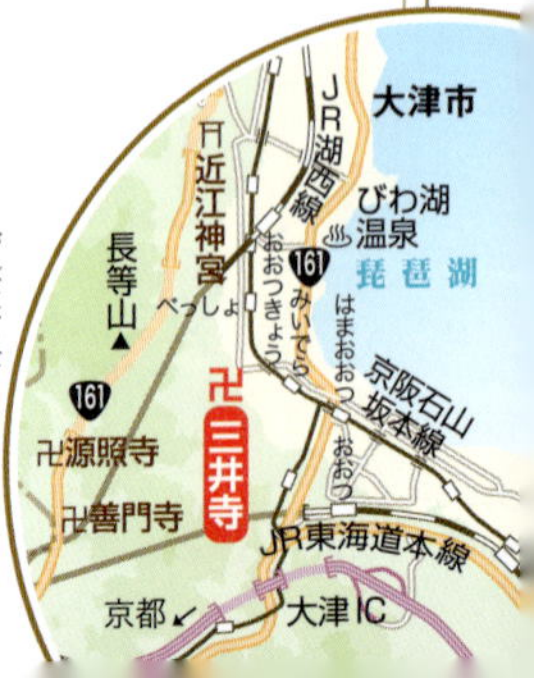

正面玄関にあたる仁王門（大門）には運慶《うんけい》作と伝わる金剛力士像が両側から迎え、門をくぐると、国宝の金堂（桃山）と向き合う。入母《いりも》屋《や》造り・檜皮葺《ひわだぶ》きの風格あふれ、秀吉の遺言で北政所《きたのまんどころ》が一五九九年（慶長四）に建立、本尊弥勒菩薩《みろくぼさつ》像が安置してある。堂正面から向かって左側面の閼伽井屋《あかいや》は、この霊泉を天智・天武《てんむ》・持統《じとう》の三帝の産湯に用いた「御井《みい》の水」といい、三井寺の名はここからきている。

　金堂に隣接する光浄院は客殿（国宝）と庭が調和した日本建築として海外の評価も高い。「三井の晩鐘」で有名な慶長の大鐘楼（重文）を南に行くと毘沙門《びしゃもん》堂があり、長く続く石段は観音堂につながり、参拝の足は絶えることがない。春夏秋冬、高台からの琵琶湖の眺めは素晴らしい。

・仁王門

西《さい》教《きょう》寺《じ》

Saikyoji

坂本は、比叡山《ひえいざん》の麓《ふもと》という意味から名のついた、石積みのある里《さと》坊の門前町。戒光山西教寺《かいこうさんさいきょうじ》は里坊を北に歩いた横川《よかわ》の登り口にある。総門をくぐると、参道は真っすぐに延び、両側に塔頭《たっちゅう》が並ぶ。全国に四百余の末寺をかかえる天台真盛《しんせい》宗総本山。応仁《おうにん》の乱で荒れた世の中を称名《しょうみょう》念仏と戒律で救おうとした宗祖真盛上人の思いが、読経《どきょう》と鉦《かね》の音に込められ、独特の雰囲気をかもしだしている。

寺伝によると、六一八年（推古天皇二六）、勅命により創建。その後荒れていたが、のちに比叡山の良源《りょうげん》が法華三昧《ほっけざんまい》を修した。さらに、源信《げんしん》も入寺して修行、念仏の道場とした、と伝わる。一四八六年（文明一八）に真盛上人が入寺、堂塔・教法を再興し、真盛宗を開いた。参道を進んで突き当たりに勅使門、左に行くと、琵琶湖《びわこ》を望む石段上に真盛上人の御廟《ごびょう》、大師堂がある。本堂は織田信長の比叡山焼き討ちの余災で焼失、一七三九年（元文四）に再建された。紀州藩が用材を寄進、総欅《そうけやき》、入母屋《いりもや》造りの豪壮な建物は、江戸初期の特徴がみられる。

本堂（重文）の内陣には本尊木造阿弥陀如来坐像《あみだにょらいざぞう》（重文・藤原）が安置され、外陣《げじん》では猿の木像

宗派　天台真盛宗（しんせいしゅう）
本尊　阿弥陀如来（あみだにょらい）
所在地　大津市坂本5—13—1
電話　077-578-0013

交通アクセス：JR比叡山坂本駅・京阪坂本駅からバス西教寺下車すぐ。
時間：9時～16時

が目に留まる。僧兵が攻め入った際、真盛上人の身代わりとなって鉦をたたき続け、命を救ったという言い伝えのある神の使い「手白猿」だ。本堂から廊下伝いに行く客殿（重文）は、伏見城から移築されたもの。桃山期の様式ながら華美ではなく、落ち着きを感じさせ、背後の庭としっとり調和している。

境内の本堂前の穴太積《あのう》みの石垣下に、「阿弥陀二十五菩薩《ぼさつ》」とよばれる石仏群がある。娘を失った武将が菩提《ぼだい》を弔うため、寄進したという。このかたわらに明智光秀《あけちみつひで》一族の墓所がある。光秀と西教寺のかかわりは深く、焼き討ち後に庫裏《くり》を再建、毎年六月一四日には光秀忌を営む。境内には、芭蕉《ばしょう》が光秀夫人を詠んだという「月さびよ明智が妻のはなしせむ」の句碑が立つ。

・本堂

日《ひ》吉《よし》大《たい》社《しゃ》

Hiyoshitaisha

主祭神 大己貴神（おおなむちのかみ）
大山咋神（おおやまくいのかみ）
所在地 大津市坂本5—1—1
電話 077-578-0009

京阪《けいはん》坂本駅前を東西に延びる広い参道は日吉馬場といい、織田信長焼き討ち後の復興坂本の、いわば都市計画道路だった。坂本は日吉大社の東面に広がり、碁盤の目のような町づくりになっている。

創建の年代は明らかではないが、紀元前九一年（崇神天皇七）、勅命で、大山咋神《おおやまくいのかみ》を山上に祀《まつ》らせ、小比叡《ひえい》と称した。六六八年（天智天皇七）には鴨賀島八世の孫宇志麿に勅して、大物主神《おおものぬしのかみ》を比叡山に祀らせたという。これを大比叡と称し、中世以降、大比叡を大宮、小比叡を二宮と称した。

僧最澄が延暦寺《えんりゃくじ》を創建すると、その鎮守とし、日吉山王、または山王権現《ごんげん》とも称した。『延喜式《えんぎしき》』の名神《みょうじん》大社に列し、二十二社の列に加わる。後三条《ごさんじょう》天皇が、一〇七一年（延久三）に臨幸したのをはじめ、歴代の天皇・上皇の臨幸があった。室町期になると、多宝塔など仏教施設が林立し、神仏習合の山王社として最盛期を迎える。焼き討ち後、豊臣秀吉、徳川家康によって再興され、明治初期の神仏分離で仏教に関係するものすべてが取り除かれた。

境内の清流大宮川に架かる石橋は秀吉の築造といわれ、上流から大宮橋、走井橋《はしりい》、二宮橋《にのみや》（いずれ

交通アクセス：JR比叡山坂本駅から徒歩20分。京阪坂本駅から徒歩10分。または比叡山坂本駅よりバス、日吉大社前下車徒歩3分。
時間：9時～16時30分

も重文）が並ぶ。春の桜、新緑、紅葉と、四季を通じての美しさを求めて、参拝客で賑《にぎ》わう。東西本宮の本殿は国宝で、日吉《ひえ》造りと称する様式は全国で日吉大社にしかなく、国宝・重文指定が一九棟にものぼり、貴重な文化財の宝庫だ。宗教史研究でも、神仏習合の思想を図像化した日吉山王曼荼羅《まんだら》などを蔵し、信仰に関する博物館ともいわれる。

方除《ほうよ》け、厄除けのお守りの神猿は御所の鬼門の守護で知られ、西本宮楼門軒下の四隅には木彫りの猿が屋根を支える。

祭典で有名なのは、四月の山王祭。八王子山から神《み》輿《こし》を担ぎ下ろす神事には「けんか祭り」の異名があり、神輿振りは京を暴れ回った荒法師を彷彿《ほうふつ》とさせる。

・白山宮本殿

延《えん》暦《りゃく》寺《じ》
Enryakuji

宗派　天台宗
本尊　薬師如来（やくしにょらい）
所在地　大津市坂本本町4220
電話　077-578-0001

比叡山《ひえいざん》には坂本側からケーブル電車で登り、その下りの道中が、天台密教の全体の寺観をつかみやすい。ケーブル坂本駅手前の登り口から三キロを表坂とよび、歩いて一時間半の道には石標、祠《ほこら》、往時の休憩所も残っている。ケーブルなら一〇分で延暦寺《えんりゃくじ》に着く。

近江《おうみ》国滋賀郡古市郷《ふるいちごう》（現大津市）に生まれた開祖最澄は七八八年（延暦七）、比叡山に籠《こも》り、比叡山寺を創建、自作の薬師《やくし》如来《にょらい》像を安置し、祈願道場にした。これが一乗止観院で、のちの根本中堂の起こりとされている。六年後、桓武《かんむ》天皇が都の鬼門鎮護《きもんちんご》の霊場に定め、寺運は隆盛になり、最澄が唐から帰国後の八〇六年（延暦二五）、天台宗の開宗が許可された。しかし、最大の念願であった、奈良仏教から独立して独自に僧を養成する大乗戒壇の設立は、生存中には果たすことができず、歿《ぼっ》七日後にようやく認められた。そののち、十二年籠山《ろうざん》、千日回峯行《かいほうぎょう》等にみられる厳しい修行から、多くの名僧を輩出した。

山内は広大で、東塔《とうどう》・西塔《さいとう》・横川《よかわ》の三塔（地区）に大きく分けられており、それぞれに中心となる

交通アクセス：京阪坂本駅から徒歩12分、坂本ケーブル延暦寺駅下車すぐ。
時間：9時～16時

仏堂（中堂）が建てられている。
東塔の中心になる根本中堂は、信長焼き討ち後に徳川家光の命により再建された大建築（国宝）で、秘仏薬師如来立像《りゅうぞう》が安置され、厨子《ずし》の前には不滅の法灯《とも》が灯る。
西塔は東塔より一キロ離れ、釈迦《しゃか》堂（重文）は焼き討ち後、園城寺《おんじょうじ》の弥勒《みろく》堂を移築した山内最古の建物。
西塔を北に約四キロの峰道を行くと、横川に出る。修行の聖地、横川は円仁《えんにん》の開基とされ、一八代の天台座主《ざす》となった良源《りょうげん》（慈恵《じえ》大師）の時代に最盛期を迎えた。住まいとなっていた定心《じょうしん》坊（現四季講堂）では弟子たちを集めて論義法要が開かれ、そのなかに源信《げんしん》（恵心僧都《えしんそうず》）がいた。源信がまとめた極楽往生の教えは、法然《ほうねん》、親鸞《しんらん》に受け継がれた。

・根本中堂

祈ること・願うことの姿とかたち

改めて考えてみた。ニッポン人は、何故、神様・仏様の前で手を合わせるのか、と。フランスの文学者ロラン・バルトは著書の中で「ある種の仏教徒たちは、苦行を重ねることによって、空豆の中に風景全体をみるに至る」と記す。多くの人は苦行を重ねてはいないが、神や仏の坐《いま》す聖域に入ると自ずと手を合わせる。その時、何故か両の掌《てのひら》の中には微妙な空間ができていることに気付く。

人は、知らず知らずのうちに自らの掌の中に小さな宇宙を持っていることを知っているのではないか。自分の持っている僅かな隙間が創り出す小宇宙を通して、神や仏が創造する大宇宙を、祈りや願いを集約した「心の眼」で覗き観《み》ているのかもしれない。これこそが、神社や寺院にお参りをした時に、誰が教えるでもなく現われてくる祈りや願いの姿かたちであるように思われる。

神戸・生田神社の加藤隆久宮司は、「最近の若い者は神社のお参りの仕方も知らん！　と苦言を呈す前に、教えることから実践せにゃならんだろう」という。その結果、生田神社では、手水の方法や神社でのお参りのお作法である「二礼・二拍・一礼」をイラスト付きで示している。

この宮司様、私の「どうして神社では、二礼・二拍・一礼なのでしょうか？」との失礼な質問に、伊勢神宮では八開手《やひらで》という八回柏手《かしわで》を打つ所作が行なわれること、出雲大社では四度拝《しどはい》といって四回の柏手であることを教えてくれた。そこに、そもそも何故、神様の前で柏手を「パン、パン」と音をさせて打つのか、と畳みかけてみた。すると、極めて納得の答えが返ってきた。

「要するに、人が神様に出会えた感動を披瀝するのだ」と。つまりは、感動した舞台の終幕に観客が送る拍手《はくしゅ》と同じものが柏手ということになる。

明治に入り、神社祭式行事作法にのっとって全国的に統一されたお参りの形が「二礼・二拍・一礼」であり、それが現在まで踏襲されているとのこと。余談であるが、この加藤宮司が目の前で打ってくれた柏手の音《ね》は実に柔らかかった。つい、それを口にすると、神職には「幣《へい》振り十年」という言葉があるほど、型と形が重要なのだと言われた。よく日本文化は型の文化だといわれるが、そもそもは神への祈りの形こそが日本文化の根源なのではないか。

型と形。それによって自然に作り上げられる姿。いかなる信仰を持っている自分自身であろうが、大宇宙へ誘《いざな》われ、神や仏が造形する、かの風景を見るために、両の掌を合わせてみてはいかがだろう。小宇宙を通してホンマモンの大宇宙と出会えるかもしれない、から。そして何よりも神仏霊場が、小と大をつなぐきっかけの「中宇宙」になれれば、と思う。

神尾登喜子

社寺参拝の作法

社寺の参拝は、特別な願い事を祈るためではなく、境内の森厳な雰囲気にふれたり、時代を経た寺社建築や仏像を鑑賞するためであることも多い。その場合、気軽な自己流のお参りの仕方でもよいのだが、要は、祈りや感謝の気持ちをかたちに表わすことが大切である。

そこで、参拝の正しい作法を知っておけば、とまどいもなく、より清々《すがすが》しい気分で参拝できるであろう。

以下に、基本的な作法を示す（*印の項は、省略してもよい）。

◆神社の参拝

①鳥居をくぐる前に、衣服を整え、軽く会釈をする。参道は、真中を避けてゆっくり歩く。

②手水屋《てみずや》で身を清める。まず柄杓《ひしゃく》に水を汲《く》み、左手を洗い、右手を洗い、手に水

を受けて口をすすぐ。柄杓を立てて柄《え》の部分を清めて元に戻し、手を拭《ふ》く。
③拝殿の正面に立つ。鈴の紐《ひも》を引いて鈴を鳴らす。
④次に、賽銭《さいせん》を入れる。＊
⑤神への拝礼。二拝（二礼）・二拍手・一拝の形が一般的。ただし、神社により異なる場合があるので、拝殿に説明書きなどがあればそれに従う。
⑥祝詞《のりと》を唱える。正式には「大祓詞《おおはらえことば》」を唱えるが、略式として「祓え給え、清め給え」と唱えるだけでもよい。＊
⑦特別な願い事などがある場合、社務所に申し込み、拝殿内部へ昇殿参拝をする。

◆寺院の参拝

①山門の前で一礼して境内に入る。
②手水屋で手や口を清める（神社に同じ）。
③鐘楼で鐘を撞く場合は、本堂の参拝前に行う。＊
④本堂へ参拝（本堂以外への参拝は、その後で）。
⑤念珠を持ち、灯明、線香、賽銭を上げる。＊

⑥持参した納め札《ふだ》や写経を所定の箱に納める。*
⑦本尊に向かい、合掌して拝礼する。
⑧読経《どきょう》をする（般若心 経《はんにゃしんぎょう》や本尊の真言《しんごん》、御詠歌、十句観音 経《じっくかんのんきょう》などを唱える）。*

◆朱印をいただく

社寺の朱印は、それをいただくことで加護やご利益《りやく》を受けるためのもので、神社や寺院の、いわば分身とされる。大切に扱うべきであるが、巡拝の良い記念ともなる。

朱印は、神社の御札授与所、寺の納 経 所《のうきょうしょ》などでいただく（志納料・納経料などとして謝礼を納めるのが慣わしで、三〇〇円と定めている社寺が多い）。

なお、朱印帳・集印帳の名で、数十ヵ所分の朱印スペースをまとめて閉じたノート形式のものもあり、巡拝には便利である。

神仏霊場会では、特別参拝の伊勢《いせ》の神宮と、各地の一五〇の社寺の朱印をいただける、特製の朱印帳を頒布している。朱印帳は、本書収録の社寺で購入できる。

結びのことば

平成二〇年三月二日、比叡山延暦寺において「神仏霊場会」の設立総会が開催された。

この会の設立は、明治の神仏分離以来の歴史的出来事であり、近畿一円の伝統のある一五〇社寺が、本来の神仏同座、神仏和合の精神をもって相互巡拝を推進することを目的とするものである。

「神仏霊場会」発足時、本会名誉会長・天台第二五六世座主半田孝淳猊下によるご挨拶には次のような言葉があった。

「現代は、なかなか容易ならぬ時代でございます。非常に乱れております。何としても、この世に平和な灯を掲げるように、ここにご参集の皆様の叡智を振るっていただき、そして、人・神・仏が同じ歩調で明るい世の中をつくっていただきたいことと念願するものであります」

わが国には神や仏の聖地が数多くある。人々は神や仏を求め、山岳や辺地に修行し、神社や寺院に参詣してきた。そのような聖地が、特に、紀伊、大和、摂津、播磨、山城、近江などに集中する。今日いうところの西国である。

この地には、伊勢参宮、熊野参詣、高野参詣、比叡参詣、西国三十三観音霊場巡礼、各宗派の宗祖聖蹟巡拝などが時代を越えて行なわれている。西国は神と仏の一大聖域である。ここには悠久の山河があり、信仰の歴史の刻まれた道が続いている。

神と仏、そして人を結ぶのは道である。神と仏との邂逅の道である。長い年月をかけて、神の道と仏の道は重なり合いながら、神社や寺院、聖地霊場をつなぐ「参詣道」や「巡礼道」として整えられてきた。

神が鎮まり仏が宿る、緑濃き山や水清き川、そして深き森には幾時代にもわたる人々の思いや願いなどのこめられた祈りの道が続いている。

山や森に神や仏をたずねて道を巡りながら安らぎと慰めを感じる。そこには日本人のこころが伝えられている。私たちの抱き続けてきたこころである。わが国の悠久の自然によって歴史的に造り上げられた伝統的な神社と寺院、それらに鎮座する神と仏に出会い、自らのこころをみつめる旅をする道を整える。「神仏霊場 巡拝の道」である。それを真の道とするのはそれを行く人である。

「神仏霊場会」は、いま、出発した。今日に至るまでの、神社界と寺院界のご協力と経緯については、『神と仏の風景「こころの道」』(集英社新書)に記した。

平成の神仏霊場は、かつてのお伊勢参りが盛んであったように、全国各地から多数の人びとが巡拝される道であるにちがいない。そして、広く世界各国からの人々が歩く二一世紀の巡拝の道となるだろう。この道が人類すべてに開かれたこころの道となるならば幸いである。神と仏のご加護をひたすら祈る。なおこのたび特に、裏千家千玄室大宗匠がご寄稿下さり、誠に有り難く感謝申し上げる。

ここに、「神仏霊場 巡拝の道」の公式ガイドブックを編集刊行する。

本書の刊行にあたっては、次の諸氏にご尽力いただいた。(順不同)

山折哲雄、田中恆清、加藤隆久、新木直人、鈴木寛治、森本公誠、松長有慶、菅原信海、小林隆彰、神尾登喜子、西中道、田中正流、佐々木光澄、山本光賢、横山照泰、篠田教夫、掲載神社並びに寺院の方々。ここに深甚なる感謝の意を表します。

最後に、本書の実現に格別のお力添えをいただいた、日本アート・センター社長福島輝男氏、集英社新書編集部編集長椛島良介氏、編集工房・鯛夢主宰谷村和典氏に厚くお礼を申しあげます。

廣川勝美

紺野純一

1961年東京都生まれ。ギャラリーアートモリモト（東京）ほかで、個展多数。静かな絵本「空をつかまえに」を出版。
作画担当社寺 47

細迫　諭

1966年広島県生まれ。東京芸大大学院油画技法材料研究室修了。個展中心の作品発表を続けている。
作画担当社寺 56、69、114

安達博文

1952年富山県生まれ。東京芸大大学院修了。安井賞展特別賞受賞。「現代の写楽か―安達の眼―安達博文展」(駒ヶ根高原美術館）など。
作画担当社寺 64

喜田直哉

1971年千葉県生まれ。多摩美大大学院美術研究科修了。画廊宮坂ほか個展での発表を中心に作品制作。映像作品の美術なども手掛ける。
作画担当社寺 72

稲垣考二

1952年愛知県生まれ。愛知県立芸大大学院研修科修了。東京、名古屋、大阪、パリなどで個展を40回開く。著書に「素描」(日動出版)。国画会会員。
作画担当社寺 75、103、120

三浦明範

1953年秋田県生まれ。東京学芸大卒業。文化庁派遣芸術家在外研修員。昭和会展、安井賞展、北京ビエンナーレなどに出品。春陽会会員。
作画担当社寺 87、104、146

松村　繁

1959年北海道生まれ。武蔵野美大大学院造形研究科修了。数多くの個展、グループ展で活動中。
作画担当社寺 91、123

内藤範子

1963年神奈川県生まれ。横浜国大教育学部美術科卒。上野の森美術館大賞展、あさご芸術の森大賞展入選ほか。実在派会員。
作画担当社寺 115

塩谷　亮

1975年東京都生まれ。武蔵野美大油絵学科卒。二紀展奨励賞。文化庁在外研修員としてフィレンツェに派遣（1年)。二紀会同人。
作画担当社寺 139

猪口　淳

1953年生まれ。第1回国際ドローイング・デッサン・版画コンクール（パリ）グランプリ受賞。人人会元会員。
作画担当社寺　16、17、22、43、44、59、61、70、113、117、125、126、130、131、132、138

西田弘英

1961年島根県生まれ。京都精華大美術学部卒。1994年よりミクストメディアによる個展、グループ展が多数ある。人人会会員。
作画担当社寺　19、28、29、38、88、92、107、142、143、145

河内良介

1957年静岡県生まれ。渋谷西武、名古屋・大阪・東京日動画廊、銀座福原画廊ほか個展多数。「鉛筆画スペシャル」(グラフィック社）に作品が掲載。
作画担当社寺　23、76、80、118、136、148

安達亜衣子

1978年福島県生まれ。多摩美大油画科卒。2008年よりポーラ美術振興財団の助成でチェコにて研修。
作画担当社寺　30、52、77、89、108、135

舟木誠一郎

1958年東京都生まれ。ギャラリーニケほかで鉛筆画展、吉行淳之介「暗闇の声」などを装丁。佃島住吉神社に「龍図」を奉納。白日会会員。
作画担当社寺　31、48、62、144

田口貴大

1958年佐賀県生まれ。東京芸大大学院修了。2002年文化庁現代美術選抜展に出品。2007年「自画像の証言」(ＮＨＫ)。「田口貴大特別展」(滋賀県長浜市）を開催。
作画担当社寺　34、54、100、112、140

石黒賢一郎

1967年静岡県生まれ。多摩美大大学院修了。第34回昭和会日動火災賞受賞。2001年文化庁芸術家在外研修員としてスペインに派遣。
作画担当社寺　39、41、46、90

大畑稔浩

1960年島根県生まれ。東京芸大大学院修了。前田寛治大賞展準大賞、白日展内閣総理大臣賞などを受賞。宮尾登美子「天涯の花」(集英社）ほかの挿絵を担当。
作画担当社寺　42、97、102

瀬戸　照

1951年神奈川県生まれ。小田原城北工業高校デザイン科卒。雑誌「ｃｏｙｏｔｅ」(スイッチ・パブリッシング）に作品を連載。
作画担当社寺　45、67

諏訪　敦

1967年北海道生まれ。武蔵野美大大学院修士課程修了。1994年文化庁芸術家派遣在外研修員（2年派遣）に推挙。著書に「諏訪敦絵画作品集1995-2005」(求龍堂)。
作画担当社寺　2、3、4

寺崎百合子

1952年東京都生まれ。ハワイ州立大Art & Science学部卒。個展多数。著書に「英国オックスフォードで学ぶということ」(講談社) など。
作画担当社寺　5、65、149

堀内　薫

1962年長野県生まれ。多摩美大建築科卒。東京、長野を中心に個展活動多数。作家名ｋａｏとして制作活動。
作画担当社寺　6、13、20、21、25、27、33、36、37、74、83、96、98、99、101、106、119

池田まち子

1978年ロサンゼルス生まれ。多摩美大美術学部絵画科油画専攻卒。卒業制作が福沢一郎賞を受賞。
作画担当社寺　7、24、73、105、127、128、129

木原和敏

1958年広島県生まれ。ひろしま美術研究所出身。油絵大賞展入選。デッサン大賞展で銀賞。日展特選は2回。個展多数。白日会会員。日展会友。
作画担当社寺　8、32、35、49、58、78、85、134、137

伊藤　俊

1947年愛知県生まれ。個展12回。グループ展、平田サロンメンバーズイヴェント、画刻展など9回。代表作に「低徊」「門」。
作画担当社寺　9、18、57、82

水澤　潤

1936年宮城県生まれ。東北学院大英文科卒。「鉛筆画スペシャル」(グラフィック社) の表紙に抜擢。「鉛筆写実画入門」を出版。
作画担当社寺　10、50、51、53、55、60、63、68、71、94、111、121、122、124、147

石川貞治

1951年福島県生まれ。多摩美大デザイン学科卒。「福島の新世代９８」(福島県立美術館) に出品。常勝院の天井画「迦陵頻伽図」を制作。
作画担当社寺　11、79、110

関根直子

1977年東京都生まれ。武蔵野美大大学院油絵コース修了。2007年目黒区美術館「線の迷宮Ⅱ」に出品。2008年府中市美術館賞を受賞。
作画担当社寺　12、40、133、141

鉛筆画家 一覧（掲載順）

篠田教夫（作画および作画監修）

1947年神奈川県生まれ。鉛筆画家。主に個展中心の活動で高い評価を得ている。2007年目黒区美術館「線の迷宮Ⅱ—鉛筆と黒鉛の旋律」に出品。

作画担当社寺

特(17p)、特(19p)、1、14、15、26、66、81、84、86、93、95、109、116、150

細密鉛筆画を作画・監修して

「鉛筆は筆記具として誰にも馴染みのあるもので、素朴な描画材としてスケッチや下描きにも広く用いられています。

しかし、鉛筆は単に補助的な素材にとどまるものではなく、白から黒まで、明部から暗部まで、無限ともいえる階調の豊かさが特質であり、この特質ゆえにやわらかく、しっとりと潤いのある空間の描出が可能となります。描き手がその特質を最大限に活かせば〈鉛筆画〉として自立した作品が生まれます。

このガイドブックのために神社仏閣を鉛筆で描くことは、当初の予想を遥かに超えて難しく、1点を描き上げるためには15日から、ときには1ヵ月を要し、ほとんど休み無く描き続けても、私自身が担当した15点を描き上げるためには10ヵ月を必要としました。

横幅がわずか14センチから16センチの手のひらほどの小さな原画サイズに、各社寺の建造物の奥深さや品格を損なうことなく、細密に、しかも正確に描けなければ唯一無二のその建造物の個性を表現できません。まさに"一筆懸命"の思いでした。

このような幾重ものハードルを乗り越えて、鉛筆で描ける画家は意外なほどに少なく、最適の画家を探すことの困難さが更にハードルを高くしました。一線で活躍している選りすぐりの人たちの多大な努力と時間、苦心の結晶である作品群を、漸くにして読者のもとにお届けできることは監修者として仕合せに思います。

全152点にも及ぶ描き下ろしの細密鉛筆画によるガイドブックの出版は、前代未聞の試みでしょう。本書が鉛筆画壇発展への一歩に、そして巡拝の新しい一歩のお供になれればと願います」

篠田教夫

さいみょうじ　西明寺…320
さんぜんいん　三千院…254
しぎさん　信貴山　→朝護孫子寺…88
じしょうじ　慈照寺…260
じそんいん　慈尊院…44
しっぽうりゅうじ　七宝瀧寺…140
してんのうじ　四天王寺…118
じゃっこういん　寂光院…252
しょうごいん　聖護院…266
しょうこくじ　相国寺…238
じょうるりじ　浄瑠璃寺…300
しょうれんいん　青蓮院…272
じんごじ　神護寺…220
しんしょうごくらくじ　真正極楽寺…264
しんにょどう 真如堂 →真正極楽寺…264
すまでら　須磨寺…180
せいがんとじ　青岸渡寺…28
せきざんぜんいん　赤山禅院…256
せふくじ　施福寺…136
せんにゅうじ　泉涌寺…286
そうじじ　総持寺…158

た行

だいあんじ　大安寺…62
だいかくじ　大覚寺…218
だいごじ　醍醐寺…296
だいしょうじ　大聖寺…236
だいねんぶつじ　大念佛寺…124
たいまでら　當麻寺…92
たいゆうじ　太融寺…134
ちしゃくいん　智積院…284
ちゅうぐうじ　中宮寺…82
ちょうごそんしじ　朝護孫子寺…88
ちょうめいじ　長命寺…334
つぼさかでら 壺阪寺　→南法華寺…104
てんりゅうじ　天龍寺…216
とうじ　東寺　→教王護国寺…208
どうじょうじ　道成寺…36
とうしょうだいじ　唐招提寺…76
とうだいじ　東大寺…56
とうりてんじょうじ　忉利天上寺…174

な行

なかやまでら　中山寺…196
にんなじ　仁和寺…224
ねごろでら　根来寺…42

は行

はせでら　長谷寺…98
ばんしゅうきよみずでら
播州清水寺…192
びしゃもんどう　毘沙門堂…298
ひゃくさいじ　百済寺…330
びょうどういん　平等院…294
ふじいでら　葛井寺…150
ほうきょうじ　宝鏡寺…234
ほうごんじ　宝厳寺…324
ほうざんじ　宝山寺…86
ほうらくじ　法楽寺…126
ほうりゅうじ　法隆寺…80
ほっけじ　法華寺…72

ま行

まつのおでら　松尾寺…308
まんしゅいん　曼殊院…258
みいでら　三井寺　→園城寺…342
みずまでら　水間寺…138
みなみほっけじ　南法華寺…104
みむろとじ　三室戸寺…292
みょうほういん　妙法院…282
むろうじ　室生寺…100

や行

やくしじ　薬師寺…78
よしみねでら　善峯寺…210

ら行

りょうせんじ　霊山寺…84
ろくおんじ　鹿苑寺…226
ろくはらみつじ　六波羅蜜寺…280

にうかわかみじんじゃ
丹生川上神社…110
にうかわかみじんじゃかみしゃ
丹生川上神社上社…108
にうかんしょうぶじんじゃ
丹生官省符神社…46
にうつひめじんじゃ
丹生都比売神社…48
にしのみやじんじゃ　西宮神社…170

は行

ひむれはちまんぐう　日牟禮八幡宮…332
ひよしたいしゃ　日吉大社…346
ひらおかじんじゃ　枚岡神社…152
ひらのじんじゃ　平野神社…228
ひろせたいしゃ　廣瀬大社…90
ひろたじんじゃ　廣田神社…172
ひろみねじんじゃ　廣峯神社…184
ふじしろじんじゃ　藤白神社…38
ふしみいなりたいしゃ
伏見稲荷大社…290
へいあんじんぐう　平安神宮…268

ま行

まつおたいしゃ　→まつのおたいしゃ
松尾大社…214
まつのおたいしゃ　松尾大社…214
みかみじんじゃ　御上神社…336
みなせじんぐう　水無瀬神宮…156
みなとがわじんじゃ　湊川神社…176

や行

やさかじんじゃ　八坂神社…276
よしだじんじゃ　吉田神社…262

わ行

わたつみじんじゃ　海神社…182

寺院

あ行

あなおうじ　穴太寺…304
あべもんじゅいん　安倍文殊院…96
いしやまでら　石山寺　340
いちじょうじ　一乗寺…190
えいげんじ　永源寺…328
えいふくじ　叡福寺…146
えんぎょうじ　圓教寺…186
えんりゃくじ　延暦寺…348
おびとけでら　帯解寺…64
おんじょうじ　園城寺…342

か行

かつおうじ　勝尾寺…162
かぶさんじ　神峯山寺…160
かんしんじ　観心寺…144
がんせんじ　岩船寺…302
かんのんじ　観音寺…288
かんのんしょうじ　観音正寺…326
きよしこうじんせいちょうじ
清荒神清澄寺…194
きよみずでら　清水寺…278
きょうおうごこくじ　教王護国寺…208
ぎょうがんじ　行願寺…270
きんかくじ　金閣寺　→鹿苑寺…226
ぎんかくじ　銀閣寺　→慈照寺…260
きんぷせんじ　金峯山寺…106
くらまでら　鞍馬寺…248
こうどう　革堂　→行願寺…270
こうふくじ　興福寺…60
こうやさん　高野山　→金剛峯寺…50
こんごうじ　金剛寺…142
こんごうぶじ　金剛峯寺…50
こんごうりんじ　金剛輪寺…318

さ行

さいきょうじ　西教寺…344
さいだいじ　西大寺…74

索引（五十音順）

＊数字は掲載ページ

神社

あ行

あこうおおいしじんじゃ
赤穂大石神社…188
あべのじんじゃ　阿部野神社…120
いかすりじんじゃ　坐摩神社…130
いくたじんじゃ　生田神社…168
いくたまじんじゃ　生國魂神社…128
いせじんぐう　伊勢神宮
→皇大神宮…16、豊受大神宮…18
いそのかみじんぐう　石上神宮…66
いまみやえびすじんじゃ
今宮戎神社…122
いまみやじんじゃ　今宮神社…232
いわしみずはちまんぐう
石清水八幡宮…202
おおさかてんまんぐう
大阪天満宮…132
おおはらのじんじゃ　大原野神社…212
おおみわじんじゃ　大神神社…70
おおやまとじんじゃ　大和神社…68

か行

かいじんじゃ　→わたつみじんじゃ
海神社…182
かしはらじんぐう　橿原神宮…94
かすがたいしゃ　春日大社…58
かまやまじんじゃ　竈山神社…40
かみがもじんじゃ　上賀茂神社
→賀茂別雷神社…246
かみごりょうじんじゃ　上御霊神社
→御靈神社…240
かもみおやじんじゃ　賀茂御祖神社…244
かもわけいかづちじんじゃ
賀茂別雷神社…246
きたのてんまんぐう　北野天満宮…230
きふねじんじゃ　貴船神社…250
くまのなちたいしゃ　熊野那智大社…30
くまのはやたまたいしゃ
熊野速玉大社…26
くまのほんぐうたいしゃ
熊野本宮大社…32
くるまざきじんじゃ　車折神社…222
こうたいじんぐう　皇大神宮…16
ごこうのみやじんじゃ　御香宮神社…204
このじんじゃ　籠神社…306
ごりょうじんじゃ　御靈神社…240

さ行

ざまじんじゃ　→いかすりじんじゃ
坐摩神社…130
しじょうなわてじんじゃ
四條畷神社…154
しもがもじんじゃ　下鴨神社
→賀茂御祖神社…244
じょうなんぐう　城南宮…206
じんぐうげくう　神宮外宮
→豊受大神宮…18
じんぐうないくう　神宮内宮
→皇大神宮…16
すみよしたいしゃ　住吉大社…116

た行

たがたいしゃ　多賀大社…314
たけべたいしゃ　建部大社…338
たむらじんじゃ　田村神社…316
たんざんじんじゃ　談山神社…102
とうけいじんじゃ　闘雞神社…34
どうみょうじてんまんぐう
道明寺天満宮…148
とようけだいじんぐう　豊受大神宮…18

な行

ながたじんじゃ　長田神社…178
ながはまはちまんぐう　長濱八幡宮…322

監　修　山折哲雄（宗教学者）
編集顧問　田中恆清（石清水八幡宮宮司）
加藤隆久（生田神社宮司）
新木直人（賀茂御祖神社宮司）
鈴木寛治（大神神社宮司）
森本公誠（東大寺長老）
松長有慶（金剛峯寺座主）
菅原信海（妙法院門跡門主）
小林隆彰（延暦寺長臈）
編集委員　神尾登喜子（阪南大学教授）
西　中道（石清水八幡宮禰宜）
編集協力　田中正流（宝鏡寺学芸員）
佐々木光澄（延暦寺副執行）
山本光賢（同）
横山照泰（同）
挿画監修　篠田教夫（鉛筆画家）
責任編集　廣川勝美（同志社大学名誉教授）
（順不同）

編　集　集英社　新書編集部
日本アート・センター
解説執筆　山崎しげ子（文筆家）
石井亜矢子（仏像美術研究）
高橋　徹（朝日新聞元編集委員）
小島祐子（編集・著述）
杉田博明（京都新聞元編集委員）
粟津征二郎（京都新聞元論説委員）
アートディレクション　刑部一寛（グラフマン）
地図制作　東京カートグラフィック
協　力　森岡弘夫　田形正幸　神谷麻理子

細密鉛筆画作画のために、ご協力いただいた神社および寺院に深く感謝いたします。

本書に掲載した各社寺の地図は、国土地理院発行の数値地図50ｍメッシュ（標高）を使用したものである。

神仏霊場会（しんぶつれいじょうかい）

神仏霊場会は、広く宗教や思想信条を超えて、人心の平安、社会の安寧、世界の平和を祈願することを目的として西国各地の有力神社・寺院が集い、二〇〇八年三月に設立、「巡拝の道」を定めた。初代会長には東大寺・森本公誠長老が就任。特別参拝・伊勢の神宮を起点に、和歌山（八社五寺）、奈良（九社一九寺）、大阪（一〇社一四寺）、兵庫（八社七寺）、京都（一八社三四寺）、滋賀（七社一一寺）の六〇社九〇寺を巡る。山と森の自然に神仏を感じる長大な「道」である。

神《かみ》と仏《ほとけ》の道《みち》を歩《ある》く

二〇〇八年九月一〇日　第一刷発行　集英社新書ヴィジュアル版〇一〇V
二〇一七年八月　六　日　第五刷発行

編者……神仏霊場会《しんぶつれいじょうかい》
発行者……茨木政彦
発行所……株式会社集英社
東京都千代田区一ツ橋二-五-一〇　郵便番号一〇一-八〇五〇
電話　〇三-三二三〇-六三九一（編集部）
〇三-三二三〇-六〇八〇（読者係）
〇三-三二三〇-六三九三（販売部）書店専用

印刷所……大日本印刷株式会社
製本所……加藤製本株式会社
定価はカバーに表示してあります。

ISBN 978-4-08-720458-2 C0226

Printed in Japan